RENLAOSHI JIANG HANGHAI

任老师

讲航海

任茂东 著

大连海事大学出版社

DALIAN MARITIME UNIVERSITY PRESS

ⓒ 任茂东　2021

图书在版编目(CIP)数据

任老师讲航海 / 任茂东著. — 大连：大连海事大学出版社，2021.12
　ISBN 978-7-5632-4090-6

　Ⅰ．①任…　Ⅱ．①任…　Ⅲ．①航海-普及读物　Ⅳ.
①U675-49

中国版本图书馆CIP数据核字(2021)第246601号

大连海事大学出版社出版

地址：大连市黄浦路523号　邮编：116026　电话：0411-84729665(营销部)　84729480(总编室)
http://press.dlmu.edu.cn　E-mail:dmupress@dlmu.edu.cn

大连金华光彩色印刷有限公司印装　　　　　　　　　　大连海事大学出版社发行

2021年12月第1版　　　　　　　　　　　　　　　　2021年12月第1次印刷
幅面尺寸:170 mm×230 mm　　　　印张：22.75　　　　　　字数：429千

出版人：刘明凯

责任编辑：张　华　　　　　　　　　　　　　　　　责任校对：刘长影
封面设计：张爱妮　　　　　　　　　　　　　　　　版式设计：张爱妮

ISBN 978-7-5632-4090-6　　　　　　　　　　　　　　定价：98.00元

前　言

——致读者

航海是人类在海上航行，由甲地到乙地的有目的的活动。它是人类认识、利用、开发海洋的基础。

航海是科学与艺术的融合，是人类在海上航行，由甲地到乙地的有目的的活动。它是人类认识、利用、开发海洋的基础。虽然航海中的科学知识能够传授，但是航海的艺术只能在实践中掌握。

海洋是生命的摇篮、风雨的故乡、五洲的通道、资源的宝库，是国家生存与发展的物质基础和开展国际政治军事活动的重要舞台。《海权论》的作者马汉以战略家的理性和智慧，提出了制海权关乎一个国家国运兴衰的思想。其大体意思是善于利用海洋资源、富有冒险精神、热衷海外贸易的民族，其海运事业必然发达，更有利于海权的发展。这些思想依然具有借鉴意义。

在新形势下，中国从海洋政治、海洋经济、海洋军事、海洋外交、海洋文化等方面来构建海洋强国战略，以形成一个正确、完整、可操作的发展战略。

人们了解一点航海领域的知识是很有意义的，特别是对于从事与海运相关工作的人员。

为什么你还应该学习航海的基本知识呢？

它有助于你更好地理解日常工作的内涵。许多航海问题会激起你的好奇心。为什么在一望无际的大海上会发生船舶之间的碰撞事故？为什么船长喜欢左舷靠码头？什么是船舶定位？海图有什么特点？商业租船的法律规范是什么？班轮运输是什么？船舶是如何分类的？本书可以为你解答这些问题。其次，它将使你更有智慧地参与海运管理工作。

本书只是一张"草图"，旨在帮助你了解航海基本知识。本书以一种新的方式写航海知识，想到哪，写到哪，不如其他书籍写得系统、完整。但我希望它能够成为一道"上海菜"，引起读者的饥饿感。我的愿望是：有更多的人因为阅读本书而喜欢大海。

当然，学习这些知识本身不会使你更强大，但它能使你把工作做得更好。无论以后是阅读航运新闻还是管理海运企业，你都将会因了解这方面知识而感到得心应手。

如果有更多的人看完本书，对航海产生从未有过的好奇心，进而打算从事这个行当，那就再好不过了。

那就让我们打开书，一起来体会全新的"味道"吧！

伍茂东
二○二○年七月十一日

开场白

　　任老师有两个年轻的朋友，一个是子涵，2020年从北京外国语大学毕业，同年9月就到一家船舶基金公司上班；另一个是子厚，在北京交通大学读交通运输规划专业，大学三年级，他要选修海商法课程。

　　这个寒假期间，两人计划好了来任老师家住十天，请任老师讲讲航海概论，以方便今后的工作和学习。

　　但是，一场突如其来的"跟病毒的抗争"打乱了他们的计划。小区封闭管理了！大家都履行自己的义务，待在家，不出门。大家都明白保护自己就是保卫家园。

　　大年初一，子涵打来电话拜年，同时提出，能否请任老师写成讲稿，以微信方式发给他们，有问题通过电话讨论。任老师说："你跟子厚商量一下。"电话刚放下，子厚来电话拜年，他也以为这样做很好。任老师说："那好吧。就从大年初三开始，尽量每天讲一个内容。"

图1-1　我爱大海(图片来源:董老师)

　　多变的大海。是的,那幽美、雄伟而又多变的大海,是足以使人着迷的。——每当晴朗的早晨或是静谧的月夜,海上风平浪静,微波不兴,只有那几乎看不清的细浪温柔地轻轻地舐着沙滩,发出一种几乎听不清的温柔的絮语般的声音的时候,人们就像置身在温馨的春夜里,在月色溶溶、柳丝拂拂的池塘旁边倾听一支优美动人的小夜曲时,情不自禁地激起一种洋溢着诗情画意的恬静而又近乎于陶醉的感情。(来源,峻青:《海姑娘》)

书中人物

任老师
子　涵
子　厚

目　录

1 第一讲
船舶概述——形形色色的各类船舶让人眼花缭乱/1

2 第二讲
航线与海图——船舶航行的基础/65

3 第三讲
定位——无论向何处航行都要知道船在哪里/127

4 第四讲
操纵——怎样让船停靠得更顺利/175

5 第五讲
避碰规则——自由不等于免费/213

6 第六讲
船舶运营——从技术到法律是为了降低成本/251

7 第七讲
结束语——高科技托起跨越时空的未来航海/343

后记/354

第一讲

船舶概述——

形形色色的各类船舶让人眼花缭乱

人类在有历史记录之前就已存在。"船舶"可能与人类有同样长的历史。人类有了思想便有了"船"。

2020年1月27日　庚子年正月初三　晴

今天上午，跟武汉的严院士通了电话，互相问好，互相祝愿。"多保重！"三个字简单却很沉重。

下午，我开始做"作业"了。

讲航海应先从船舶说起。我们知道，在地球表面，海洋面积约占总面积的71%，陆地面积约占29%。我国古代就有"三山六水一分田"的说法。

提起海洋，我们并不陌生，它碧波万顷，美丽壮观；可是在狂风暴雨的时候，海洋又是波涛汹涌，大浪滔天，巨浪此起彼伏，显示出神秘而又威武的力量——可爱、可恨！

浩瀚的大海，有着许多神秘的故事，而大多数故事都与航海及船舶有关。由于发明了船，原来只能在陆地上活动的人类，地盘一下子扩大了两倍之多。

纵观船的发展史，我们可以看到祖先利用自然、征服自然的强大力量，也可以看到其在船的发展中展现出的聪明和智慧。

船是从哪里来的呢？

关于船的由来，在中国、英国、埃及等地都有无数的传说。我国民间流传的大禹造船治水和《圣经》中挪亚方舟故事最为有名，流传最为广泛。

大禹造舟治水的传说

在遥远的尧舜时代，人类过着无忧无虑的生活。

一天，神州大地上的天空突然乌云密布，挂在天上的太阳不见了，倾盆大雨从天而降。这场大雨一下起来就没了头，九九八十一天过去了，暴雨仍然下个不停。于是，山洪暴发，江河横溢。洪水大口大口地吞掉了一片片的良田、村庄和森林。

图1-2　暴风骤雨

　　洪水开始泛滥，毒蛇猛兽到处伤害百姓和牲畜。人们的生活痛苦极了。

　　洪水给百姓带来了无尽的灾难。它必须被治好。于是，尧帝便命令鲧去治水。鲧领着大家治水，但他只知道筑坝挡水。九年过去了，洪水仍然没有消退。鲧治水九年，结果失败了。尧帝十分震怒，将鲧处死。

　　后来，尧帝因治水不利引咎退位。舜继承帝位后要做的第一件大事便是"降伏水魔"。此刻，鲧的儿子禹挺身而出，向舜帝请命，决心要继承父业，不治好洪水决不罢休。

　　起初，禹来往于江湖之间治水的时候，只能凭借游泳泅渡，既费时耗力又很不安全，有时候遇上风暴，他的部下难免有人送命。

　　一夜，禹睡梦之中，忽见一种能够载着人在水面移动的物体，他惊醒了。第二天，他便带着几个年轻人登上四川的梓潼尼陈山。他们找啊找啊，终于找到了一棵长了上千年的大梓树。他命人砍倒梓树，并将它制造成梦中之物，同时根据其形状，给它起了个名字叫"舟"。

　　从此，大禹就乘着这只独木舟纵横于江河湖海间，率领千千万万的人，采取疏导的办法治水。人们疏通了很多河道，让洪水通过河道，最后流到大海里。洪水终于退了，毒蛇猛兽被驱赶走了，人们把家搬了回来。

　　大家在被水淹过的土地上耕种，农业生产渐渐恢复，百姓重新过上了安居乐业的生活。就这样，大禹伐梓树造舟治水的故事便世世代代地流传了下来。

挪亚方舟

《圣经》对著名的挪亚方舟的传说记载得相当详细。《圣经》中说世界万物都是由上帝创造的，船当然也不例外。上帝耶和华见到人世间充满败坏、强暴和不法的邪恶行为，于是计划用洪水消灭恶人。同时他也发现，人类之中有一位叫作挪亚的好人。上帝耶和华指示挪亚建造一艘方舟，并带上他的妻子、儿子与媳妇。同时上帝也指示挪亚将牲畜与鸟类等动物带上方舟，且必须包括雌性与雄性。

当方舟建造完成后，大洪水也开始了。这时挪亚与他的家人，以及动物们皆已进入方舟。洪水淹没了最高的山，在陆地上的生物全部死亡，只有挪亚一家人与方舟中的生命得以存活。

当时能够表示船舶大小的尺寸有库比特。库比特是西亚地区从远古时代就一直使用的长度单位，一个库比特大约等于0.445米。

船的长、宽、深的比例关系和现在造船的尺寸比几乎没有任何区别。根据《圣经》上的记载，挪亚方舟长300库比特（以0.445米计算，约合133.5米/437.99英尺），宽50库比特（22.3米/73.163英尺），深30库比特（13.4米/43.963英尺）。方舟长度大约是"伊丽莎白女王二号"邮轮长度的一半。挪亚方舟的长宽比（长/宽）为6，现在的造船长宽比标准是，客船取值为6至8，货船是5至7；挪亚方舟的长深比（长/深）为10，现代造船标准取值为10至15。与现在的标准是相似的。

大禹造船治水的传说和挪亚方舟的故事显示了人类征服自然的信心、智慧和勇气。

第一艘船是什么时间制造的呢？

第一艘船是什么时间制造的并没有历史记载。实际上，人类创造出第一艘船的经历，可能是一个很漫长的历史过程。毛泽东在《实践论》中讲："马克思主义者认为人类的生产活动是最基本的实践活动，是决定其他一切活动的东西。"

我们的祖先很早就会制造舟楫。你如果去中国历史博物馆参观，就会发现在原始社会已经出现独木舟了。《诗经》也有"泛泛杨舟，绋缡维之"的句子。可见古人不但知道用杨木凿成舟，而且知道制造绳子来系船。

在一二百万年前的远古时期，地球上到处都是茂密的森林、纵横的江河与星罗棋布的沼泽湿地。我们的祖先——原始人类就在这丛林中狩猎，在江河、湖泊的边上捕鱼，有时以采摘野果为生。

但是，由于没有渡水的工具，尽管河水深处游来一群群的鱼，他们也只能"望'鱼'兴叹"；尽管小河对岸森林中的野兽悠闲地出没，他们也只能眼巴巴地望着，无法捕猎；尽管河对岸有许多好吃的野果子，他们也只能嘴上说说；暴雨成灾、洪水肆虐之时，来不及逃避的原始人就会被洪水吞没。这时候，我们的祖先多么想能够创造出一种能使自己在水上活动的工具啊！

大自然给了人类启发。原始人在日常生活中发现，河水中经常漂浮着一些枯树，时常有些小动物趴在上面随水漂流，十分有趣。于是，他们也试着坐在这些枯树上，并模仿着鸭子等动物的样子用脚和手划水。果然，他们顺利过河了。

从此，每当原始人迁移驻地或者遇到山洪暴发的时候，枯树木便成为他们渡河的有力工具和抵御水灾的有效设备。

当人类社会进入新石器时代以后，我们的祖先已经能够根据他们生产和生活的需要，用人工取火和用石头打制石斧和石锛等工具。有了这些得力的石头工具与火，人类便具备了制造独木舟的能力。

首先，他们把一根粗树干，除了要挖的地方外，都涂抹上一层厚厚的湿泥巴，然后架起来用烈火烧烤。猛烈的火焰烧焦了没有涂湿泥的地方，使之变为木炭，而在涂着泥巴的地方却能够保持原样，完好无损。这样，人们再用石斧、石锛来挖那木炭层，如图1-3所示。

图1-3 古时木匠制造独木舟示意图

经过长期的生产实践，人类的祖先发现，焦炭被砍掉的同时，石斧、石锛会被磨得更快。所以，石斧和石锛好像利剑削泥一般，人们用不了多大功夫，一层木炭便被清理干净了。

就这样，火、石斧和石锛结合使用，烧一层砍一层，直到将粗树干掏空，使它成为一只真正的独木舟。古书中所讲的"刳木为舟"，指的就是我们祖先制造的这种最原始的独木舟。

独木舟的踪迹遍及全世界，至今在南美洲和南太平洋群岛的居民，有的仍然使用独木舟作为生产和交通工具呢！

波涛扬帆开新篇——现代船舶的类型与发展

那么，何谓船舶呢？它是各种船只的总称。船舶是能够航行或停泊于水域并进行运输或作业的交通工具，按不同的使用要求而具有不同的技术性能、装备和结构型式。船舶种类各种各样。

船舶是一种主要在水上运行的人造交通工具。另外，一般民用船称为船，军用船称为舰，小型船称为艇或舟。

现代船舶的定义与发展

船舶是如何定义的呢？

通常，对从事水上运输、作战、打鱼以及其他水上活动的一种工具统称为船舶。

《中华人民共和国海商法》（以下简称《海商法》）中定义的船舶与通常讲的船舶有区别吗？

有！我国《海商法》的第三条规定："本法所称船舶，是指海船和其他海上移动式装置，但是用于军事的、政府公务的船舶和20吨以下的小型船艇除外。"

一般说来，海船是指具有海上航行能力的机动或非机动船舶。海上移动式装置则指具有自航能力的可在海上移动的装置，如海上钻井平台等。我国《海商法》中，船舶作为一个整体，其包括船体、主机、辅机及属具，如锚、锚链、救生艇等。

但我国海商法中的"船舶"不包括用于非商业性目的的军用船、政府公务船及20吨以下的小型船艇。

现代船舶的种类繁多、用途广泛，在交通、运输、生产、科研、贸易和国防等方面发挥着越来越大的作用。

要搞清楚船舶的种类，首先要明白船舶的共同特点。不管是哪种船，它都会涉及船的使用性能、航行水域、驱动装备、推进模式、制造材料等问题。把这些问题搞清楚了，也就不难认识各种各样的船舶了。

船舶的分类方法，一般来说也就是按照上面所提及的那些共同特点来分。

（1）从造船材料上说，早先是木制船舶，后来出现了铁木混合船和铁船，现在已经普遍为钢质船。有些小艇还用铝合金作为建造材料。

（2）从推进方式上说，十八世纪蒸汽机发明之后，船舶开始使用机器推进来代替人力和自然力。最早使用的船舶推进器是装在船的左右两舷的圆形桨轮，巨大的桨轮很大部分是露在水面上的，当时就称为明轮。在那以后又出现把推进器安装在艉部水面以下的螺旋桨推进器。后来，对于少数有特殊要求的船舶，有的在艉部螺旋桨上加装导管，有的在艏部加装辅助的螺旋桨。

大部分船舶螺旋桨的叶片是固定的，对要求经常改变工作状况的船，比如有些拖船、挖泥船、教学实习船和渔船等也有采用可调螺距的螺旋桨。浅水航道的船舶还有采用喷水推进的。全浮式气垫船和无人飞翼艇上则是采用空气螺旋桨推进的。

（3）从驱动力装置上说，早期使用的蒸汽往复机目前已经被淘汰，现在各类船舶上应用最广泛的是柴油机动力装置。

二十世纪五十年代开始，一些潜艇和大型水面舰艇上安装核动力装置。安装核动力装置的船舶，续航能力大大提升，尤其对于潜水艇和航行于"两极"的船舶，核动力更能满足其长期航行的需要。

（4）从船舶航行的水域上说，有内河船、近海船、远洋船。一般内河船比海船的船体小、航速慢、吃水浅、装备简单，而远洋船舶具有大型化、自动化等特点。

泛读：

海洋运输的特点

一是，海洋运输是国际商品交换中最重要的运输方式之一，其货物运输量占全部国际货物运输量的70%以上。

二是，天然大航道。海洋运输借助天然航道进行，不受道路、轨道的限制，通过能力更强。政治、经贸环境以及自然条件发生变化，海洋运输船舶可随时调整和改变航线，完成运输任务。

三是，载运量大。随着国际航运业的发展，现代化的造船技术日益精湛，船舶日趋大型化、自动化和智能化。超大型油船的载重量已达80多万吨，第七代集装箱船的载箱能力已超过20000TEU，航速超过20节。

　　四是，运费低廉。海洋运输航道为天然形成，港口设施一般为政府所建，经营海运业务的公司可以大量节省用于基础设施的投资。船舶运载量大，虽然所用时间长、运输里程远，但运输成本较低，为大宗货物的运输提供了便利。

　　五是，运输的国际性。海洋运输一般都是一种国际贸易，它的生产过程涉及不同的国家和地区的个人和组织。海洋运输还受到国际法和国际公约的约束，也受到各国政治、法律的约束和影响等。

　　没有船舶的运输，世界上一半人会受冻，另一半人会挨饿。这并不是危言耸听！

2020年1月28日 庚子正月初四　晴

　　今天吃完早饭，我在房间里翻箱倒柜，找航海类图书。我从大连搬到北京，专业图书存放20多年了，没有与它们见面。最终我找到了几本航海类图书，另外还找到了28年前从英国买回来的三本英版书。翻开一瞧，还勉强认识。这时候肖院长来电话，肯定是春节问候。他也退休了，在做邮轮方面的研究。那今天的内容就从船舶种类写起。

海洋物流运输载体——运输类船舶

　　随着科技的进步，海上运输也随之发生日新月异的变化，各种现代船舶各司其职。由于船舶动力装置的改善，船舶在高速化、大型化、智能化的路上大步前进。

　　精彩纷呈踏浪行——五彩缤纷的现代船舶海洋运输是国际贸易中最主要的物流方式，其运输量占国际贸易总运量的一半以上。我国90%以上的进出口货物的运输是通过海洋运输完成的。

　　海洋运输船舶的主要用途就是运输旅客和货物，我们把其分为客船和货船两个大家族。

海上城镇——客船

一艘大型客船，仿佛是一座浮动在海洋上的"城镇"。浩瀚的大海，碧波万顷，水深浪高。客船不仅要在海洋上快速、安全地航行，还要为船上所有人（包括旅客和船员）提供饮食、医疗卫生、文化娱乐、通信等各个方面的服务。

客船的种类也很多。远涉重洋航行于五大洲之间的国际航线的船舶，称为远洋客船。这种船舶一般都在万吨以上，它能经受住海上恶劣天气带来的惊涛骇浪的考验。肖院长向我介绍，中国旅游集团和中国远洋海运集团的"鼓浪屿号"邮轮，是一艘 7 万吨级的豪华邮轮，载客量为 1880 人。这种以载客为主，兼带少量贵重货物以及需要限期运到的邮件，在固定航线上做定期航行的班轮，我们称之为邮轮。

根据《国际海上人命安全公约》（SOLAS 公约）的规定，凡载客超过 12 人的船舶应视为客船。客船的特点是具有良好的航海性能，安全设备与生活设施完备，上层建筑高大，航速较高。

客船上除了设置供暂时居住的舱室外，还设有为旅客提供方便舒适的生活环境和娱乐消遣的游乐场所等各种公共舱室，如餐厅、舞厅、俱乐部、阅览室、商店、理发和美容室、医疗室等。在大型邮轮上，除了上述设施外，还有电影院、游泳池、酒吧、吸烟室、健身房、儿童乐园等，堪称雅致舒适。目前世界上体积最大的远洋邮轮"玛丽皇后二号"，上面就有 15 个餐厅和酒吧、5 个游泳池、1 个赌场、1 个舞池和 1 个天象馆。

豪华邮轮是名副其实的海上浮动的"城镇"，如图 1-4（a）所示。

> **新闻摘录：**
>
> "鼓浪屿号"是星旅远洋国际邮轮有限公司（以下简称"星旅远洋邮轮"）旗下首艘豪华邮轮，由星旅远洋邮轮及中国旅游集团和中国远洋海运集团共同出资建造。该船总吨数约为 7 万吨，长 260 米，宽 32.2 米，最大航速 24节，共有 13 层甲板，941 间客房，可载客 1880 人。邮轮采用柚木甲板和分层鸭尾经典设计，设有剧院、餐厅、酒吧、健身房、游泳池、篮球场、网球场、免税店等餐饮娱乐设施，将许多中国元素融入其中，如图 1-4（b）所示。

一般来说，客船是十分安全的，但偶然的失误有时也会使客船发生危险，甚至是灾难。震惊世界的"泰坦尼克号"豪华邮轮遇难事件，就是一个例子。

"泰坦尼克号"是英国白星航运公司下辖的一艘奥林匹克级邮轮，排水量 6.6万吨，1911 年 5 月 31 日下水，1912 年 4 月 2 日完工试航。"泰坦尼克号"是当时世界上体积最庞大、内部设施最豪华的客运轮船，有"不沉没的船"的美誉。这种过分自信导致对救生设施的轻视和疏忽，结局颇有讽刺意味，1500多人竟然葬身在寒冷的海洋里。

（a）海上城镇——豪华邮轮（一艘22万吨级豪华邮轮，船长360米，船宽50米，共有16层，甲板面积大约27万平方米，约有40个足球场大）

（b）"鼓浪屿号"邮轮首航

图1-4　邮轮

在它的处女航中，"泰坦尼克号"遭遇厄运。它从英国南安普顿港出发驶向美国纽约，当时船上载客2000多人。1912年4月14日23时40分左右，"泰坦尼克号"与一座冰山相撞，在船首附近裂开了100多米长的大口子，造成右舷船首至船中部破裂，五间水密舱进水。4月15日凌晨，"泰坦尼克号"的船体断裂成两截后沉入大西洋底3700米处。2224名船员及乘客中，1517人丧生。"泰坦尼克号"沉没事故为和平时期死伤人数最为惨重的一次海难。

可悲的是，船上救生艇上的空间几乎只能容纳不到一半的人员，而更糟的是，由于对疏散程序不明确，一些救生艇还未满员就已离开。

这场世界航海史上空前的大悲剧说明，无论多么先进的船舶，如果不能对它进行科学的管理与使用，也同样会带来灾难。

"泰坦尼克号"的故事通过艺术、文学和电影被广为传播。世界上主要的航海机构在事故后做了大量工作。

灾难后，保障海上人命安全的呼声强烈，航海专业人士制定了有关国际公约。在各方面的努力下，1914年1月20日，13个国家达成了《海上人命安全公约》（SOLAS公约）。这是一个具有里程碑意义的国际协定，建立了包括船舶防水和防火舱壁、信号设备（特别是无线电信号）、航行安全、救生设备、消防设备等设备在内的国际标准。

如今国际海事安全已成为一项真正的全球事业。历经多次修改的SOLAS公约截止到2021年9月29日，共有167个缔约国。

贸易之运输基础——货船

何谓货船呢？货船是指以装运货物为主也可搭乘不超过12位旅客的船舶。货物运输船舶按照其用途不同，又可分为干货船和油槽船两大类。

第一大类：干货船

根据所装货物及船舶结构、设备不同，干货船可分为杂货船、干散货船、集装箱船、冷藏船、滚装船、载驳船、木材船等。

杂货船——传统的运输船

杂货船一般是指定期航行于货运繁忙的航线，以装运零星杂货为主的船舶。这种船航行速度较快，船上配有足够的起吊设备，船舶构造中有多层甲板把船舱分隔成多层货舱，以满足装载不同货物的需要。

杂货船也称为普通货船，是最早出现的货船，主要运输成箱、成捆、成包和桶装的一件一件的杂货。

杂货船的缺点是配载麻烦。试想，一艘万吨的船，要装运几千票货物，不同的港口，不同的货物性质，要配载好一船货物并达到最佳程度是件不容易的事情。

由于集装箱运输的发展，杂货船的运量越来越少，目前主要是从事短航线件杂货运输。辨认杂货船时，可看它上面的吊货机的吊杆，通常杂货船上的起重机的吊货杆较多，如图1-5所示。

图1-5　杂货船（"绍兴"轮，1978年交船，13720 DWT，由上海船厂建造）

干散货船 ——海上运输超级巨无霸

干散货船是用以装载无包装的大宗货物的船舶，主要用于运输煤炭、矿砂、谷物、化肥、水泥等散装货物。与杂货船的不同之处是，它运输的货物品种比较单一，货源充足，装载量大。

依照不同的货物品种，装卸货时可采用大抓斗、吸粮机、装煤机、输送带等专门的机械设备。杂货船装运的货物是包装或者箱装等杂货，规格大小不统一，理货时间长，运输效率低，但干散货船并非如此，因此比杂货船的运输效率高，装卸速度快，如图1-6所示。

干散货船有哪些特点呢？驾驶台和机舱都设在艉部；货舱口比杂货船的货舱口宽大；内底板与船舷侧用斜边板连接，使货物能够顺利地向货舱中央集中；有较多的压载水舱，作为空载返航时压载之用。

干散货船都为单甲板船，甲板下面两舷与舱口边做成倾斜的顶边舱，它可以限制散货向左右两舷移动，防止船的稳性变差。空载时还可以利用顶边舱作为压载水舱。

干散货船也存在缺点，就是多数货物的货运是单向的，在回程时免不了有空载返航造成的损失。

图1-6　干散货船——海上运输巨无霸（图片来源：林船长）

在租船业务中，对干散货船，习惯上主要分为如下几个等级：

超大型矿砂船

载重量30万吨以上、专门运输铁矿石的船舶称为超大型矿砂船（VLOC）。VLOC是名副其实的海上运输巨无霸，有的VLOC载重量已达40万吨。

如图1-7所示，"远河海号" VLOC于2018年1月交船，是当时首艘全球最大第二代超大型矿砂船，由上海外高桥造船有限公司为中远海运集团承建的系列船。该船长361.9米，宽65米，型深30.4米，设计吃水23米，载重吨40万吨，主机功率24200千瓦，无限航区。该船能够保证20小时即可完成40万吨矿砂的装载，大大提高了装货效率，缩短船舶停港时间。

图1-7　超级散货船40万吨"远河海号" VLOC

新闻摘录：

2018年4月18日12时30分，满载铁矿石的全球首艘第二代40万吨级超大型矿砂船"远河海号"顺利靠泊鼠浪湖矿石中转码头。本次靠泊刷新了鼠浪湖矿石中转码头靠泊的最大船舶记录。（来源网络）

好望角型干散货船

该型船载重量18万吨左右，以运输铁矿石为主，因吃水深，早期不能通过巴拿马运河与苏伊士运河，需绕行好望角或合恩角，故称好望角型。目前，苏伊士运河已放宽吃水限制，该型船现多可满载通过该运河。图1-8所示为17.5万吨大型绿色环保好望角型干散货船"新旺海号"。

图1-8　好望角型干散货船（也称海岬型船）——"新旺海号"

巴拿马型干散货船

该型船载重量为7万~9万吨，是指满载可通过巴拿马运河旧船闸的最大型干散货船，船长225~229米、船宽32.26米，如图1-9所示。

图1-9　巴拿马型干散货船

大灵便型干散货船

该型船载重量为4万~6.5万吨，目前主流船型的载重量多为5.8万吨。货舱之间配有吊杆，可以用于装卸货，既兼顾了载重量，又可以到没有装卸设备的港口和锚地进行作业，有很强的港口适应能力。它是目前数量最多的干散货运输船型，如图1-10所示。

图1-10　大灵便型干散货船

小灵便型干散货船

该型船载重量为2万~4万吨，目前主流船型的载重量多为3.8万吨。货舱之间有吊杆，主要用于承运较为短程、装卸港口限制较多的小宗干散货，如图1-11所示。

图1-11　小灵便型（3.6万吨——"泰白海号"散货船）

新闻摘录：

国际波罗的海干散货指数（BDI），是反映国际贸易情况的领先指数，是国际干散货运输市场走势的晴雨表。波罗的海指数大幅上涨4.3%，报2011点，刷新了2014年1月以来的新高。波罗的海指数的不断新高，往往意味着航运业的复苏，航运业的复苏又往往是受到大宗商品的提振。大宗商品往往是以煤炭、石油、矿产为主的，该指数的不断上扬是否意味着全球经济开始进入复苏周期？

2020年1月30日　庚子年正月初六　晴

今天上午与大连海事大学王教授通电话，交流航海教育的发展问题。他在研究天然气集装箱运输的问题，我觉得很了不起。那今天的"作业"就从"箱子"开始。

集装箱船——海上超级"铁箱"巨轮

1956年春天，太平洋上行驶着一艘巨大的怪船，当时的人们从来没有见过这种船。只见它的甲板上有16个巨大的冷冰冰的铁箱整整齐齐地排列着，大模大样地驶向一个港口。这艘怪船一进港，靠好码头，便不慌不忙、干净利落地把16个大铁箱卸下来，紧接着又从码头上吊起另外16个同样的大铁箱，稳稳排放在甲板上。汽笛一拉响，它便扬长而去。

这艘装满大铁箱子的怪船，就是美国泛大西洋航运公司(以后更名为海陆服务公司)改造出的世界第一艘集装箱船舶——"盖特威城号"。原来，那一个个大铁箱里装的全是货物！改装的"盖特威城号"载重量7785吨，可载集装箱226只(箱子规格35英尺×8英尺×8英尺)，主机功率6600马力。

这种集装箱船舶一问世，各国货运公司争相效仿，使集装箱船在短短的几十年中有了长足发展。这是人类海运史上的里程碑。早期集装箱船如图1-12所示。

大多数集装箱船舶本身没有起吊设备，需要依靠码头上的起吊设备进行装卸。这种集装箱船也称为吊上吊下船。

图1-12　早期集装箱船示意图

集装箱运输是将杂货件预先装在集装箱中，装货时可将集装箱直接装在船上，然后运到目的地，这种特制的船舶称为集装箱船。图1-13所示是中远海运2万TEU级"天蝎座"集装箱船，船长400米，型宽58.6米，型深30.7米，最大载重量达19.7万吨，设计航速22.5节，是目前世界上最大级别集装箱船。这种运输方式大大地提高了杂货运输的效率。

图1-13　具有2万TEU的"天蝎座"集装箱船

目前，集装箱船按装载情况来分有三大类：（1）全集装箱船，即全部货舱和上甲板均可装载集装箱，适用于货源充足而平衡的航线；（2）部分集装箱船，即只有部分货舱可装载集装箱，适用于货源不够充分的航线；（3）综合利用集装箱船，即既可以装载集装箱，也可以装其他包装货物、大型汽车等。

1962年，第一艘全新设计制造的集装箱货船"伊丽莎白港号"正式投入营运，该船可装载10米长的集装箱475个。它在巴拿马东西两侧海上航行，每航次营运时间为18天，在港口只用24小时就可以完成装卸货任务。

由于集装箱船在营运中取得了优异成绩，所以世界许多国家都建造集装箱船，并且集装箱船越制造越大。

新闻摘录：

为什么集装箱船发展如此之快呢？

正如《集装箱改变世界》所讲的，集装箱对世界经济的影响和意义是无法量化的。有了集装箱，少数船员就可以控制和管理一艘比三个半足球场大的远洋货船。

集装箱这件实用的东西，它的价值不在于它是什么，而在于它被怎样使用。对一个高度自动化、标准化、低成本和简单的货物运输系统来说，集装箱就是核心。

冷藏船——在水上移动的超大冰柜

冷藏船是指专门用来运输易腐坏的鲜货的船舶，例如装运新鲜的鸡、鸭、鱼肉，蛋，水果，蔬菜和冷冻食品等。冷藏船是一座在水上移动的冰柜。

冷藏船所装运货物的品种不同，要求的冷藏温度不同。因受货运批量限制，冷藏船吨位不大，通常为数百吨到数千吨。

对冷藏舱和冷藏设备的要求是：（1）冷藏船的货舱为冷藏舱，常隔成若干个舱室，每个舱室是一个独立封闭的装货空间。舱壁、舱门均气密，使相邻舱室互不导热，以满足不同货种对温度的不同要求。（2）冷藏舱的上下层甲板之间或甲板和舱底之间的高度较其他货船小，以防货物堆积过高而压坏下层货物。（3）冷藏舱的绝热层必须有良好的防潮设备。（4）船上的制冷压缩机及其设备在船舶摇摆、振动以及高温高湿的条件下必须保证正常工作，与盐雾、海水接触的部件要采取防腐蚀措施。

专用的冷藏船航速较高，船舶吨位不大。图1-14所示为冷藏船。

图1-14　冷藏船

这里顺便多讲几句，如图1-14所示，这种货船就是二十世纪八十年代我国的万吨轮船，在今天看来只能算"小船"级别。在我国，船名带"川"字的船只，为多用途冷藏杂货船，其是二十世纪七八十年代中远的王牌船，主力班轮，一直航行在中国到西欧杂货班轮航线。图1-14所示的船舶总吨10744吨、6538.21净吨，5个货舱（机舱前4个、机舱后1个），属于中后机型船。

滚装船——躯体很像巨型装甲车

滚装船又称为开上开下船或滚上滚下船，如图1-15所示。它是一种专用的货船，载货汽车或者拖车直接从船的大舱里开到码头或由码头直接开进大舱里，进行装卸货，效率大大提高。有的短途运输滚装船的大舱口内装载汽车，上甲板上还可以载运旅客。

图1-15所示是"中远盛世"轮，该船由5000个汽车车位组成。船舶设计航速20节，总长182.8米，型宽32.2米，型深14.95米，载重量约14500吨。

滚装船的优点是装卸效率高，船舶周转速度快，水陆直达联运方便。其缺点是船舶重心偏高，稳性较差等。滚装船有多层甲板便于货运单元放置，上甲板为平整板面。各甲板间设有斜坡道或升降平台互相连通，用于车辆通行。上层建筑布置在船首或船尾，以便于货物摆放。机舱布设在艉部，烟囱置于两舷。滚装船的出入口通常设于艉部，设有铰接跳板与岸搭接，用于滚装货上下船。

图1-15　酷似装甲车的滚装船——中远盛世

滚装船的装卸效率很高，实现了从发货单位到收货单位的"门—门"直接运输，减少了运输过程中的货损和差错。此外，船与岸都不需要起重设备，即使港口设备条件很差，滚装船也能高效率装卸。因此，滚装船成为迅速发展的新船型。滚装船是在汽车轮渡的基础上发展演变而来的。其造型特殊，上甲板没有舱口，也没有起重设备，车辆通过船上的艏门、艉门或舷门的跳板开进开出。航行时，折叠式的艉门跳板矗立在船尾，驾驶台等上层建筑设置在船尾部或船首部，很像步兵装甲车。滚装船运载的车辆会排出有害气体，所以滚装船对通风的要求较高，在甲板上设有许多通风筒。

2020年1月31日　晴

今天跟温州的周船长通电话。他在中远的油船上做了12年的船长，对油船特有感情，电话里几乎全是他在讲油船的事。今天是你给我上油船管理的课吗？这确实分散了我对疫情的忧虑。

第二大类：油槽船

油槽船是主要用来装运液体货物的船舶。油槽船根据所装货物种类不同，又可分为油船和液化气船两种。

油船——超级石油运输大王

油船是一种专门运输石油的货船，它形体巨大，因此被海员称为"超级石油运输大王"，如图1-16所示。这个庞然大物，目前仅排水量就已经达到几十万吨，甚至上百万吨。

它的特点是机舱都设在船尾，船体被分隔成数个贮油舱，油管贯通各油舱。油舱大多采用纵向式结构，并设有纵向舱壁，在未装满货时也能保持船舶平稳。

油船为什么能够得到"超级石油运输大王"的称号呢？这还得从苏伊士运河关闭谈起。

一个世纪以来，世界各国一直都密切关注着盛产石油的中东地区。1956年7月26日，埃及政府宣布将苏伊士运河收归国有。1956年10月29日，以色列对埃及发起军事行动，为期一周的苏伊士运河战争爆发。战争损伤和沉没船只的影响导致了运河被关闭，直至1957年在联合国援助下清理完毕。

苏伊士运河总长193.5千米，其中运河本身长162.5千米。苏伊士运河是亚洲与非洲间的分界线，同时也是亚非与欧洲间最直接的水上通道，因此具有十分重要的战略地位。

埃及关闭了苏伊士运河，欧洲的国家从中东运输石油的船舶必须绕道非洲，这就使得小型油船的运输成本大幅提高。另外，如果仍然使用万吨级的油船来运输，远远不能满足实际情况的需要。1979年，日本为利比里亚埃索油船公司建造了"大西洋号"和"太平洋号"，其排水量已达到59万吨。

为取得较大的经济效益，油船的载重吨位不断增加，于是超级的、载重量为几十万吨甚至上百万吨的大型油船应运而生。"大型油船VLCC"从中东出发，即使远远地绕道非洲好望角再返回欧美，它的运输成本也要大大低于通过苏伊士运河这条近路的小型油船。可见，油船的载重量越大，用它运输就越合算。

如何区别油船和其他干货船呢？

它在外形上和布置上很容易与一般的干货船区别开来。油船的上层建筑和机舱设在艉部，上甲板纵向中部位布置了通达全船的输油管子及步桥。

图1-16　"新海辽号"30.8万吨智能超大型油船（VLCC）（总长330米，型宽60米，最大吃水21.5米，设计航速15.7节）

石油分别装载于各个油密的油舱内，油船在装卸石油时是用油泵和输油管输送的，因此它不需要起货机和起货吊杆，甲板上也不需要大的货舱开口。

石油容易凝固，那该如何装卸呢？当温度低时石油的黏度增加，不容易流动。而油船的油舱内装有蒸汽加热管道，有了加热管道就可以加热舱内的石油，使石油流动，便于装卸。

为什么油船的机舱都设在艉部？因为这可以避免螺旋桨的轴通过油舱时引起轴隧漏油和挥发出可燃气体，引发爆炸。此外，机舱设在艉部，烟囱排烟时带出的火星向后吹走，不至于落入油船的通气管内而引起火灾。

油船的干舷较小，满载航行时，甲板离水面很近。

过去油船船体结构通常是单层甲板、单层底结构，目前油船采用的都是双层底结构，为什么呢？

原油泄漏污染海洋，催生了双壳油船诞生。

1975年6月，日本籍油船"昭和丸号"在马六甲海峡海域溢油23.7万吨，引发泄油事故的原因之一是——单壳油船。单壳油船只有一层壳体，发生碰撞后极易出现原油泄漏。一时间全球航运业谈"单壳"色变。

美国于1989年颁布《1990年油污法》，规定油船必须具有双层船壳，以降低原油泄漏风险。国际海事组织迅速跟进，于1991年11月通过议案，规定新造油船必须具有双壳或中层水平中隔舱构造。

相比于单壳油船，双壳结构的油船更安全。双壳油船舱底和两舷有双层壳体，除了可用来承载水压外，还可防止由于搁浅、碰撞导致底部或边壳破损——如同给油船上了一道"保险"。

1992年，丹麦建造了世界上第一艘同时也是最大的双壳超大型油船，内层钢板以内是货舱，外层钢板以外是海水，在两层钢板中间有1.5~2米的空隙，用作发生碰撞时的缓冲区，可减少油污泄漏发生概率。

1994年以后，双壳油船建造迅速发展，双壳油船逐渐取代单壳油船。

2005年，国际海事组织发布规定，全球将逐步禁止使用单壳油船运输原油，并规定单壳油船必须于2010年停止运营。现在油船都是双层船壳，并设专用压载舱，以防止货油对水域的污染。

最初的油船是由货船改装的，而且也只能以桶装的形式运输原油。1886年设计的"格鲁考夫号"油船，其载重吨位只有200吨。直到第二次世界大战结束，油船的吨位也仅一万吨左右。图1-17所示为我国早期油船"西湖号"。

目前，中国最大的油船是由广州广船国际股份有限公司为招商局能源运输股份有限公司建造并交付的、载重量达到32万吨的"凯桂号"轮。该船于2014年11月5日在广州建成，并开始处女航。这是我国自主研发、自主建造的最大油船。

图1-17　我国早期油船"西湖号"（1976年8月23日，我国自行设计建造的
第一艘5万吨级远洋油船建成下水）

有人会说，油船这么大，都可以在上面踢足球了。

的确可以踢足球。"凯桂号"油船全长333米，宽60米，甲板面积有4个标准足球场大。而一个世界杯决赛阶段标准足球场场地大小为105米×68米，面积为7140平方米。

该船甲板面还设有直升机升降平台，主甲板面积与航空母舰"辽宁舰"相当，但甲板长度比"辽宁舰"还要长，满载排水量是"辽宁舰"的7倍。

油船也是很牛的！

但它存在着一些必须克服的问题，即油船易起火爆炸，以及爆炸后对海洋产生的污染严重。所以，如何控制油船的爆炸、起火事故，已经成为船舶设计师们的一项研究课题。

油船种类繁多，那么在实际业务中如何分类呢？在租船业务中通常以下列方式分类。

一是，按载重吨位分类。

（1）小型油船，通常为载重量1万吨以下，以运载轻质油为主；

（2）中型油船，通常为载重量1万~3.5万吨，以运载成品油为主；

（3）大型油船，通常为载重量3.5万~16万吨，以运载原油为主，偶尔也运载重油；

（4）巨型、超级油船，是指载重量16万吨以上的VLCC和载重量30万吨以上的ULCC，专门用于运载原油。

二是，按载重船型分类。

（1）超级油船，16万载重吨以上，超过16万吨的油船被称为超大型油船，超过40万吨的油船被称为超级巨型油船，一般超过20万吨的油船都被称为超级油船；

（2）苏伊士型油船，12万~16万载重吨；

（3）阿芙拉型油船，8万~12万载重吨，该型船舶可以停靠大部分北美港口，并可获得最佳经济性，也有人称之为"运费型油船"或"美国油船"；

（4）巴拿马型油船，通常是6万~8万载重吨；

（5）灵便型油船，1万~5万载重吨；

（6）通用型油船，1万吨以下。

在租船运输市场上，用波罗的海原油运价指数（BDTI）来评估市场情况。请看一段新闻摘录：

新闻摘录：

2019年10月11日，油船运输市场原油运价指数（BDTI）达到1941点，七日环比上涨63%，同时该指数显示，原油运价持续了近一个月的上涨。VLCC TCE波斯湾至日本超大型油船等价期租租金从9月25日的3.22万美元/天涨至10月9日的12.1万美元/天，短短两周时间内暴涨275%，并且创下自2015年12月18日以来的新高。

液化气体船（LPG/LNG）

液化气体船是指专门用来装运经过液化的石油气或天然气的船舶。

在液货船中，还有运输液体化学品船，这种船外形与油船相似，但这种船上装有特殊的高压液舱，如图1-18所示。这种船舶结构复杂。

图1-18　液化气体船——球罐型

在用船舶运输货物时，首先应该考虑货物本身的形状和在常温常压下保持稳定的性质，即在海上运输过程中摇摆或发生温度变化，货物也没有问题。这是海运的一般常识。

1930年，伴随液态氧的研究工作，气体压缩机的研究取得显著成绩。在压缩机急速发展的同时，石油化工业日新月异地发展起来，诸如乙烷、丁烷和丙烷等液化石油气，简称LPG。这些产品制造工艺进入实用阶段。不过，当时的压力容器本身又笨又重，体积庞大，装船时，一般放在货船的货舱里面，四周用特别隔垫材料包围起来，所以并不十分安全可靠。

1956年，法国科学家终于研制成功液化天然气新技术。天然气的主要成分是甲烷，液化后的简称为LNG。石油气的平均液化温度为零下48 ℃，天然气的液化温度为零下162 ℃，LNG是甲烷和乙烷的混合物，它们的液化点分别是零下161 ℃与零下88 ℃。从此以后，低温常压运输液化气专用船舶的研制工作在世界各主要造船厂以各种各样的形式普遍开展起来。

总之，液化天然气（LNG）船是一种特殊类型的全制冷船舶。在常压下运输LNG时，船舱内温度需要达到零下162 ℃。

目前，无论是LPG还是LNG海上运输，在技术上都没有任何问题，可十分安全可靠地用船运到目的地。

液化气体船的构造，简单说来，一是制造液化气罐所用材料须是浸泡在零下50 ℃至零下160 ℃的低温液体下不发生收缩及材料恶化的金属；二是液化气罐的外侧与船体之间填充特殊隔热材料以保持低温状态。

氨气与天然气液化后，其体积仅为气体状态时的1/300，液化气体所占容积为大气环境中其气态体积的1/600，因此气体常以液态装船运输，运输效率极高，而且万一溢流到海洋也不必担心像油船出事故那样污染海洋。

液化气体船主要运输石油碳氢化合物或两者混合气，还有一些化工产品，近年来乙烯也列入其运输范围。依据载运各种气体的不同液化条件，液化气体船分为全压式、半冷半压式和全冷式。

液化气体船因其特殊用途而对船舶各方面有特殊要求，其建造技术难度大，代表当今世界的造船技术水平，船价为同吨位常规运输船的3倍左右。液化气体船是一种高技术、高附加值的船舶，其专利权几乎都在发达国家的造船厂及船舶研究机构。

我们有理由相信，随着科技的进步，未来的液化气体船会更安全，载重量更大，智能化程度更高。

新闻摘录：

我国制造第三艘液化天然气（LNG）船"闽榕号"

2009 年 2 月 24 日，我国建造的又一艘液化天然气（LNG）船在上海顺利交付船东，这是迄今为止中船集团公司所属沪东中华造船（集团）有限公司成功建造的第三艘同类型 LNG 船。"闽榕号"LNG 船，船长 292 米，船宽 43.35 米，型深 26.25 米，航速 19.5 节，装载量为 14.7 万立方米。"闽榕号"的货舱类型为薄膜型，是目前世界上大型的薄膜型 LNG 船舶。

思考题：简述各型油船各有什么特点。在各型油船中你喜欢经营哪一种？

2020年2月1日 庚子年正月初八

以往今天就该上班了。现在疫情依然严重。自己也不能冲锋陷阵，只能按照要求不出门，履行好个人义务。

上午十点钟，子涵打来电话，问候了我一下，说给我邮来了口罩，并鼓励我继续发微信给他们。我说："那好吧！"

今天写写其他类型的船舶。

特殊用途的船舶

拖船——个头不大、力气不小的工程船

拖船又称为拖轮，它是水上运输的"火车头"，专门用于在水上拖带没有自航能力的船舶或其他浮动建筑物，协助大型船舶进出港口、靠离码头，或救助海洋遇难船舶。它的船体较小，但功率较大，能够拖动比它大几倍的船舶。有人形容它像蚂蚁一样，可以"小马拉大车"，如图 1-19 所示。

另外，拖船在海洋工程中能起、抛锚，运送油、水及钻探器材到海上平台的作用。

如图 1-19（a）所示，普通拖船船体上绑了很多轮胎，这些轮胎都是旧的，用来缓冲压力，从而保护船体。

（a）普通拖船示意图

（b）船体小、功率大的拖船（6600 IHP、拖力66吨的拖船）

图1-19　拖船

　　拖船的特点是船体小、机动性强、功率大、结构坚固，有较强的防撞设备，有紧急牵引稳性的特殊要求。拖船上有性能良好的拖拉设施，包括拖钩、拖柱、系缆绞车等。拖船没有用于装载货物的货舱，自身并不载运货物或旅客。拖船一般是以主机的功率和拖力来衡量它的能力的，功率越大，拖拉能力也就越强。因此，拖船是水上船舶名副其实的"火车头"。如图1-20所示，一个小拖船，拖着一艘大船。所以，一位船长说，拖船个子虽小，力气却大。

图1-20　小船拉大船示意图

钻井平台的移动是否也靠这种拖船呢？

近年来，大规模的海洋开发异军突起，使海上船舶的家族增加了新成员，这就是海洋勘探平台和海洋石油钻井平台。平台本身没有自航能力，所以拖船也就责无旁贷地担负起了将平台从一个井位到另一个井位转移的任务。

在拖航时，由于平台重心很高，极容易失稳而倾翻。因此，在移位拖航时，确保平台的平稳是极其重要的。通常，钻井平台移动，需要两艘或者三艘拖船保驾护航，有时甚至需要更多艘拖船参与行动。

现在，新型的拖船智能化程度已经很高，拖带能力也越来越强，操纵十分灵活，而且即使在全速航行中，也能够在很短的时间内紧急制动，将船迅速停止。

挖泥船——航道上的"清扫工"

河水中所含的大量泥沙沉积在河流的底床上，常常给船舶的航行造成很大的障碍。在海港和河口区，水流、潮汐、风浪、流沙等作用，常常使泥沙沉积在进出港的航道上，出现拦门沙和浅滩现象。要清除航道上的泥沙，挖泥疏浚是重要的方式之一，挖泥船便成了名副其实的"清扫工"。

挖泥船负责清挖航道与河川淤泥，以便其他船舶顺利通过。挖泥船的工作能力是以每小时能挖多少立方米泥沙来表示的。挖泥船按施工特点可分为绞吸式挖泥船、耙吸式挖泥船、抓斗式挖泥船、链斗式挖泥船和铲斗式挖泥船等类型。

图1-21所示是广东中远海运重工为比利时DEME集团建造的15000立方米耙吸式挖泥船。该船是目前国内建造的技术领先的大型耙吸式挖泥船，船舶泥舱容积达到了15000立方米，挖泥最大深度达102米，能在浅水区作业。该船实现了一人驾驶操作和挖泥的自动化功能。

图1-21 "邦尼河号"——耙吸式挖泥船

随着船舶大型化的发展，船舶吃水也相应增加。为了适应这种发展趋势，一些原有的港口、航道需要挖深疏浚，新建港口更需要大量挖泥疏浚工作，因而对各种挖泥船需求量大增。很大程度上，航道的畅通是挖泥船的功劳。所以，船员称挖泥船是航道的"清道员"。

随着科技的进步，我们可以设想，性能优良、用途广泛、功能齐全、设备精良的各种新型挖泥船必将不断涌现。

破冰船——海冰上的开路先锋官

随着科学技术的不断发展，人类的探索已经从陆地和海洋逐步发展到了地球的两极——北极和南极。但是，北极和南极沉睡在冰天雪地之下，厚厚的冰雪把她们的真相深深掩盖起来，这就更增加了人们的好奇感，非要揭开她们的面纱，寻找其中的奥妙不可。在这一重大的探秘活动中，巨大的破冰船向极度险恶的自然条件发起挑战，显示人类克服困难的决心和能力。

那何谓破冰船呢？破冰船是一种专门用于在结冰的水面上开辟航道的特种船舶。它的外形跟拖船相似，如图1-22所示。不同的是为了便于艏部破冰，其艏端水线以下切成倾斜形状。艉部水线附近还加设突出的防冰踵，以利于倒车时破冰。破冰船的外板和肋骨也进行了加强，尤其是水线附近的外板。考虑浮冰的撞击和磨损，故进行了加厚。

图1-22　中国破冰船"雪龙号"

建造一艘破冰船首先要考虑什么？

建造一艘破冰船，首先必须要考虑破冰能力，以及遇到意外情况时的应变能力。要想具有强大的破冰能力，就要增大推进器的能力，也就是增大破冰船主机的功率。所以破冰船主机的功率（马力）比一般船舶要大得多。

破冰船到底是如何破冰的？

现代破冰船一般有两种破冰方式，一种是直接撞冰；另一种是压冰，即在船内配备水舱，利用注水来调节船头压碎冰层。因此，它的船首也较其他类型船舶特殊。

所以，破冰船的一个明显的特点是有坚实的船体。破冰船在破冰的过程中，要频繁向坚硬的冰层撞击，大量的破碎冰块不断地擦船体而过，又常常是在气温极低的情况下作业，所以破冰船对外壳的工艺要求很高，对钢板厚度要求也很高。一般要求的钢板厚度为40~50毫米。对钢材的要求也比较特殊，因为普通钢材在极低温下会变脆，在冰撞击下极易产生脆性断裂，所以破冰船所使用的钢材不仅要强度高、抗腐蚀性好，而且要有良好的低温韧性。

可以预测，随着科学技术的不断进步，以及对破冰船破冰规律的深入研究、探索，破冰船的破冰能力必将大大提高，新型的破冰方法必将不断涌现，人类必将建造出更强大的极地破冰轮船，去征服地球上至今还在冰层下面沉睡的极地世界。

新闻摘录：

2018年9月10日下午，我国自主建造的首艘极地科考破冰船"雪龙2号"正式下水，标志着我国极地考察现场保障和支撑能力取得了新的突破。被称为双向破冰的"中国红"——"雪龙2号"，在阳光照耀下，铮明瓦亮，如图1-23所示。其设计船长122.5米，船宽22.3米，排水量14000吨，是目前世界上最大的极地破冰船之一。

它能在极地1.5米厚冰环境中连续破冰航行，并且是世界上首个能够在船首、船尾双向破冰的极地科考船，所以称它为钢首铁尾。"雪龙2号"可以在1.5米厚的海冰加上20厘米厚的积雪上，以3节的航速航行。船上还配备了世界上最先进的海洋调查和观测设备，其成为我国开展极地海洋环境与资源研究的重要基础平台。

图1-23 我国"雪龙2号"破冰航行

布缆船——海上布缆之能手

现代通信业务日新月异，国际和国内陆地与海上岛屿间的网络通信随着经济发展需要日益繁忙起来。布缆船就是为了适应这种需要而迅速发展的。它的任务就是敷设和修理海底电缆。布缆船上设有布缆机等专用设备，供在海上敷设、打捞和检修海底电缆用。布缆船又称"电缆布设船""海缆作业船"。

布缆船一面根据设计线路将电缆准确地布放入水中，一面要做电缆的接续与测试等工作，所以船上设有大容量的电缆舱、增音器堆放场、布缆机与接续和测试等工作舱室。

布缆船的艏部显著向外突出，在突出处装有捞缆用的吊架和滑车。艉甲板一般做成方形，加大了工作区，并设有电缆导槽与尾滑道，供电缆在上船或入水时使用，保证电缆能够顺滑地入水与上船，如图1-24所示。

图1-24　海上布缆能手——布缆船

　　布缆机带动电缆或光缆并依靠其自身的重量通过滑车放入水中，通过埋设犁或水下机器人将电缆或光缆埋入海底。布缆时，船舶必须根据电缆或光缆测力仪所示的张力大小，来调节船速或自动变化船舶航速，如图1-25所示。

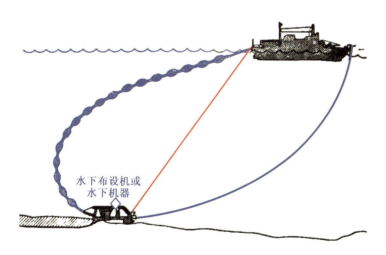

水下布设机或
水下机器

图1-25　布缆船敷设海底电缆示意图

　　随着科技的发展，海底布缆的原理已经有新的进展，工作人员只要在船上对水下机器人进行远程指挥，水下机器人就可以乖乖地进行海床工程和挖掘深埋电缆的工作。

现代深海电缆敷设船非常先进，配备双螺旋桨，航速25节左右，装载能力也非常强大，可以装下6000吨重的电缆。

随着科技的发展和为了满足物联网的实际需要，将会有更多更先进的智能化布缆船问世。

半潜船——外形酷似航母，潜水可比潜艇

半潜船也称半潜式母船，是专门从事运输大型海上石油钻井平台、大型舰船、水下潜艇、巨型龙门吊、预制钢桥梁构件等超长特重，但又无法分割吊运的超大型设备的特种海运船舶。

它通过调整自身压载水，把装货甲板潜入水下，以便将所要承运的特定货物从指定位置浮入半潜船的装货甲板上，将货物运到指定位置。

半潜船有一种特殊的船舶设计方式。与一般的水面船舶不同，半潜船通常拥有较大的吃水，但又不似潜水艇般完全隐没于水中，而是有部分船体或结构露在水面外。由于隐没在水中的体积比例高，所以半潜船比较不容易受到海面上的波浪和风的影响，能够保持较好的稳定性，因而适合当作水上的工作平台使用。

例如，我国10万吨级半潜船"新光华"轮，其为目前中国最大、全球第二大半潜船。该船总长255米，型宽68米，下潜吃水30.5米，可在海上轻松举起10万吨级重物。该船装货甲板长210米、宽68米，甲板面积达到14280平方米，如图1-26所示。

图1-26 酷似航母的"新光华号"半潜船

　　该船采用DGPS（差分GPS）、激光、雷达声呐三套系统进行动力定位，误差只有0.05米。同时在气象导航的引导下，在海上实施半潜船装载的高精度工程作业时，堪比"穿针绣花"。

　　随着深海资源开发力度的不断加大，大量的石油钻井平台和生活模块投入建造和使用，众多的工程船舶和施工机械需要在世界范围内频繁调遣，特别是超重、超大且不可分割的海上漂浮物件的调遣，使得半潜船的需求量不断加大。拥有多功能模块的半潜船开始出现，成为半潜船的一种新的发展方向。

2020年2月2日

　　昨天晚上，收到子厚的短信，他告诉我，他的妈妈是护士，明天就要跟医疗队奔赴武汉了，还发了一个图片"众志成城，抗击病毒！"

　　同时他在电话中还提到，他们已经了解了一些商船的知识，他和子涵还想知道一些军舰的知识。

　　放下电话，我马上就忙着找有关的书籍和参考资料，但手头材料很有限。

乘风破浪——向着胜利目标前进的舰船家族

时代，像一匹骏马，驰骋前进。

当前科技创新层出不穷，对军舰影响巨大。

在形形色色的舰船中，有一个家族独树一帜，不仅仅是因为它们的设备和功能独特、先进，更重要的是它们被各个大国竞相发展，更多地凝聚了飞速发展的高科技，并最终成为综合国力的象征，这就是我们要说的凝聚了高科技的军舰家族。

我国幅员辽阔，有着1.8万千米的海岸线和星罗棋布的岛屿。广阔的海域需要有一支强大的海军来守卫。

强大的海军需要优良的军舰。只要是活动在水面或水下，具有作战或保障供给所需要的战术、技术性能的军用船舶，都可以称为军舰。

军舰由来已久，它是从古代舟船的基础上发展起来的。我国和地中海国家是古代战舰的发源地。古代的战舰与一般船舶区别不大，只是辅助作战的工具而已。十七世纪后，军舰与商船才有了明显的区别，而现代军舰与商船区别更明显，林立的导弹、舰炮，整齐的色彩使人一目了然。

作战舰艇主要有航空母舰、巡洋舰、驱逐舰、护卫舰、潜水艇、快艇等。

舰与艇如何划分呢？目前没有严格的界限，通常排水量在500吨以上的水面舰艇称为舰，排水量在500吨以下的水面舰艇称为艇。潜水艇，无论其大小，习惯上均称为潜艇。

航空母舰——海上浮动机场

海洋是世界文化与经济交流的重要大通道。大航海时代开辟的海上航道极大地促进了世界文化的交流和国际贸易往来。随着世界各国对海上权益的争夺愈演愈烈，航空母舰荣登"海上霸主"之位实至名归。

航空母舰素有"海上浮动机场"的美称。我们之所以将航空母舰称为"海上浮动的机场"，主要是因为航空母舰是以舰载机为主要武器并作为其海上活动基地的大型水面战斗舰船，它是海军用于作战的最大型舰船。而且，航空母舰最显眼的就是它的甲板上有跟陆地飞机场相似的飞机跑道，如图1-27所示。

航空母舰的飞行甲板很大、很宽，并且呈多边形状，比一般舰艇的甲板大几倍甚至十几倍。美国的尼米兹级航母是当之无愧的超级航母，满载排水量超过10万吨，总长333米，飞行甲板宽76.8米。飞行甲板是供舰载机起飞和停降的上层甲板，又称舰面场。甲板上有两条跑道，一条设有弹射器，用于飞机起飞；另

飞行甲板上两条跑道，
一条有弹射器，
用来飞机起飞，
另一条有斜角，
保证了飞机着陆安全

飞行甲板

机库甲板——
没有飞行任务时，
大部分飞机停放在机库甲板

图1-27　海上浮动的机场——航空母舰

一条有斜角，保证了飞机安全着陆。

重型飞机要想从航母上起飞，必须有弹射器。弹射器可以在91米的距离内让37吨重的喷气式飞机加速到289千米每小时，用时仅需3秒。

核动力航空母舰的大，还体现在高度上。现代航空母舰舰体的高度少则50米，多则上百米，相当于三十几层楼的高度。航空母舰既大又高，舱室也不少，如美国的"小鹰号"航空母舰，全舰共有1500多个大大小小的舱室。

航空母舰的大，还体现在排水量上。航空母舰排水量大都在10万吨左右。舰上的锚每个大约重30吨，锚链重二三百吨。

核动力航空母舰的发电站是航母核心所在。通常两座核反应堆为航母提供了近乎无限的续航能力，保证它能以30节的速度前进。航空母舰有8台蒸汽涡轮发电机，每台功率可达8000千瓦。这些电量足够供应一座小型城市使用。

早期的航空母舰是民用商船或巡洋舰改装而成的，舰上装载飞机很少，仅作侦察、护航、轰炸之用，主要用于攻击水面舰艇、潜艇和运输舰船，袭击海岸设施和陆上战略目标，夺取作战海区的制空权和制海权，支援登陆和抗登陆作战。

第二次世界大战期间，1941年"珍珠港"事件中，日本发动了太平洋战争。日本海军利用航空母舰上起飞的轰炸机对太平洋美国舰队基地珍珠港发起突然袭击。这次偷袭的成功，使美国大为震惊。从此美国奋起直追建造大量航空母舰，到现在已成为美国海军中的主要军舰。

航空母舰是一座海上的活动机场，它大大增加飞机的作战半径，可以充分发挥海军航空兵器的作战威力。但是，大有大的难处，现在航空母舰越造越大，目标庞大容易被发现和打击，加上各种装备臃肿庞杂，一旦舰上的通信导航指挥系统或者飞机弹射系统遭到破坏，就会立马丧失战斗力。所以航空母舰在执行战斗任务时，必须配备水面舰队的保驾护航，否则很难单独完成战斗任务。

随着科学技术的飞速发展，航空母舰目标大、造价高等缺点日益显露。在未来，航空母舰将以高科技为基础，朝向更新的方向发展，例如向新船型方向发展，或在气垫船发展的基础上，向气垫型航空母舰发展，具有两栖性，而且船速快，机动性优良，不受鱼雷、水雷和潜水艇的威胁。由于气垫航空母舰速度快，航母上的飞机不需要借助弹射器和拉阻装备就能顺利起降。

另外，还有一种新型的超大型浮岛型航母有可能成为现实。其实就是一种人工岛，能够在海面上以缓慢的速度漂浮航行。浮岛型航母的排水量高达50万吨以上，战斗力可相当于5艘核动力航母的作用。虽然浮岛型航母的优点有很多，但与此同时它也有不少缺点，比如说移动的速度实在太慢，加之体型庞大，所以浮岛型航母也很容易成为导弹攻击的对象。

乘风破浪的巡洋舰——海军的"巨灵神将"

巡洋舰是一种火力强、用途多，主要在远洋航行的大型水面舰艇。它具有较高的航速，适航性好，能够在恶劣气候条件下长时间进行远洋作战活动，如图1-28所示。

巡洋舰的主要任务是作为航空母舰或者作为编队旗舰组成海上机动编队，攻击敌方水面舰艇、潜水艇或岸上目标。

巡洋舰最早起源于风帆时代的"快帆船"，在远洋舰队中负责执行巡逻、侦察、警戒、护卫以及追击的任务。

巡洋舰是以大口径火炮为主要武器的大型水面军舰，排水量一般为6000~20000吨，航速约30节。舰的甲板和舷部有很厚的装甲和防雷水舱，用来保护舰体要害部分。

图1-28 乘风破浪的巡洋舰示意图

巡洋舰上的火炮又多又大，有的炮膛粗到可以让人从炮膛中爬过去。其主要火炮的口径达到150~200毫米，还配有各种辅助火炮、鱼雷、水雷和防空、反潜武器。

"多面手"驱逐舰——海军的"巨灵神战将"

驱逐舰是以火炮和反潜武器为主要装备的中型水面舰艇。早期的驱逐舰主要是使用鱼雷来攻击敌舰，曾称为"鱼雷舰"。驱逐舰是海军舰队中突击力较强的中型军舰之一。

现代驱逐舰任务比其他的舰种要复杂。驱逐舰装备有火炮、鱼雷和反潜武器，既能在海军舰艇编队担任进攻性的突击任务，又能承担作战编队的防空、反潜护卫任务，还可在登陆、抗登陆作战中担任支援兵力，担任巡逻、警戒、侦察、海上封锁和海上救援任务以及提供无人舰载机的起飞和降落条件等。

常规驱逐舰的排水量一般为3000~5000吨，航速在35节左右。装备导弹的驱逐舰称为导弹驱逐舰，其排水量通常为9000吨左右，续航能力和抗风浪能力也较强。

　　驱逐舰虽然比巡洋舰小，火力不如巡洋舰那么强，但是它的航速较高，并且装备导弹等先进武器，所以具有更大的机动性和攻击能力。

　　它可以利用先进的水声仪器侦察敌舰的活动，用火炮、鱼雷、反潜武器和导弹机动灵活地对敌人的舰船、潜水艇、飞机进行有效攻击。有人称它为"多面手"，如图1-29所示。

　　目前，有的国家已经有核动力驱逐舰。

图1-29　威风凛凛、杀气腾腾的驱逐舰

冲锋陷阵的护卫舰——海上的"守护神"

　　护卫舰的性能和作用与驱逐舰类似，可以被视为小型化的驱逐舰。护卫舰的排水量、航速、续航力和火力比驱逐舰小，但护卫舰具有目标小、机动性好、造价低等优点。

　　它担任护航、护渔、反潜、布雷、巡航、警戒等任务，所以有人称它是其他舰的"警卫员"。

　　在现代海军编队中，护卫舰是在吨位和火力上仅次于驱逐舰的水面作战舰只。常规的护卫舰排水量在2000吨左右，航速为20~30节。

　　护卫舰是一个传统的海军舰种，是当代世界各国建造数量最多、分布最广、参战机会最多的一种中型水面舰艇，如图1-30所示。

图1-30　冲锋陷阵的护卫舰示意图

从二十世纪八十年代开始，各国新造的护卫舰，从常规武器转型为以导弹为主要武器，对原来的常规驱逐舰和护卫舰进行了更新和导弹化改进。趋势是增强对空和反潜能力，采用对空导弹和拿手的反潜武器设备——舰载直升机，提高雷达的测距、抗干扰和对抗能力，声呐设备先进。护卫舰采用燃气轮机动力装置，装备快速自动火炮，有的还装备大型的舰对舰导弹。美国的"佩里号"导弹护卫舰满载排水量为3605吨，可发射舰对空与舰对舰以及反潜鱼雷。

纵观护卫舰的发展史，我们可以看出，护卫舰的吨位逐步向大吨位发展，同时各国的护卫舰趋向自动化和导弹化，并且改进舰艇外形，以便更适应防原子、防电磁和防化学攻击的现代战争的需要。

令人出其不意的潜水艇——海军的"水下蛟龙"

潜水艇或称潜艇，是一种能够在水下活动的舰艇。它利用调节压载水来改变潜艇的浮力，从而既可以在水面上航行又可以在水下航行。潜艇的种类繁多，形制各异，小到全自动或一两人操作、作业时间数小时的小型民用潜水探测器，大至可装载数百人、连续潜航3~6个月的台风级核潜艇。

潜艇的最大特点是水下潜航的隐蔽性，可以出其不意地对敌方舰船进行突然袭击。当潜艇的噪声降至90分贝左右时就可以"销声匿迹"于浩瀚海洋的背景噪声中，而不会被声呐侦测到。

现代的核动力潜水艇更因其携带洲际弹道导弹而成为海军的一种威力强大的战略"撒手锏"。如图1-31所示，核潜艇正在水下发射导弹，它发射的导弹可以准确命中上万里外的目标。

图1-31　海上"撒手锏"——令人出其不意的核潜艇

核潜艇是公认的战略性武器，其研发和建造需要高度发达的科研能力和工业制造能力，目前只有较少国家能够自行设计和建造。

核动力潜艇的排水量可达万吨以上，水下航速高达30节以上，能够长期在水下活动，不易被敌方发现和摧毁，是海军舰艇中起威慑作用的战略防备，如图1-32所示。

潜艇的不足之处是它不适应浅水活动与作战；潜艇在潜水航行时，由于目前的科技水平，电磁波还不能入水传播，观察和通信与联络以及导航定位比较困难，只能靠惯性导航和声呐定位，影响了潜艇与潜艇之间，潜艇与水面舰艇之间以及岸上指挥机关的协同作战。但随着科技的进一步发展，我们相信有一天能够解决这些难题。

图1-32　正在水面航行的早期核动力潜艇

先发制人的快艇——海上"飞毛腿"

军用快艇是指小型作战舰艇，它包括炮艇、鱼雷快艇及导弹快艇。快艇虽小，但在其发展历史中，曾经击沉过比它大几十倍的大、中型军舰，显示出一定的战斗威力，至今为各国海军所重视。自从有了导弹和先进的电子通信和导航设备，快艇在现代海战中的威力更为引人注目。

快艇的共同特点是体积小、隐蔽性强，不易被敌舰发现，即使被发现，由于目标小，击中困难。加上快艇的航速快、机动性好，更能发挥它的灵活机动和突然袭击的威力。

导弹快艇

在1967年第三次中东战争中，排水量75吨的埃及导弹快艇击沉了以色列2500吨级的驱逐舰"埃拉特号"的战例，引起了各国海军的注意。

其弱点是续航能力低、适航性差，只能在近海、沿岸行动。

导弹快艇如图1-33所示，它的主要武器装备是舰对舰导弹，这种舰艇排水量一般仅有数十吨至几百吨，但航速可达到45节以上。导弹快艇的攻击方式是以先下手为强的方式先发制人，对大中型敌舰发起突然袭击。

图1-33　海军的"狙击手"——导弹快艇

鱼雷快艇

鱼雷快艇如图1-34所示，它是以鱼雷为主要武器的攻击型战斗舰，排水量一般在数十吨至数百吨，航速可达55节左右。

依据鱼雷快艇的大小，可以装备4~8枚并有大小口径的自动炮，有些艇上可携带少量的深水炸弹和水雷。鱼雷快艇的特点是利用自身目标小，在夜间或者能见度不良的情况下，隐蔽地接近敌舰进行偷袭。现代大中型舰船都装备了十分先进的雷达，能在能见度不良的气候下进行有效搜索，这就使得鱼雷快艇近距离作战活动变得困难。

炮艇

炮艇的主要武器是火炮，一般装备有多座小口径炮，主要任务是巡航、护渔、护航等，适应在沿海、岛屿间等浅水区作战，如图1-35所示。

总的来讲，军用快艇的发展趋势是：武器导弹化、设备自动化、驾驶智能化（甚至是无人驾驶）、速度快速化、动力大功率化。

水翼、电磁、气垫技术以及隐形技术等的应用，使现代快艇在海军中成为一支重要的近海作战舰艇。

未来的战争会是什么样子呢？我是外行，因此我不知道，但是它一定是立体的、多维的、全面的、智能性的，或许是无人的。军舰的发展不仅是单纯为了战争，也是为了制止战争，更是一个国家国力的体现和国威的反映。

图1-34　海军的"突击手"——鱼雷快艇（正在发射鱼雷）

图1-35　灵活机动的"火炮手"——炮艇

　　随着科技的进步，充分凝聚着人工智能、仿生技术等高科技成果的新型无人自主航行的军舰家族系列将更加五彩缤纷、"为所欲为"。

2020年2月3日 庚子年正月初十　小雪

事物发展的根本原因，不是在事物的外部而是在事物的内部，在于事物内部的矛盾性。任何事物内部都有这种矛盾性，因此引起了事物的运动和发展。

船体的几何形状

船舶的航海性能与船体的几何形状有着密切关系，是事物内部的矛盾性。因此在学习船舶的航海性能之前，首先让我们了解一下船体的几何形状以及它与航海性能的关系。这个稍微有点难度，但我还是希望你们认真看一下，很有趣，或许对你们的工作有益。

一艘船，不论是远洋航行的几十万吨的船舶还是内河航行的几十吨的小船，一般都具有船型大方、经济实用、船体坚固、性能良好的特点。

船舶的形状包括水上部分的外形和水下船体线型两部分，其中尤其以水下部分的线型更为重要。这是因为它与船舶的航行性能紧密相关。

那么，一艘船的线型是如何表达的呢？这正是我想跟你们交流的内容。让我们先看船体线型图。

表示船体几何形状的图叫作线型图。线型图是如何绘制出来的呢？它是根据投影几何的基本原理并按照一定的比例尺绘制的。所有船舶的线型图均可采用不包括船壳板厚度在内的船体表面来表示船体的几何形状，即肋骨以外、船壳板以内的船体表面。这种船体表面图称为型表面，从型表面量下来的尺寸称为型尺度。

在线型图上有三个互相垂直的基面，如图1-36所示。它们是纵中剖面、中横剖面和设计水线面。

一是，纵中剖面（蓝色面）。

纵中剖面是通过船长中心线的一个垂直基面的垂直平面。它把船舶分为左右对称的两部分。从船尾向船首方向看，左手的一侧称为左舷，右手的一侧称为右舷。纵中剖面与船体表面的交线称为纵中剖线，它包括船舶的侧面形状，包括甲板线、龙骨线及艏艉轮廓线。

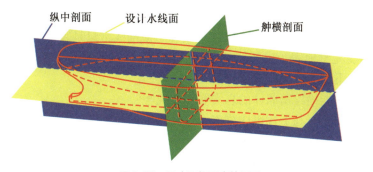

图1-36　三个互相垂直的平面

二是，设计水线面（或称满载水线面）（黄色面）。

设计水线面是通过船舶设计水线（船舶满载时的吃水线）的一个水平面，它把船舶分为水上和水下两部分。设计水线面与纵中剖面是垂直的。

它与船体表面的交线就称为设计水线，也即对应于设计满载排水量的水线。

三是，中横剖面（绿色面）。

中横剖面是通过船长中点处的一个横向垂直平面。它把船舶分成船前体和后体两部分。中横剖面与船体表面的交线称为中横剖线。它可以大体反映船体的正面形状，也就是从船的艏部正面向船的艉部看得的形状，包括了甲板横梁线、船底线以及舷侧线。

现在我们把上述三个平面轻轻地拉开，并按照三视图的规则来排列，于是就得到了图1-37所示的船体三视图。

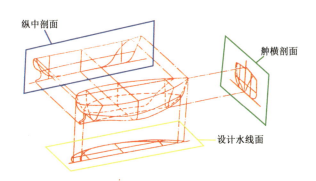

图1-37　一般船体三视图

由图1-37可以看出：纵中剖面相当于三视图的正视图；设计水线面相当于水平面——俯视图，因为船体左右舷是对称的，所以只画出半面就可以了；而中横剖面就相当于侧面——侧视图。

由图1-37可见，纵中剖线、设计水线和中横剖线，只是表示了船体的外形轮廓，它远不能完整地表示出船体的实际形状。因为船体表面是光顺的双向曲面，艏、艉、上、下都有较大变化。

那么怎样才能描绘出船体的真实变化情况呢？

这就必须用若干与上述纵中剖面、设计水线面和舯横剖面相平行的，等距离的三组许多辅助平面来剖切船体表面，并将这些辅助平面与船体表面的交线绘画出来，这就可以绘制出完整的船体线型图，如图1-38所示。

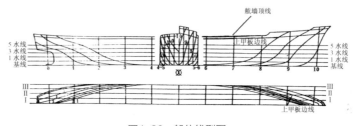

图1-38　船体线型图

船体线型图的三个视图分别是：（1）纵剖线图；（2）半宽水线图，因为船体形状左右舷是对称的，所以水线图上只绘画出左舷的一半就可以了，故称为半宽水线图；（3）横剖线图，也称体型图，由于横剖线也是左右对称的，所以在横剖面图上也只画了一半横剖线。根据习惯画法，右边为船中以前的横剖线，左边为船中以后的横剖线。

在线型图上还画出船体的甲板边线、舷墙顶线等。

何谓纵剖线呢？平行于纵中剖面的诸多平面与船体表面的交线叫作纵剖线。它在纵中剖面上的投影是表示船体实际形状的曲线，而在另外面上的投影为直线。

何谓横剖线呢？平行于中横剖面的诸多平面与船体表面的交线叫作横剖线。它在中横剖面上的投影为实际形状的曲线，而在另外两个面上的投影为直线。

何谓水线呢？平行于设计水线面（满载水线面）的诸多平面与船体表面的交线叫作水线。它在设计水线面上的投影为真实形状的曲线，而在另外两个平面上的投影为直线。

船舶线型图是完整的表示船体形状的一张图纸。它对以后船的建造施工起着重要作用，还是计算船舶性能的重要依据。

根据船舶线型图提供的数据，我们可以进行浮性、稳性和强度等问题的计算。随着高端工业软件的发展，这种作图法会更简单、更直观。

2020年2月4日　庚子年正月十一

今天打春，有个俗语："年前立春不闰月，年后立春要闰月。"说的是，地球公转的时间为365天5小时48分46秒，农历把一年定为355天或354天，所余的时间约在3年时间里积累成一个月，加在某一年里。一般是春节前立春，这一年就是12个月；春节后立春，这一年就是13个月，在历法上，这一年就叫闰年。今年是春节后10天立春的，所以庚子年（2020年）闰四月。

船舶的外形及其上层建筑

众所周知，船舶是一种水上工程建筑物。根据用途不同，船舶在结构、性能以及用途等方面的要求不同。还要注意船舶的外形，通常一艘船舶的外形和结构应给人以朴实无华和结构大方的感觉。图1-39所示为一艘普通万吨杂货船的外形图。

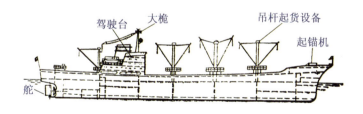

图1-39　普通杂货船外形示意图

船舶的外形包括艏艉的形状、上层建筑形状、船舶机舱位置的安排，还有驾驶台、烟囱和大桅杆等形状及安排等。

船舶各部位如何称呼呢？

船舶各部位的名称如图1-40所示。船的前端叫船首；后端叫船尾；船两边叫船舷；船底与船舷之间的弯曲部分叫舭部。

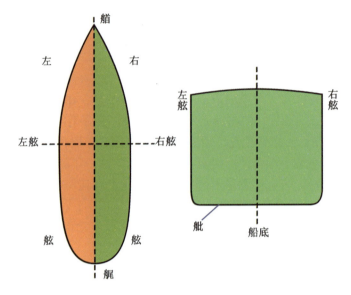

图1-40 船舶各部位的基本名称示意图

连接船首和船尾的直线称为艏艉线。艏艉线把船体一分为二，从船尾向前看，在艏艉线右边的叫右舷；位于艏艉线左边的叫左舷。与艏艉线中点相垂直的方向在航海上称正横，在左舷的叫左正横，位于右舷的就叫右正横。

艏、艉部通常是怎样的形状呢？

艏

船舶采用的艏部形状如图1-41所示。一般情况下船舶多采用倾斜式的船首，不但外形美观大方，而且由于甲板向前伸出，既可以增加甲板的面积，又能减少船舶航行时海浪打上甲板的程度。

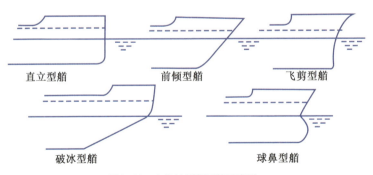

图1-41 有趣的艏部形状示意图

目前很多大型货舱的船首在水线下部分多采用球鼻型艏，如图1-42所示，其可以减少船舶在航行时的阻力，提高船舶的航速。

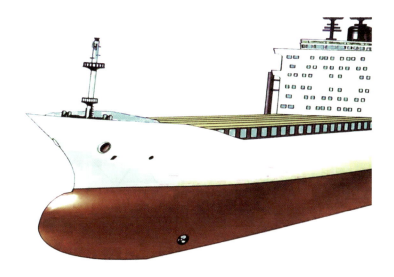

图1-42 球鼻型艏

对于破冰船来说，由于破冰的特殊要求，一般把船首的水下部分设计出较大的倾斜度，以便冲上冰层并利用船舶本身的重量来压碎冰层。

艉

艉部形状通常有椭圆形艉、巡洋舰艉和方形艉三种。椭圆形艉已很少见了，目前应用较多的是巡洋舰艉，为什么呢？巡洋舰艉的特点是水线比较长，有利于减少船舶的航行阻力，因而对快速性有好处；另外还对螺旋桨和船舵起到保护作用。但是巡洋舰艉制造工艺相对比较复杂，因此目前在有些船舶上采用一种变形的方形艉，即在船舶的艉部用一斜平板封牢，其他仍然保留巡洋舰艉的特点。

方形艉的特点是艉部为一垂直平面或者被平面截切。它可以减少船舶在高速航行时艉部的下沉程度，还可以增加艉部的甲板面积，方便舵机的设计布置。但倒车时相对阻力偏大。方形艉大多用于航速较高的舰船上。

船舶的机舱的位置通常设置在哪个部位？

通常船舶上层建筑的型式与船舶的机舱位置有一定的关系。什么是机舱呢？安置船舶主要动力机器的房间就叫机舱。

一般机舱的位置有设于船舶的中部和艉部两种基本类型。设在船的艉部的称为艉机型船，即驾驶台的船桥设置在船尾，如图1-43（a）所示。设在船的中部的称为中机型船，如图1-43（b）所示。

目前又出现一种机舱位于中部偏后的船型，我们称它为中后机型船，如图1-43（c）所示。

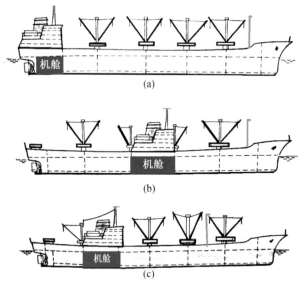

图1-43　机舱位置示意图

三种机舱位置分别有什么特点呢？

艉机型船的驾驶台、仪器仪表和船员的房间一般位于艉部。目前大型船舶都采用艉机型，这也是从经济角度考虑的。而且一艘10万吨的船，从驾驶台到船头的距离有200米之远，船头的巨浪不会影响驾驶员操船。

大型的油船、散货船和集装箱船大都采用这种船型。一方面对防火有利，另一方面可缩短艉轴的长度，扩大装货空间。艉机型船还能改善货物布置，以便增加货舱的容积，提高装卸货的效率。所以近些年来的大型船舶倾向采用艉机型。

中机型船舶的驾驶台、仪器仪表和船员的生活区一般都集中在中部区域，它具有视野宽阔、船舶操纵方便、空载时纵倾小的优点。

中后机型船舶则介于上述两种机型之间。这样可使货舱设计布局得到一定改善，而且纵倾调整也较艉机型更方便，船舶操纵也较有利。

还有其他考虑吗？

除了艏艉部形状和上层建筑型式外，船舶上部的烟囱、大桅杆和雷达天线、卫星通信天线的位置和形状，以及救生艇等布局对船舶外形也产生一定的影响。

2020年2月5日

　　人的认识有两个不同的过程，一个是由特殊到一般，一个是由一般到特殊。

船舶球鼻艏到底有什么用呢？

　　人们印象中的船舶在海里航行时，船头乘风破浪地前进。人们心目中的船首可能是图1-44所示的样子。

图1-44　勇往直前、乘风破浪前进

　　那么我们没看见的部分是什么样呢？实际上，在船首有个大球，如图1-45所示。

　　很多人可能会有这样一个疑问：好好的远洋船舶，船首多出的那么一个长得像球的突出物到底是个什么东西呢？有什么用呢？

　　没错，这个部位的名字就叫"球鼻艏"。从这个名字就可知道一些它的形、神、意了。

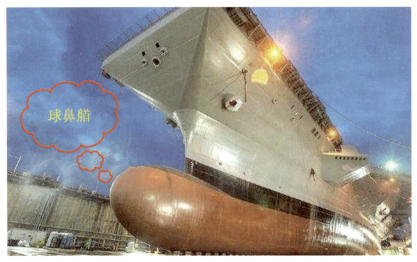

图1-45　大球在船首

看过电影《泰坦尼克》吗？还记得"泰坦尼克号"吗？

可以看到，那个时候的船舶是没有这个球鼻艏的，但是现代的船舶，不管是散货船、集装箱、油船，还是航母，它们绝大部分都有这个球鼻艏。

为什么呢？

船与天上的飞机相似，船体大部分在水中前进时，必须推开比重比空气大得多的水才能航行。

船舶在水中的另一类阻力，称为兴波阻力。这里我们用游泳的例子扼要说明这个问题。我们大家都熟悉女子游泳运动员叶诗文，她是中国泳坛首位"金满贯"。

当我们观看叶诗文的游泳比赛时，会发现她的游法与其他选手比较不同。她的动作看上去似乎比其他选手慢，可是游泳的速度却出奇地快。无论是自由泳、仰泳还是其他姿势，在她的身体的周围几乎都不发生大的水波，犹如在水面滑行一般。其他选手企图追赶叶诗文而拼命地摆动手脚，越是加快游泳的动作，就越激起更大的水波，结果非但没追上，距离反而越来越大。这就使人们深切感到游泳时水被搅动而产生的波浪会对人产生很大的阻力。

毫无疑问，上述情况也适用于船舶。大块头的船舶在航行时使水面产生波浪，在船首和船尾附近各发生一组波系。每组波系分解为横波和散波。横波大致垂直于航向，散波同航向斜交，船舶起伏的能量由船体供给，消耗了一部分推进船舶的功率。对船来说，这相当于克服一定的阻力，这种阻力叫兴波阻力。它阻碍着船的前进。

　　为什么我们要讨论这个问题呢？这与球鼻艏有什么关系呢？我们继续往下看。

　　一艘没有球鼻艏的直立平滑的船首的船舶向前航行时，水分子沿着船体相对的船尾方向移动。那么试想一下刚好处于船舶中心位置的水分子，它们的瞬时相对速度是不是为零？用流体学上的专业词汇来讲，这一点就叫作驻点。伯努利定理里，"速度越快，压力越小"，反之"速度越小，压力越大"。驻点处的压力就相对最大，压力的不均匀直接导致了波浪的形成，我们称之为首波或头波。

　　直线船首会一直产生这样的一个波浪，这就意味着会一直有一部分能量损失。那么能不能将这个波浪减少呢？如果能，怎么办呢？

　　是否可以引入一种结构能在水下造成另外一组翻转了180°的波峰波谷来抑制现在由船首产生的这组波浪？

　　为了使阻碍船前进的兴波阻力减小，船舶科研人员一方面开展流体力学理论的探讨，一方面不断改变船体的形状。

　　如果先从结论谈的话，减小兴波阻力的最有效的方法是采用球鼻艏船型。

　　那么，很明显为了减小兴波阻力，现在的船舶在设计时采用球鼻艏设计，即把船体水线以下做成球鼻状的流线型，利用球状部分所形成的低压，抑制首波的高度，从而减小兴波阻力。这是一种既经济又有效的提高船速的方法。

　　那为何球鼻艏可以减少兴波阻力呢？下面分析球鼻艏的工作原理。

　　我们来看个现象。我们把圆形的球放入水中时可以看到，在流动的水中，球的上方水面就会隆起，相当于球在静水中前进。

　　如图1-46所示，在球的前方，水的压力增大，水面升高；在球的后方，水压减少，水面下降。

　　为此，水面以下的船头部分通常修造成球形，称为球鼻艏。

　　图1-46所示的球鼻艏的船舶，在船的前面水压增大，水面隆起，而紧靠船头后面的部分，由于水压减小，抑制了波浪。这样船头激起的波浪不能沿船体向船尾方向传递，兴波阻力相应减少了，因此，船速能够提高。

　　是谁最早研究了球鼻艏船型呢？

　　1911年，美国造船专家泰勒利用模型试验水池，对多种船型进行了试验。当缩小船舶在吃水线附近的切水的角度，连接船两侧平行部位的曲线缓和时，就可以减少涡流。另外，加大船头尖端部位的隆起，即加大球鼻，使其伸向更大的前方，就可以把船头部位的波浪移到更前方，相当于延长了外观船体，可提高船速。

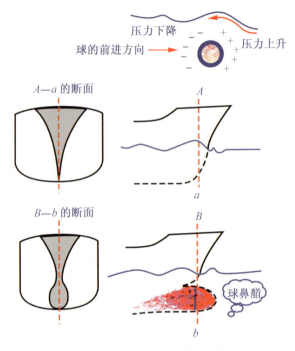

图1-46　球鼻艏减少行波的示意图

　　泰勒发表上述结果以后，这一成果引起世界各国造船界设计人员的极大兴趣。不过，其实际应用到造船工业仍需要很长时间。

　　这又是为什么呢？

　　这是因为在二十世纪初，船舶几乎都是铆钉结构，修造曲线球鼻型的工程不仅费工费时，而且球鼻艏船的速度究竟能够提高多少，尚无实际运行数据支撑。

　　到二十世纪三十年代，日本海军军舰最早采用了焊接造船工艺，对弯加工钢板也做了研究改进。因此，在建造高速航行的驱逐舰和巡洋舰之类的舰船时，按照适宜乘风破浪的理想流线型，部分采用了球鼻艏。

　　例如，在第二次世界大战时，日本制造的世界最大的两艘航母"武藏号"和"大和号"（1945年4月7日"大和号"被击沉，全舰共2767人，仅269人逃生成功）都采用了球鼻艏。该舰排水量为6.4万吨，长263米，满载航行速度达到27节，轴功率为16.2马力。该舰前方伸出5米的球鼻艏，使有效动力减少了8.2%，也就是减少1200马力，使用轴功率为15万马力的动力就可以满足需求。这样大大节省了燃料。

从此以后，在各种船型上都采用了适合各自特点的球鼻艏。一般说来，对于不同的船型而言，有球鼻艏的船舶比没有球鼻艏的船舶平均航速提高大约0.15~0.25节。

但随着时代的发展，对球鼻艏提出新的要求。球鼻艏的目的是调整船舶航行时产生的波浪，但目前各大班轮公司实行了减速航行，目的是达到设计最佳经济航速，因海浪波动幅度较以往减小，球鼻艏的存在反而增加了船舶运行的某些阻力。

因此，目前有些海运公司对一些船舶的球鼻艏进行改装，以便能够更好地适应最佳运营航速。

随着造船技术的发展，带球鼻艏的船舶可能为新的船型所替代。

2020年2月6日

钢铁船为什么能浮在水上呢？

木板船出现后的几千年里，船越造越大，而人们对于木板船的要求也越来越高。但木船终归是木船，木板久经风吹日晒和海水的侵蚀会腐烂，船速太快，木板也承受不了巨大的振荡和海水的有力冲击——在这种情况下，人们多么希望有一种新型的船舶，用钢铁取代木板。

然而，人们面临的第一大难题是，钢铁能浮在水上吗？

浮力的原理是古希腊的科学家阿基米德发现的。有一次，皇帝让他的工匠做了一顶黄金的皇冠，皇冠做成后，皇帝怀疑工匠贪污了他的金子，往皇冠里掺了银子。于是，皇帝把阿基米德召进宫中，限他三天以内鉴定出皇冠的真假。

阿基米德把皇冠带回家后，呆呆望着皇冠，一时想不出好办法，眼看着时间一天又一天地过去了，到了第三天，阿基米德还没有想出办法来。他想，今天不能完成皇帝交给的任务，是砍脑袋的罪过，那么死前就痛痛快快洗个热水澡吧！

阿基米德闷闷不乐地躺在放满水的浴盆里，仍然冥思苦想。他猛然地发现自己伸开的两条腿被水托举起来了，泡在水里身体似乎也感到轻松，好像体重减轻了许多，但当他从浴盆里爬出来时，刚才的感觉顿时消失了。哎，这是怎么回事啊？阿基米德反复试验几次后，他肯定了自己的新发现，即水对任何放在里面的物体，都会产生一种向上托举的力量，这就是浮力。浮力的大小等于那个物体排开同体积水的重量。

这就是阿基米德原理：浸入静止流体中的物体受到一个浮力，其大小等于该物体所排开的流体重量，方向竖直向上并通过所排开流体的形心。

根据这个浮力定理，阿基米德找到了鉴定皇冠真伪的好办法。他将皇冠与相同体积的黄金同时放入水中，然后称一下它们在水中各自的重量，两者重量相同，则皇冠是纯金的；两者重量不等，皇冠便不是纯金的。

阿基米德鉴定皇冠的故事告诉我们，无论是钢铁还是其他比水密度大的材料，用它们制造出的船舶，只要船的重量比它受到水的浮力小，那就完全能够浮在水面上。

在考虑浮力问题时，我们一定要引用阿基米德原理："浸在液体中的物体，受到向上的浮力。浮力的大小等于该物体所排开液体的重量。"

我们在盛水的脸盆里放入一个皮球，用手把它往水里压。这时候，我们的手就会感觉到有一个托起皮球的力，这个向上的托力就是浮力。

若我们改变皮球的充气量，使它变大或变小，试验也很有意思。我们感觉到皮球越大，用手把皮球压到水中的排水量越大，受到向上的托力（浮力）越大。

现在，我们继续做实验，看看这个定律是否存在呢？

如图1-47（a）所示，在天平的两端放上重量相等的砝码，例如每端20克。接下来，准备一个装满水的容器，水中滴入一滴钢笔水，目的是便于观测。把天平的任意一端的砝码浸入容器的水中，水就溢出来了。溢出的水的体积等于浸入水中砝码和天平托盘的体积。这时候，天平砝码放在水中的一端上升，而另一端下降，如图1-47（b）所示。我们把从容器中的水一滴不少地收集在事先备好的另一容器里面。

根据阿基米德定律，该天平的平衡被打破，是水的浮力作用于砝码上的缘故。浮力的大小，应当等于砝码及其砝码托盘占据水的重量，即溢出水的重量。下面就让我们来确认一下。

如图1-47（c）和图1-47（d）所示，称溢出的水，得到一组重量等于溢出水的砝码重量。把这组跟溢出水重量相等的砝码加在天平升起的一端。这时候你会发现，天平再次恢复到平衡状态。

这样，我们有了结论，浸入水中的砝码所受到的浮力恰好等于溢出的水的重量。

通过上述小实验，我们证实了阿基米德定律。

据记载，在1787年，英国一个叫威尔金森的船舶工程师根据阿基米德的浮力定律，终于在塞文河金项链实验室造出了第一艘船长21米的铁壳船"试验号"，并在伦敦泰晤士河上航行。

钢铁船的诞生与发展势必淘汰以往的木板船，这是事物发展的必然规律。第一艘铁壳船"试验号"开辟了钢铁船舶的先河，钢铁船舶开始了长足发展。

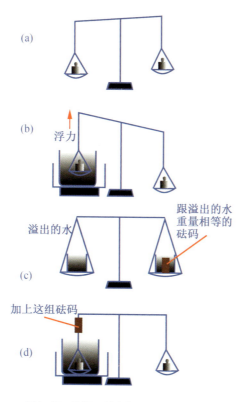

图1-47　验证阿基米德原理的实验示意图

2020年2月7日

在家待了15天了，开始有些不适应了，但是想起上海张教授的话——"闷在家里你也是战士"。"闷在家里"的科学讲法是要保持合理的社交距离，时间长达两个星期以上，可以有效阻断传染病的传播。"闷"两个星期，病毒也被"闷死了"。从预防传染病学的角度，这意味着，在局部传播链上，这个病毒就"不存在"了，所以把病毒"闷死了"。的确，在没有特效药的情况下，隔离是最好的方法。继续完成今天的"作业"。

陀螺罗经为什么能够指北？

在一望无际的汪洋大海中，船舶靠什么指示方向呢？有人会回答靠指示方向的仪器。对，现在在海上航行指示方向的已经有多种设备了，如磁罗经、陀螺罗经（俗称电罗经）和惯性导航系统等。全球卫星定位系统除了能够定位外，也能够指示方向。但总的来说，陀螺罗经是主要的指示方向的导航设备。

那什么叫陀螺呢？给它下一个通俗易懂的定义：绕对称轴高速旋转的物体统称为陀螺。对大家来说，陀螺并不陌生，在日常生活中时常可见，比如小朋友玩的一种玩具"地螺"，也叫陀螺，如图1-48所示。

图1-48　玩具——可爱的陀螺

当它不转时，就倒在地上；当它旋转之后，就能够站立在地上，而且转得越快站得越稳。

我们把旋转物体的对称轴称为陀螺转子轴，或称主轴。陀螺转子转得越快，立得越稳，也就是它的对称轴——主轴的指向越稳，并始终与地平面垂直。即使在一定的时间内改变平面的斜度，它的主轴亦只是移动一个距离，但还是与地平面保持垂直，也即主轴的指向仍然保持不变。

这个特性就称为定轴性。这里，高速旋转是陀螺最主要的条件，没有这一点，就不叫陀螺，亦就没有陀螺特性了。

实际的陀螺转子就是一个陀螺电动机，或称马达，转速一般都在20000转/分钟左右。陀螺电动机与普通电动机在原理上完全相同，具体结构上有所不同。一般电动机中的转子套在定子绕组中间，而陀螺电动机的转子则套在定子绕组的外面。

单独的陀螺转子没有实际意义。如果把它用一定的方式悬挂起来，使它在空间可以任意改变方向，就构成了陀螺仪。所以，陀螺仪是陀螺及其悬挂装置的总体。

那陀螺罗经与陀螺仪之间是何关系呢？

陀螺仪是陀螺罗经的核心部分，它的结构和原理可用图1-49来说明。

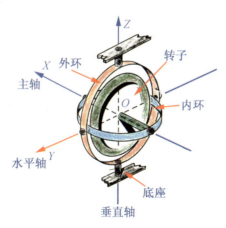

图1-49　三自由度陀螺仪示意图

陀螺仪是指绕其主轴高速旋转的对称物体及其悬挂装置的组合体。它主要由转子、内环和外环组成，并共同装在一个基座上。

转子是一个边缘加厚的金属盘子，它可以绕着自己的对称轴高速旋转，这根轴就称为陀螺仪的主轴，用 OX 表示。转子支撑在内环上，内环水平地支撑在外环上，内环两支撑点连线组成陀螺仪的水平轴（OY）。外环支撑在基座上，外环的两支撑点连线组成陀螺仪的垂直轴（OZ）。内环、外环都可以围绕着自己的轴，也就是两支连点的连线自由转动。这样支撑的陀螺仪，它的主轴显然可以指向空中的任意方向，所以称这种陀螺仪为三自由度陀螺仪。

陀螺仪的转子轴，规定有正负两个方向。它的正向就为主轴。主轴的方向，要根据转子的自转方向来确定。这可以用右手法则来判定，即右手四指顺着转子转动方向弯曲，张开拇指并伸直，拇指的方向即主轴的方向，如图 1-50 所示。

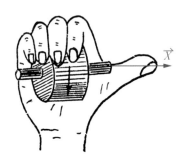

图1-50　右手法则

陀螺仪转子绕着自己的轴高速旋转，一般陀螺罗经的转子的转速大都为 20000 转/分钟，具有两个可贵的特性——定轴性和进动性。

定轴性（或称指向性）是指转子高速旋转时，主轴将保持原先给予该轴相对于宇宙的指向。无论怎样改变基座或地球的自转，主轴将保持其固定指向。

进动性是指如果在陀螺仪上作用一个外力矩，则陀螺仪主轴就向外力矩方向转去，这种现象就叫陀螺仪的进动性。

我们不妨做这样一个实验，在陀螺仪的主轴上施加一个外力 F，如图 1-51 所示。力 F 对陀螺仪就会产生力矩，力矩矢量在水平轴 Y 的正方向。当陀螺仪的转子没有高速旋转时，陀螺仪就如同普通物体一样，在外力 F 作用下，陀螺仪主轴将绕 Y 轴转动。力 F 之所以能够使物体转动，是因为力 F 对物体产生了力矩 L。

力矩是有方向的。按照右手法则，四指指向 X 轴的正向，即转向力的方向，大拇指所指方向就是力矩的方向。

当陀螺仪高速旋转时，在上述力矩的作用下，陀螺仪的主轴不再绕 Y 轴转动，而是绕着 OZ 轴转动，而且陀螺仪主轴朝着力矩矢量方向转动。这种运动就叫进动运动，简称进动。

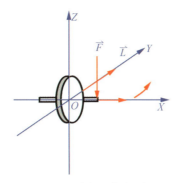

图1-51 陀螺仪进动示意图

陀螺罗经就是利用陀螺仪这两个特性来工作的。但必须指出，自由陀螺仪不能直接当陀螺罗经使用，因为陀螺仪具有定轴性，但是基座随着地球的自转而运动，观察者亦随着地球的自转而运动，我们能看到主轴随着时间的推移而运动。

这是为什么呢？

请见图1-52，这是陀螺仪的视运动。设在某一时刻，陀螺仪在地球甲处，此时它的主轴指向正北，主轴位于子午面内；随着时间的推移，陀螺仪与地球一起从甲处到达乙位置，由于定轴性，主轴仍然保持着原有的空间指向不变，因此陀螺仪的主轴已经向东偏离正北一个角度了。

图1-52 陀螺仪视运动示意图

　　这个过程中，在观察者看来，陀螺仪的主轴在不停运动。陀螺仪的主轴实际上没有变化，一直都保持在指向原来宇宙空间的方向。观察者随着地球自转，所以把陀螺仪看成在运动了。这就是视运动。

　　那陀螺仪怎么变成真正陀螺罗经呢？

　　1908年，德国的安许茨十分聪明，他把这个问题解决了。解决问题的途径和方法是利用陀螺仪本身的进动性。

　　具体方法是这样的：制造一个中心和重心不重合的陀螺仪，使陀螺仪的重心低于陀螺仪的中心；经过反复试验，尺度选得恰当，使由于重心偏离的重力所产生的陀螺仪进动方向和地球自转所引起的陀螺仪偏离正北的方向正好相反，并且进动的速度又和偏离正北的速度大小相等，这样主轴就可以一直稳定指北了。

　　直到目前，世界上有各种各样的陀螺罗经，比如激光陀螺、光纤陀螺仪、纳米陀螺仪等，它们的原理都没有离开这个思路。

　　随着科技进步，会有更好的"指南针"——罗经，在航海、航空以及航天等领域得到进一步应用，造福于人类。

　　思考题：你还有其他方法让自由陀螺仪能够指北吗？

　　___月___日　　星期___　　　　　　　　　　　　　　　　　　　　　　天气___

第二讲

航线与海图——

船舶航行的基础

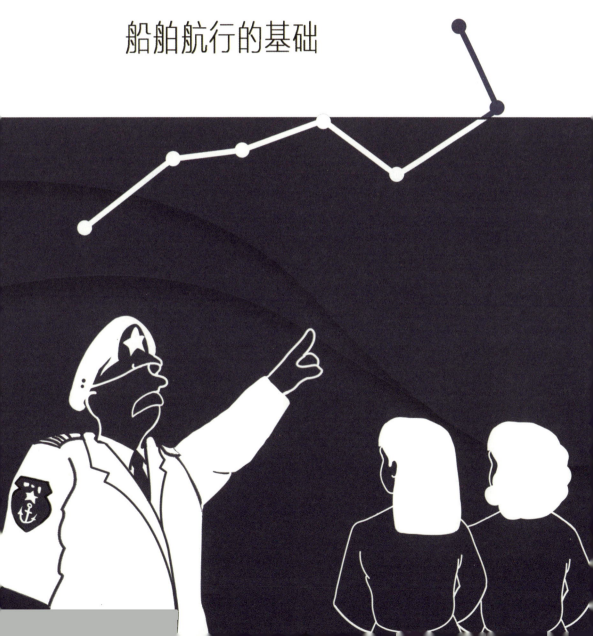

从"刳木为舟"到超级钢铁船舶，从航海冒险行为到有计划航行，这是科技的发展和人类思想的大进步。

2020年2月8日 庚子年正月十五

　　凡事预则立，不预则废，没有事先的计划和准备，就不能获得战争的胜利。

　　如果没有正确的航线与航向，船舶在大海中无法航行。

　　航行前第一件要做的事情，就是拟定计划航线。

　　什么是航线，在茫茫大海中开船还需要航线吗？

　　今天我先讲航线。

航线的拟定

　　我们知道，火车是沿着铁轨前进的，汽车是顺着公路行驶的。在大海中，船舶是靠什么指示方向航行的呢？有人回答，是靠海图上的航线航行的。对，船舶在海洋中是根据航线指示的方向航行的。

　　驾驶人员应根据航行的海图（地图），掌握船舶所处的位置、行驶的航向（方向）、已经航行的距离和距离目的地的距离，以及预计抵达目的地的时间等。这些都是航海的基础知识，也都是从事与航运有关的工作人员必须了解的基本知识。

　　船舶要想顺利完成每一航次的运输生产任务，在航行前必须根据任务要求，在周密思索的基础上，拟定出计划航线作为航行的依据。通常这项拟定航线的任务是由船舶二副完成的。

　　航行中依据计划航线，确定驾驶航向，计算航程，求得总的航行时间，通过确定船位（通常称为定位），检查航行情况，操纵船舶沿着计划航线航行，顺利抵达目的港。

　　计划航线应兼顾各方面和各阶段的全局性内容。在航行中，从船长到驾驶员再到轮机员，都是在执行并完成其中一段计划航线的任务。因此，驾驶员和轮机员应对整个计划航线有全面的了解，使每一段航行值班工作和整个航线计划紧密结合，把航行任务完成得更好。

拟定航线有哪些基本要求?

拟定计划航线的具体工作的依据是本船的航行任务和航行条件,如装载货物和吃水情况、船舶航海性能和设备等。要详细查阅和研究分析有关航海资料,充分考虑航行海域的地貌地形、水文气象、定位条件以及船舶活动规律等客观因素,经过周密思索和全面分析,在海图上绘出一条既安全又经济的航线,并设想在实际航行中可能遇到的各种情况,考虑好恰当的处置方案。图2-1所示为船舶驾驶员正在拟定计划航线。

图2-1 船舶驾驶员拟定计划航线(图片来源:网络)

让我们看看其要点有哪些呢?

我这里有大连海事大学毕业生林平的两篇航海笔记,对于航线的拟定写得很好。

1996年8月6日,天气晴。

离开家已经第五天了。这是我大学毕业后任船舶二副的第一个航次。今天船在装货。昨天把航线拟定完毕,向船长进行了汇报。汇报的书面文字如下,因为是第一次拟定航线,文字写得较多。

我的体会是：

一是，认真了解地形地貌。

对于船舶经过海域的岸线、水深、底质、浅滩、礁石以及其他水中的障碍物，例如，沉船、海藻、海底电缆等，都应详细了解，熟悉其位置和分布。

对避风港和锚地情况也应详细了解。计划航线根据海域具体情况，应离岸线与障碍物有足够的安全距离。

航线离岸的距离问题：

对于水域清爽的陡深海岸，也就是没有浅滩、暗礁、沉船的海域，航线距离陡岸3海里；在无陆标可供定位情况下，只能使用GPS定位的时候，则航线离障碍物至少10海里。

二是，详细了解水文气象资料。

这是因为潮汐、潮流和风、雾、冰、雪等水文气象情况，对船舶航行有很大影响。潮汐引起水位变化，会改变实际水深。当航线必须通过某些浅水航段时，需要准确计算潮高、潮时，根据本船的吃水，恰当地选择航经浅滩的时间。通常是在高潮前，当浅滩上的实际水深，也就是海图上标注的水深加上潮高，大于本船吃水加上0.5米到0.7米以上的富余水深时，开始航行过浅滩较为合适。

水流影响船舶的航速和航向。顺流航行增加实际航速，顶流航行减少实际航速，侧流则使船舶偏离航线。了解海域水流情况，特别是强潮流海域，如从北仑港出来，经过我国东海舟山群岛的西堠门，流速达到8节左右，应尽可能顺流航行，缩短航行时间，经济有利。

我记得上次任三副时，徐船长曾告诉我，进上海港的5万吨轮，驶入长江口航道，在高潮前1~2小时开始航行经铜沙浅滩，则这一路可以顺水驶入吴淞口，进入黄浦江后又恰遇转流为出落，恰好利用顶水进江，这样既经济又利于船舶操纵。

雾、雪引起能见度不良，大雪还会干扰雷达显示。大风、厚冰影响船舶操纵。因此，在拟定计划航线时，要了解航区的季节性的天气特征。如在东北大风和夏季大雾季节或者是冬雪纷飞的天气，航行过我国成山角的航线就一定在分道航线的范围内，不宜离岸边太近。

三是，要了解好船舶定位条件。

尽管有了GPS定位，但在拟定船舶计划航线时，还要考虑好该计划航线的执行方案，船舶在海上航行，需要经常测定船位，检查实际航行的情况，这是保证船舶能够沿着计划航线航行的重要措施。因此，在拟定计划航线时，要考虑有利于定位检查，特别是在航线的起点、转向点以及障碍物附近。除了使用GPS定位外，应尽可能有准确测定船位的物标，如具有利用罗经测量方位，或使用雷达测定距离和方位进行定位的路标等。

四是，要详细了解来往船舶的情况。

拟定计划航线时，也要考虑在该航线上航行时的避让情况和分道通航等。对于船舶往来频繁的海域、交汇点以及渔捞生产作业地区等，各种船舶的活动规律及其特点，应充分了解和熟悉。必要时，尤其雾季，为避免过多的船舶交汇避让，在制定计划航线时可采取绕开一些的航行方法。

二副遵照船长的要求，使用一切可能和必要的资料，并将了解得来的各种材料加以综合分析研究，构成判断，定下决心，做出计划，在海图上绘出一条既安全又经济的计划航线，并从海图上测量出计划航线各航段的航向和航程。然后根据本船的速度以及潮汐、潮流情况，计算出航行时间，估算各转向点的时间，确定开航时刻等。

今天航线绘制完，船长很满意，并指示在新加坡要购买一套最新的英吉利海峡的海图资料，并且指示对各个转向点位置的周围环境和定位条件的了解应再详细些。

这就引出了下面的问题——地理位置。

2020年2月9日　晴

今天我与上海海事大学卫教授通电话，他在家准备网上授课。我今天的"作业"是"地理坐标系统"的有关内容。

地理坐标系统

众所周知，在平面几何中，通过建立一个平面直角坐标系，用 (x, y) 来表示某点在平面上的位置，很清晰。

同样的道理，在地球上，也可以建立一个坐标系，用（纬度 φ，经度 λ）来表示某地在地球表面上的位置。

地理坐标是用以表示地球表面上任意一点位置的一种坐标系，坐标值由地理经度和地理纬度构成。

航海上的船舶位置、物标的地理位置等都是用地理坐标来表示的，如上海港的地理坐标是：纬度31°14″北，经度121°29′东。

地极

我们居住的地球是一个两极稍扁的旋转的椭圆球体。为了计算方便，航海上将它当作圆球体来对待，误差可以忽略不计。地球每天围绕自转轴自西向东转，其自转轴是贯穿南北的轴，一端为北极，另一端为南极，如图2-2和图2-3所示。

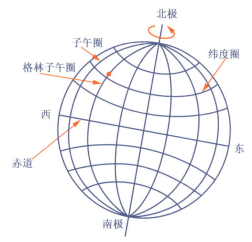

图2-2　我们的地球示意图

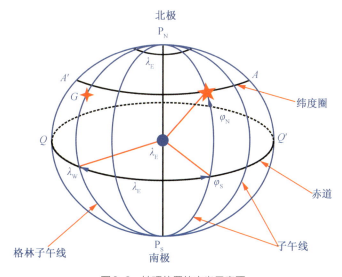

图2-3　地理位置的定义示意图

赤道

在地球的中部距离南北两极等距离的一个大圆圈，称为赤道。

纬线

在地球上与赤道平行的圆弧线称为纬线。

经线

在地球上连接南北两极并垂直于赤道的圆弧线称为经线，也称为子午线。

基准经线

通过英国伦敦格林尼治天文台的那条经线就作为基准经线。

格林子午线是计算地理经度的起始子午线，也称格林经线或0°经线或本初子午线。格林子午线与赤道的交点是地理坐标的原点。

赤道等同于平面坐标的 x 轴，格林经线就等同于 y 轴。这样问题就解决了。

在地球上选定赤道和基准经线后，坐标就选定了，就可以用纬度和经度来确定地球上任何一点的位置了，这就是纬度与经度。

纬度（φ）

地理纬度简称纬度。纬度是指某地的纬线与赤道在经线上所夹的弧，用符号 φ 表示，如图2-3所示。

如上海的纬度31°15′北，是通过上海的纬线与赤道在经线上所夹的那段弧距是31°15′。

赤道把地球分为南北两个半球。地理纬度从赤道起算，沿着子午线向北或向南度量，度量范围为0°~90°。

赤道上纬度为0°，向北度量的，称为北纬，用北或N表示；赤道以南，称为南纬，用南或S表示。如我国北京的纬度 φ 为39°54′.4N。

经度（λ）

地理经度简称经度。地球某地的经线与0°经线（格林经线）在赤道上所夹的那段弧距就称为经度，用符号 λ 表示。

例如，上海的经度为121°29′东，它是指通过上海的经线与0°基准经线在赤道上所夹的一段弧距为121°29′。

以格林子午线为基准，将地球分成东西两个半球。经度向东和向西各0°~180°。基准经线的经度为0度，用0°表示。

基准经线以东称为东经，用东或E表示；基准经线以西称为西经，用西或W表示。例如我国北京的地理经度 λ 为116°28′.2E。

2020年2月10日　晴

方向的确定

船舶航行在茫茫大海上，怎样来确定自己的方向呢？

为确定方向，首先要规定方向的基准线，航海上常用南北线作为方向的基准线。地球上指示方向，如北、东、南、西等，以经线和纬线来确定，如图2-4所示。

图2-4　地球上方向的确定示意图

在过 A 点的子午线指向北极的一方为北，用N表示；相反的方向为南，用S表示。显然，在该地点上的子午线即为南北线，而纬线与经线相垂直，过 A 点的纬线方向即为东西线。我们站在 A 点面向北，在垂直于该点经线的右手一方为东，左手方为西。北、东、南、西四个基准方向便确定了。

在航海上有三种方式划分方向，即圆周法、半圆法、罗经点法。

圆周法度量——以正北为基准(000°)，顺时针方向度量，度量范围000°~360°。如000°或360°，东为090°，南为180°，西为270°，如图2-5所示。

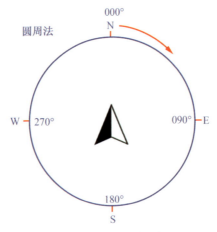

图2-5　方向的圆周法示意图

半圆法——度量以正北或正南为基准，向东或向西分别计算，各从0°到180°计算到正南或正北，其方向的表示除度数外，还要标出起算点和计算方向。

表示法：度数+起点名+度量方向。如：110°NE、30°NE、150°SE、60°NW、120°NW。度数后缀的方向，前者表示该方向由北（N）还是南（S）起算；而后者则表示该方向是向东（E）还是向西（W）来计算的。这些度数在东北和西南象限时，是顺时针方向计算的，即向测者的右手方；而在东南和西北象限时，是逆时针方向计算的，即向测者的左手方，如图2-6所示。例如100°NE，从北开始向东100°。

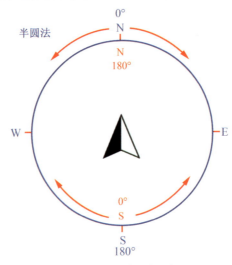

图2-6　方向的半圆法示意图

任何一个地平面方向，都可以两种半圆法表示。在天文航海上，常用半圆法来表示天体的方位。

罗经点法——为了更准确地表示方向，早在古代航海初期，古人就把东北、东南、西南和西北四个象限各分为8个部分，而整个地平，则被分成了32个部分。这样所得的32个方向，被称为罗经"点"，如图2-7所示。

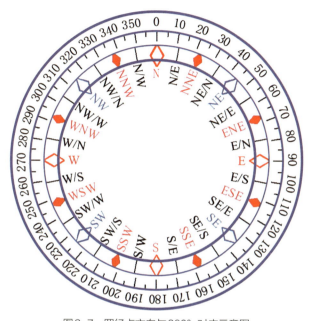

图2-7　罗经点方向与360°对应示意图

每个象限里，点的数序都是0~8。在东北和西南两象限中，点的读法按顺时针方向，在东南和西北象限中则为逆时针方向。

在各象限点中的零点和第八点，即北、东、南、西四个点，称为主向点或基点。平分相邻两基点之间的方向得出四个方向点，称为隅点，即东北（NE）、东南（SE）、西南（SW）和西北（NW）四个方向。

三字点是相邻的基点和隅点的中间方向。三字点的名称由其相邻的基点和隅点的字母名称顺序排列构成，基点在前，隅点在后，即北北东（NNE）、东北东（ENE）、东南东（ESE）、南南东（SSE）、南南西（SSW）、西南西（WSW）、西北西（WNW）和北北西（NNW）等8个三字点。

16个偏点，是上述各相邻点的中间方向。

这样就是，4个基点、4个隅点、8个三字点和16个偏点，共计32个罗经点。

每个点对应的度数等于360°÷32=11°.25(11°15′)，或者4点=45°。

过去，罗经点法曾在航海上得到过广泛的应用，而目前仅用来表示风、流等的大概方向。

三种划分法之间的换算

半圆方向换算成圆周方向的法则是：

由北向东度量的半圆（NE）：圆周度数=半圆度数

由南向东度量的半圆（SE）：圆周度数=180°−半圆度数

由南向西度量的半圆（SW）：圆周度数=180°+半圆度数

由北向西度量的半圆（NW）：圆周度数=360°−半圆度数

例题：半圆方向的35°NE=圆周法方向035°；

半圆方向的150°SE=180°−150°=030°；

半圆方向的30°SW=180°+30°=210°；

半圆方向的150°NW=360°−150°=210°。

罗经点换算成圆周方向

一是，圆周方向=罗经点数×11°.25。

二是，根据罗经点名称的构成规则进行换算。

例如，将罗经点SW换算成圆周度数。

解：SW在罗经点法中是第20个点，因此将它换算成圆周度数时，有：SW=20×11°.25=225°。

或根据罗经点名称的构成规则，SW是平分S（180°）和W（270°）得到的方向，因此，SW=$\frac{1}{2}$（180°+270°）=225°。

例如，将罗经点SSE换算为圆周法方向。

解：SSE为平分S和SE的方向。即

SSE=$\frac{1}{2}$（S+SE）=$\frac{1}{2}$（180°+135°）=157°.5

学习中可以看到，古人使用罗经点法度量方位是很有智慧的。

2020年2月10日

　　子涵发来微信,我看到方向图上有个鸭子,感到很好玩,子涵说给我邮来口罩。

　　我在想,快递员就靠电子地图找住址,十分方便准确。地图太重要了。航海上,没有海图是无法航海的。

　　海图是地图的一种,是以表示海洋区域制图现象的一种地图。海图能够显示水深、海岸线、地貌、助航标志以及其他航海所需要的各种信息。航海驾驶员和航运管理人员可以在其上标绘航线、航向、船位,观察船舶与周围环境的关系。一旦船舶发生事故,当时使用的海图就具有法律意义。

　　下面就讲解有意思的航用海图。

航用地图——墨卡托海图

　　航海上了解地形地貌来制订和把握航线,主要依靠的是海图。

　　海图是为航海需要而专门绘制的一种地图,是海洋调查、测绘和研究的主要成果,更是海洋开发利用的重要资料。海图广泛应用于航海、海洋工程建设、海洋调查和科学研究、海洋资源开发、海洋辖区划界以及海洋军事活动等。

　　海图有两种不同的类型:纸质海图和电子海图。某海峡海图示意图如图2-8所示。

　　海图是船舶航行的主要工具之一。航行前拟定计划航线,在航行中定位检查,均在海图上进行绘算,这通常被称为海图作业。

　　航次结束后总结航行经验;发生了船舶交通碰撞事故后分析事故的原因、判断事故责任等,都离不开海图。所以,船舶驾驶员和海运管理人员都应当了解、熟悉它,并正确地使用和管理它。

　　为适应航海上的需要,在平面图上绘制地球曲面上的物标,必须采用一定的方法和一定的图式符号。首先是要求在图面上的物标的位置要与地球面上是一致的,并且在任何一点的方向和角度都不发生变化。

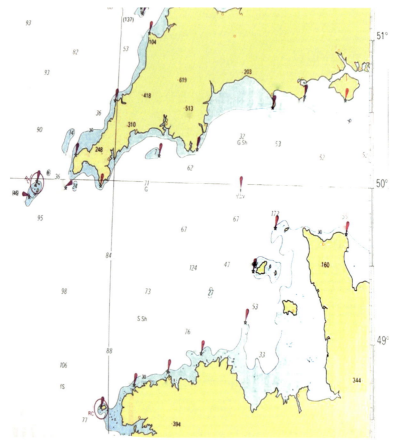

图2-8　某海峡海图示意图

　　凡是航用海图必须要符合两个条件：一是，在海图上船舶航向线要形成直线；二是，地图投影的性质应当是等角度的。这样，驾驶员就可以把航向和测得的方位，用直尺在海图上画出恒向线和方位线来。这是为什么呢？

　　如果船舶始终按固定的航向航行，其航迹在地球表面是一条曲线，称为恒向线，恒向线是在地球表面上表现为与所有的经线交角都保持不变的航线。海图上的恒向线应是一条直线，如图2-9所示。

　　要在海图平面上绘出地标地物的位置与地面一致，并且还要求在任一方向和角度都不变形。那采取什么方法，满足方向和角度都不变的要求呢？

　　我们从航海海图上可以看到，经线被绘成南北方向相互平行的直线，纬线被绘成东西向相互平行的直线，并且与所有的经线垂直相交。这样满足了四个基准方向没有发生变形的要求。

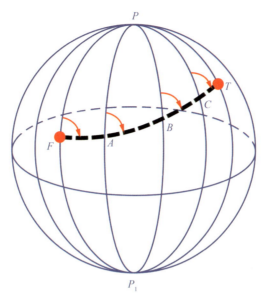

图2-9　恒向线在任何方向是不变的

　　我们细致观察一张海图的经度尺和纬度尺，做比较后可以发现经度尺的分划是等间距的，而纬度尺的分划却是不等间距的，它是随着纬度的增高而逐渐变长的。

　　为什么这样绘图呢？这是为了要任一方向和角度不发生变形而采取的一个措施，它是航用海图的一个重要特点。因此也称这种海图为渐长海图，或墨卡托投影图。

　　墨卡托海图的基本原理是什么呢？

　　在地球上的经线都是向两极汇集的，两经线之间所夹的纬度线长度，在赤道上最长，但随着纬度的升高而渐短。

　　但是为了航用海图的实用性，在航用海图上，当经线被绘成平行的直线后，无意中就把所有的纬度线都被拉长到与赤道一样长了，其结果发生了方向和角度的变化，如图2-10所示。

　　在图2-10中的左侧图，在A处的一个小圆圈，绘到图右侧中的平面上就成一个椭圆形了，因为东西方向被拉长了。这样在地球上AB的方向角为α，在平面图上$A'B'$的方位角为α'，这时候两者就不相等了，即$\alpha \neq \alpha'$了。这显然是不合适的。那怎么办呢？

　　为了使$\alpha = \alpha'$，可以将经线在南北方向也做出相应的拉长，使图2-10中右侧的椭圆圈恢复到一个与地物地标相似的小圆圈，如图2-11所示。满足了任一方向和角度不变形的要求。

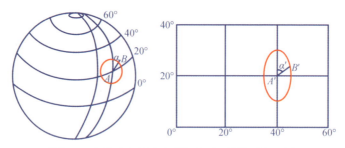

图2-10　在地球上为圆形到平面上成了椭圆形的示意图

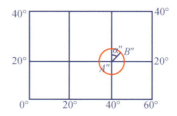

图2-11　经线也拉长后小圆圈恢复原形的示意图

　　显然，由于纬度越高，纬线被拉长得越多，所以经线也要相应地拉长得越大，这样就形成了纬度尺的分化，随着纬度的增高而渐长的特点。

　　可见，凡航用海图必须符合两个条件：一是在海图上的船舶的航线，也就是恒向线，要形成直线；二是地图投影的性质应该属于等角的。用这一种投影所构成的海图，被称为墨卡托海图。图2-12能很形象地表示出墨卡托投影原理。

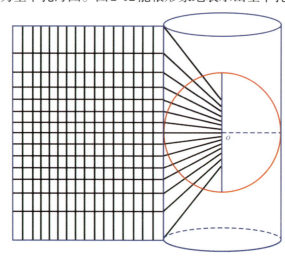

图2-12　（左右格是等同的，上下格从赤道开始逐渐按比例变长）墨卡托投影示意图

如图2-11所示，这样小圆圈虽然被放大了些，但方位角α''和地球面上的方位角α就一致了，即$\alpha=\alpha''$，这样满足了任一方向和角度不变形的航用海图的要求。显然，由于纬度越高，纬度线被拉长得越多，所以经线也要相应地伸长得越大，这样就形成了纬度尺的分划随着纬度的增高而渐长的特点。

1569年，荷兰制图专家拉得·克列米罗创造了圆满地适应海图要求的地图投影。他的拉丁名字是墨卡托，用这一种投影所制成的海图被称为墨卡托海图，目前使用的大部分航海海图就是这类海图。

小结：海图是供航海使用的一种专用地图。墨卡托海图具有三个特点：一是海图上的经度线相互平行，纬度线互相垂直；二是恒向线在海图上是一条直线；三是在一张海图上，纬度1′长度是不等的。纬度越高，纬度1′在图上的长度越长。根据这些特点，赤道必须被画成与子午线成直角相交的直线。所有的纬度圈还必须被画成与赤道平行的直线。所有纬度圈的长度皆与赤道的长度相等。

2020年2月11日 晴

航海上速度"节"的由来

航海上度量距离的单位是海里（n mile），1海里等于地球椭圆体子午线上纬度1′所对应的弧长。

航海上度量距离尺度单位是海里，为了计量方便，通常采用纬度的1′的经线弧长作为海上度量距离、航程的单位，称为海里。

我国和世界大多数的国家采用1928年国际水道测量局在摩纳哥会议上决定的海里标准长度，为1852米。

另外，航海上常用的长度单位还有：

链——十分之一海里，约等于185米；

拓——长度为6英尺，约等于1.83米。

节——航速的单位，等于每小时的海里数，例如船速16节，意思就是每小时16海里。

在航用海图上，1海里等于地球子午线上纬度的1′（分）的弧长。

1海里是表示海上距离的专用单位。严格地说，1海里是北纬45°，大约是巴黎的纬度子午线1′的弧长，英制是6080英尺，公制是1852米。1海里在赤道上约等于1843米；在两极约等于1861.6米。

纬度1′的长度随着纬度升高而渐长，所以在海图上量取两点的距离或者航程时，就应该在两点中段的纬度尺上去量取。实际在进行海图作业时，对此应予注意，否则就会有误差，如图2-13所示。

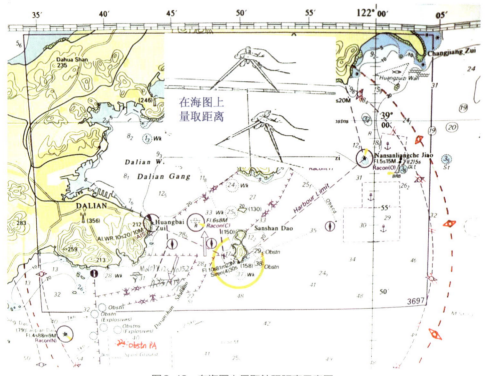

图2-13　在海图上量取航程距离示意图

为什么航海上用"节"来计量速度呢？

"节"的由来可以追溯到十五世纪末。那时候，为了测量船舶的速度，船上派出两名船员，先把铅锤绑在一块扇形板的圆弧一侧，再把这块扇形板上系好拉线，并从船尾把这一装置放入海里，然后，行船时不断放出拉线。这个拉线机就像放风筝的线板一样。

在这个拉线上，按照14.4米（47.25英尺）的间隔，垂吊着一根带着节的麻绳。如果在船上不断放出拉线，在一定时间内（当时使用沙计器，规定每次沙计器的落下时间为28秒），根据数出的麻绳节的个数，就能够测出本船的航速。因此航海人就把船速叫节了。船速单位一节，按照28秒时间通过一个节的行船速度，换算成时速时，正好是每小时一海里。（注：3600÷28=128.57，14.4×128.57=1851.42857米）。

图2-14所示是古代测量航速的方式示意图。

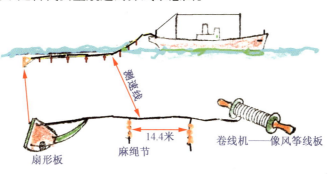

图2-14　古代海上测速仪示意图

2020年2月12日

　　今天飞飞小朋友给了我一张"海上航行图"，我反复看了几遍，也没有看懂是什么，可能只有他自己知道画的是什么。这是因为，我不了解他这张图的图式，如图2-15所示。

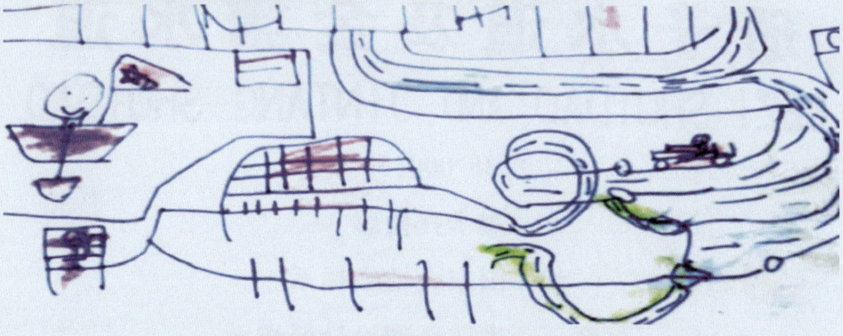

图2-15　我心中的海图（图片来源：飞飞）

熟悉海图的图式是看懂海图的关键。今天就讲海图的图式。

海图上的文字——海图图式

航海图用一些符号或缩写绘画出所需的航海资料。这种符号与缩写称为海图图式。目前我国出版的海图是根据国家标准《中国海图图式》绘制的，它与国际水道测量局的海图图式基本一致。英版海图是根据英版海图《海图符号与缩写》绘制的。

简单说，海图图式就是海图的"文字"，只有懂得海图图式才能正确地、熟练地和充分地利用海图上的航海资料，最大限度地发挥海图的作用。

第一，海图的标题

如图2-16所示，它通常被刊印在海图内不影响航行的空白处，印有制图和使用的重要说明。其主要内容包括出版机关的徽志，图区的地理位置，图名，比例尺、投影（即制图方法）及基准纬线，采用的海图坐标系（如WGS-84），深度、高程计量单位及其基准面，图式版别，基本等高距，制图资料说明及注意事项等。

中国　东海　舟山群岛

册子水道及金塘水道

CEZI SHUIDAO AND JINTANG SHUIDAO

1:35 000(30°)

墨卡托投影

2000国家大地坐标系

深度……米……理论最低潮面

高程……米……1985国家高程基准

基本等高距 20m

图式采用 GB 12319-1998

图2-16　我国出版海图的标题图示

第二，主要海图图式

1.水深、高程和底质

在航用海图上，一般暖色（如黄色）表示陆地，冷色（如蓝色、绿色等）表示水域，且颜色越淡水深越深，用白色表示本图范围内的相对深水区域，如图2-17所示。

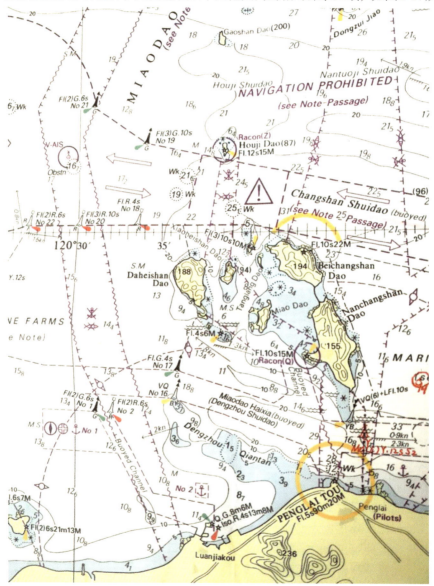

图2-17 实际英版海图摘录——海图的各种颜色

（1）海图水深

海图水面上的数字是海图水深，如图2-17所示，它是海图深度基准面到海底的距离。

海图深度基准面

海图深度基准面也叫海图基准面。它是计量海图水深的基准面。

我国沿海采用理论最低潮面，旧称理论深度基准面；远海及外国海区采用原资料的深度基准；不受潮汐影响的江河采用设计水位。

英版海图通常采用天文最低潮面。

（2）**水深是如何标记的呢？**

①**水深点位置和字体**

海图水深数字的整数中心为水深的测量点位置，而相等水深的连线为等深线，如图2-18所示。实测水深一般用斜体字如*12*、*9₂*等注记，整数12、9的中心是测量点位置。凡是直体字如12、9₂注记的水深，表示未经精测或该数据采自旧资料或小比例尺海图。

但1：500000及更小比例尺的海图上，水深全部用斜体字标注。没有水深注记的空白区域，表明没有水深资料。

水深标记一般遵循"舍深取浅"的原则。中版水深标记的规定为：浅于31米的水深保留一位小数，第二位小数舍去，如图2-18（a）中的17.3米、21.3米、28.6米等；原资料只保留一位小数的，深于31米的水深，标注至整米，小数舍去。

英版米制海图的水深浅于21米的标注至0.1米；深于31米的标注至整米，小数舍去；若水深资料足够精确，21~31米的水深可标注至0.5米。如图2-18（b）所示的13.8米、18.8米等。

②**水深单位**

中版和英版米制海图的水深单位为米；英版拓制海图，若水深小于11拓，用拓和英尺标注，否则用拓。但若水深资料足够精确，11~15拓的水深也用拓和英尺标注。

2.物标的高程

海图陆上所标数字以及水上某些带有括号的数字，都是表示该数字附近物标的高程，如图2-18中的点灯山高19米、小蚂蚁岛高61米、王山高73米。高程的单位是米，但英版拓制海图的高程单位是英尺。

物标高程是高程基准面至物标测量点的垂直距离，它的起算面和单位，一般在海图标题栏内有说明。

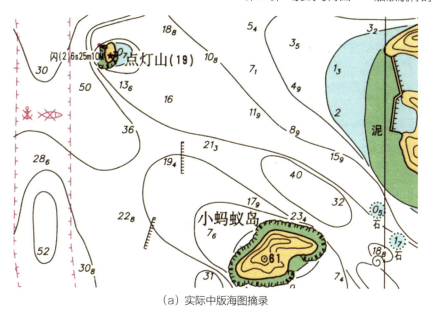

（a）实际中版海图摘录

（b）实际英版海图摘录

图2-18　海图摘录

（1）山高

山头、岛屿及明礁等的高度是由高程基准面至物标顶部的高度。对于山峰等高点，在海图上一般用黑色圆点来表示，如图2-18（a）中的小蚂蚁岛高，并在其附近明确标有高程。有些经过精确测量的山峰，还在圆点外加套一个三角形。

（2）底质

各种比例尺海图上，通常还以一定的间距表明海底地质。底质是海底的地质，为选择锚地提供资料。为整洁海图，底质的注记一般遵循"取硬舍软"和"取异舍同"的原则，但"淤泥"注记一般不舍去。我国海图和英版海图标记底质的方法相同，如泥（M）、沙（S）、岩石（R）、黏土（Cy）等，如图2-19所示。

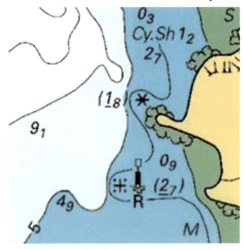

图2-19 图中"Cy"为黏土，"Sh"为贝的底质

底质记载的顺序是颜色、形容词、底质种类，如"黑软泥"（black so M）、"黄粗沙"（yellow c S）等，但形容词随比例尺的缩小可舍去，比例尺小于1∶200000的图上，底质的形容词全部舍去。两种混合底质，先注成分多的，例如"泥沙"（MS），表示泥多沙少。

（3）航行障碍物

海上的航行障碍物包括各种礁石沉船和其他障碍物。各种比例尺图上应准确、详细、明显地表示航行障碍物，并在图幅载负量允许的情况下注记其性质、高度及深度等。

①礁石

礁石是海中突出、孤立的岩石或珊瑚。它又分为明礁、干出礁、适淹礁和暗礁等多种。

②沉船

沉船（英版缩写为"Wk"，中版为"船"）的图式如图2-20所示。中、英版海图上的沉船图式基本相同，有些沉船在图式附近注记有沉船年份和船名。

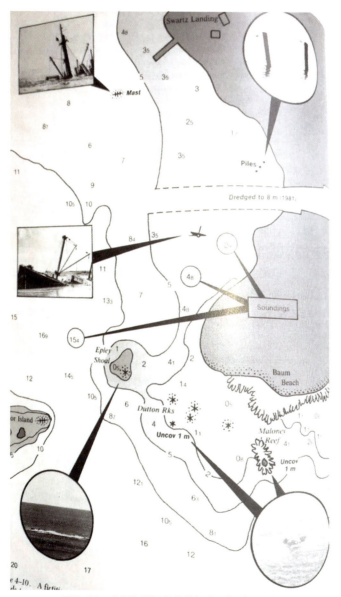

图2-20　英版海图沉船的航行障碍物对照图式

小结：如何识别海图？一是海图标题栏；二是海图图式；三是深度基准面；四是英文缩写，如泥（M）、沙（S）、岩（R）等。

2020年2月13日

登黄鹤楼
白日依山尽，黄河入海流。
欲穷千里目，更上一层楼。

站得高看得远——海上能见距离

第一，测者能见地平距离

船舶在大海上，眼高为 e 的测者，向周围大海远眺，所能看到的最远处，即水天交界线形成的圆弧，俗称水天线。

观测者能见地平距离与测者眼高和地面曲率有关。将地球看成圆球体，可以得到：

$$D_e = 2.09\sqrt{e} \quad （海里）$$

其中：D_e——测者能见地平距离，单位是海里；

e——测者眼高，单位是米。

如果近似计算，能见地平距离海里数，就可以等于眼高米数的平方根的两倍。

第二，物标能见距离

在能见度良好的情况下，假定测者眼睛高度为零，在理论上所看见物标的最大距离，或者说假设测者眼睛位于要看物标的顶端，此时测者的能见地平距离，叫作物标能见地平距离，用 D_h 表示。与测者能见地平距离一样，物标能见地平距离公式为：

$$D_h = 2.09\sqrt{H} \quad （海里）$$

其中：D_h——物标能见地平距离，单位是海里；

H——物标顶端距离海平面垂直高度，单位是米。

第三，物标地理能见距离

对于眼高为 e（m）的测者，在理论上所能见到的高度为 H（m）的物标的最大距离，叫作物标地理能见距离，用符号 D_o 表示，如图2-21所示。

物标地理能见距离 D_o 可由下式计算求得：

$$D_o = D_e + D_h = 2.09 \left(\sqrt{e} + \sqrt{H} \right)$$

其中：D_o——物标地理能见距离（海里）；

e——测者眼高（米）；

H——物标在海面上的高度（米）。

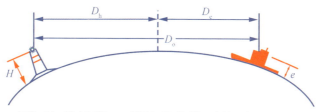

图2-21　登高远望——观测者看到灯塔距离的示意图

例题1：已知某测者眼高为16米，求高为60米的大山的理论最大可见距离。

解：$D_o = D_e + D_h = 2.09 \left(\sqrt{e} + \sqrt{H} \right) = 25$（海里）

第四，灯标的射程

为了引导船舶安全航行，通常在航道附近的岛屿、礁石和海岸上设置有灯标，每个灯标都有自己的灯光射程，简称射程。

中版海图中射程的定义是：晴天黑夜，当眼高为5米时，理论上能够看见灯标灯光的最大距离。

或者说，晴天黑夜（良好能见度）时灯光所能照射的最大距离，叫作光力能见距离，亦称光力射程。显然，它与灯光强度和气象能见度有关。

按此定义，当灯标的光力能见距离大于或等于测者眼高为5米时的灯标地理能见距离时，以5米眼高的灯标地理能见距离作为该灯标的射程，这样的灯标一般称为强光灯。

如果灯标的光力能见距离小于5米眼高的灯标地理能见距离，则以其光力能见距离作为该灯标的射程，一般称它们为弱光灯。

显然，我国航海资料中的灯标射程不仅与灯光强度和气象能见度有关，还与测者的眼高（5米）、灯高、地面曲率和地面蒙气差等有关。

例2：中版海图一岛礁的灯标有标注：闪（3）20s100m25M。已知测者眼高为16米，求该灯塔的理论最大可见距离 D_M。

解：（1）判断灯光强弱，求5米眼高的灯塔地理能见距离 D_{o5}

$$D_{o5} = 2.09（\sqrt{5} + \sqrt{100}）\approx 25.6（海里）$$

D_{o5} 取整值为25，等于射程，该灯为强光灯。

（2）求 D_M

强光灯的 D_M 等于该灯塔的地理能见距离 D_o，即

$$D_M = D_o = 2.09（\sqrt{16} + \sqrt{100}）\approx 29（海里）$$

此计算结果仅为理论值，有可能会出现实际灯光照射不到29海里的情况。

例3：某中版海图一灯塔有标注：闪（3）20s100m21M。已知测者眼高为16米，求该灯塔的理论最大可见距离 D_M。

解：由射程（21海里）小于5米眼高的该灯塔地理能见距离（25.6海里）的取整值可知，该灯为弱光灯，所以 D_M 等于射程，即

$$D_M = 21（海里）（海图图注）$$

例4：长江口的某灯塔，在海图上标记其射程为20海里，灯塔高度84.4米，算得该灯塔的5米眼高时能见距离为23.9海里。

这就可以判断该灯塔的射程，其光力能见距离属于弱光力灯塔一类。

这就说明，无论观测者眼高为多大，距离该灯塔20海里以外时，是看不到其灯塔灯光的。

小结： 以5米眼高（4.7海里）时的测者能见地平距离加上灯塔的物标能见地平距离（ $D_h = 2.09\sqrt{H}$ ），若大于海图值，灯塔灯光最大可见距离是海图图注射程；若等于或小于海图图注值，则最大值是：$D_{max} = 2.09（\sqrt{灯塔高度} + \sqrt{实际眼高}）$（单位：海里），即等于灯塔地理能见距离，如图2-22所示。

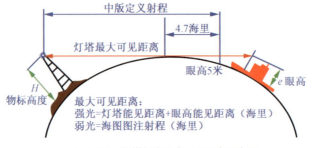

图2-22　灯塔灯光最大可见距离示意图

实际上，测者能够看到灯塔灯光的实际距离还与很多因素有关。

2020年2月14日 晴

> 要像灯塔一样，为一切夜里不能航行的人，用火光把道路照明。
>
> ——马雅可夫斯基

灯塔是海员的朋友

当海员们驾驶着船舶满载归来的时候，第一位迎接他们的是那屹立在海岸的灯塔。

灯塔是海员的亲密朋友，在与狂风恶浪搏斗的日子里，在伸手不见五指的漆黑夜晚，灯塔忠实地履行着它的职责，任劳任怨地为海员指明航行的方向。灯塔通过它那一闪一闪的灯光、和颜悦色的语音告诉船舶驾驶员，你船已经航行到了什么水域，靠近了哪个岛屿或者港口。

海图上准确地标明了每一座灯塔的地理位置。驾驶员除了可以接收灯塔播发的语音外，还可以通过它确定船舶的位置，从而检查核对自己是否航行在计划航线上。

这就引出了下面有趣内容：

船舶的指路明灯——航标

助航标志简称航标，是指供船舶定位、导航的助航设施，是船舶的指路明灯。没有航标指引船舶航行，如同人们在漆黑的夜晚在没有路灯的马路上行走。

航标包括视觉航标、无线电导航设施和音响航标。航标一般设置在沿岸及狭窄水域、重要航段或危险水域附近，是引导船舶安全航行的重要设施。

主要航标及其特征

（1）灯塔是一种高大而坚固的具有发光装置的塔状建筑物，如图2-23所示。塔身一般具有明显的形状、结构或颜色特征，其灯光的射程较远。灯塔一般设置在显著的海岸、岬角、重要航道附近的陆地或岛屿上，以及港湾入口处。灯塔一般有专人管理，工作可靠，在海图上的位置准确，是船舶理想的定位航标。有的灯塔上还附设有雾号、无线电信号等设施。

图2-23　大连港入口灯塔（迎送来往船舶）

（2）灯桩是一种结构比较简单的柱状或铁架结构的建筑物，其灯光射程不及灯塔。灯桩一般设置在航道附近的岸边或水中，以及港口防波堤等场所，一般无人看管，也是船舶较好的近距离定位航标。

（3）立（灯）标是一种普通的铁质或木质的杆状标，如图2-24所示。立标一般设置在浅水区、水中礁石上，或设在岸上作为叠标或导标，也可以作为船舶近距离定位的备用航标。作为一般用途的发光立标，其灯光射程不太远。

图2-24　立(灯)标(灯座是海鸥的家吗？)

（4）灯船是一种以锚泊方式系固的船型浮动航标，如图2-25所示。在其甲板高处设有发光设备，灯光射程一般较远、较可靠，有的灯船有专人看管。灯船一般设置在周围无显著陆标又不宜设置灯塔的重要航道附近，以引导船舶进出港口。灯船的船身一般涂红色，船体两侧有醒目的白色船名或编号，桅上挂有黑球，供白天识别之用。

图2-25　珠江口担杆水道灯船（长23.8米，宽8米，灯高10米）

（5）浮（灯）标是一种以锚泊方式系固的具有明显形状的浮动航标，主要的形状有罐形、锥形和球形。它们主要用于指示航道、指示危险物及作为某些专门用途，如图2-26所示。

图2-26　浮（灯）标（上面有可爱的海豹在晒太阳）

航标的海图图式

灯塔、灯桩、灯立标、灯浮和灯船等都有对应的图式，其中灯船和大型助航浮标（LANBY）的图式在中、英版海图上略有差异。无线电指向标、无线电定位系统台站、海岸雷达站和雷达航标等的图式均用紫红色圆圈标出，并注以相应的缩写，如环向（RC）、旋向（RW）、雷达（Ra）、雷信（Ramark）和雷康（Racon）等。

图2-27所示为几种常用的助航标志图式。图2-28所示为灯浮、灯标对照示意图（英版）。

我们相信，随着全球卫星定位和全球卫星通信的发展，以及互联网在海上的广泛应用，在狭水道和船舶进出港口的灯塔和灯标的质量和作用都会有更大变化。例如灯标不仅是灯光的信号，也可能是卫星通信的信号站，还可能是5G，甚至6G、7G通信的基站。到那时，船舶在海上航行就如同汽车在陆地上使用高德导航一样。

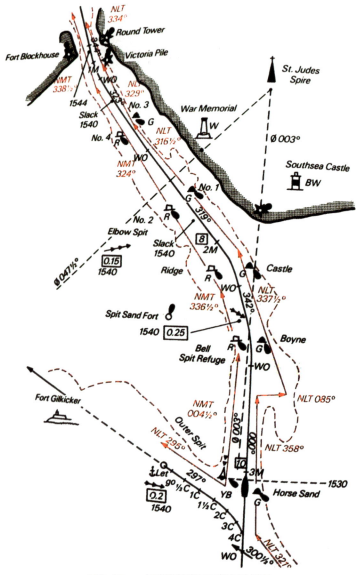

图2-27　一幅进港航道灯浮航行计划图

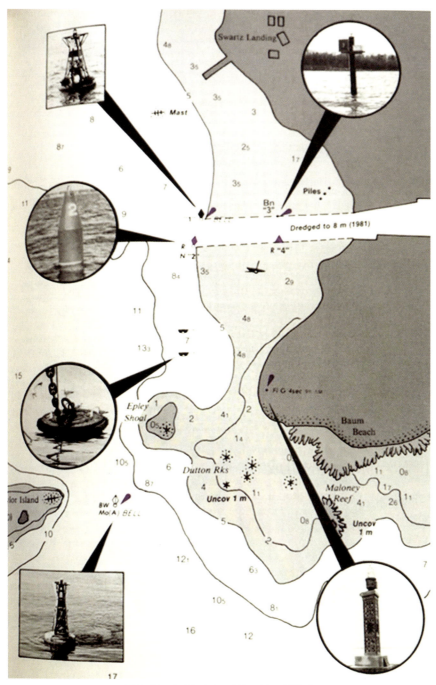

图2-28　灯浮、灯标对照示意图（英版）

国际浮标制度是指什么？

国际浮标制度，也叫国际浮标系统，是国际航标协会和各国航标管理部门经过长期、反复协调而逐步形成的。目前世界各国的海区均使用国际浮标制度。

国际航标协会将世界海区分成A和B两个区域，实行两种浮标制度，在A区域实行的浮标制度称为A制度；在B区域实行的浮标制度称为B制度。B区域是指日本、韩国和菲律宾以及美洲的国家海域，其余的国家和地区为A区域。

国际浮标制度对除灯塔、扇形光灯标（光弧灯）、导灯（导标）、叠标、灯船及大型助航标志以外的所有固定和浮动的标志做出了专门的设置规定，即所有国家对它们的设置必须符合本地区的国际浮标制度的规定。

国际浮标制度规定使用的标志形状有罐形、锥形、球形、柱形和杆形等五类。

国际浮标制度规定使用的颜色有白、红、绿、黄四种。红、绿色用于标示可航航道两侧界限的标志及其灯光颜色，黄色用于专用标志及其灯光颜色，除此以外的标志使用白色灯光。

国际浮标系统的组成

国际浮标系统共有五类标志，它们是侧面标志、方位标志、孤立危险物标志、安全水域标志和专用标志。

1.侧面标志

（1）侧面标志如何定义？

侧面标志是依浮标习惯走向即航道走向配布的，用以标示可航航道的两侧界限或推荐航道，也可以标示特定航道。侧面标志包括航道左侧标、右侧标，推荐航道左侧标、右侧标。

顺着浮标习惯走向标示航道左侧的标志称为左侧标，标示航道右侧的标志称为右侧标。船舶顺着浮标习惯走向航行时，应将左侧标置于本船的左舷，右侧标置于本船的右舷。图2-29是侧面标的配布及海图图式。

浮标习惯走向的规定如下：

一是，进口方向，即船舶从海上驶向港口、河道、港湾或其他水道所采用的总走向；

二是，若在外海、海峡或岛屿之间，按围绕大片陆地的顺时针方向；

三是，由浮标主管当局确定方向，并在《航路指南》或海图上用符号⇨标示。

（2）侧面标志的特征有哪些？

A区域的侧面标志的颜色（标身及灯色）是左红右绿；B区域的侧面标志为左绿右红。

图2-29是A区域的侧面标志实物示意图。

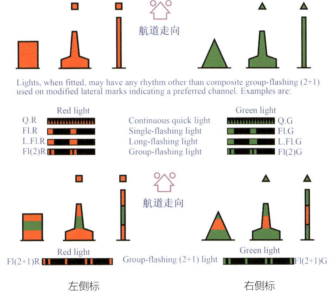

图2-29　A区域侧面标实物示意图

侧面标的辨别要领主要是：

侧面标，标示航道一侧的界限，一般设在进口航道和狭水道的左右侧。

右侧标，设在水道的右侧，标示航道右侧的界限，进口船舶应将此浮标放在本船的右舷通过。

左侧标，设置在水道的左侧，标示航道左侧的界限，进口船舶应将此浮标放在本船的左舷通过。

辨识侧面标志的主要依据是标志或顶标的形状及颜色，推荐航道侧面标是闪光节奏。"左红右绿，左罐右锥"，即红色为左侧标，绿色为右侧标；罐形为左侧标，锥形为右侧标。

图2-30是某港口侧面灯浮标的对照示意图。

图2-30　某港口进出港航线侧面灯浮标对照示意图

2.方位标

（1）方位标志是如何定义的呢？

方位标志设在以危险物或危险区为中心的北、东、南、西四个象限内。方位标志以其所在象限的名称命名，相应命名为北方位标、东方位标、南方位标、西方位标。其同名侧为可航水域，危险物位于异名侧。

进一步说，方位标表明了在方位标志的同名一侧为可航水域。船舶在北方位标的北方、东方位标的东方、南方位标的南方、西方位标的西方航行是安全的。

在设置方位标志时，一般应设置在被标示点（或区域）中心的基点方位上，且保证该标的同名一侧为可航水域。方位标也可设在航道的转弯、分支汇合处或浅滩的终端。图2-31是方位标志的配置方法、海图图式及实物示意图。

（2）方位标志的作用有哪些？

一是，指明某个区域内最深的水域在标志的同名侧；

二是，指明通过危险物时安全的一侧；

三是，引起对航道中的某些特征如航道弯头、河流汇合处、分支点或浅滩尾端等的特别注意。

（3）方位标志的特征是什么？

对方位标志的标身形状不做规定。方位标志的顶标是垂直的两个黑色圆锥，锥尖指向与标志名称有对应关系，即上（尖均向上）北、下（尖均向下）南；进一步说，北方位标的顶标是两尖朝上的黑色圆锥；而南方位标，为两尖朝下的黑色圆锥；东方位标，是上下尖，即东方位标的顶标为两底对底的黑色圆锥；西方位标，是上下平，即两尖对尖的黑色圆锥，如图2-31（a）所示。

方位标志的标身颜色有黑、黄两色的横纹，而黑色横纹所处的位置与两锥尖的尖头指向相对应。例如北（南）方位标的两锥尖均向上（下），则标身上（下）方为黑色；东方位标的锥尖相背上下指向，则标身上方和下方均为黑色；西方位标的两锥尖指向中间，则标身中间为黑色。

（4）方位标志的辨别要领是什么呢？

白天辨识：方位标志的顶标和标身颜色是白天辨认的主要依据，即依据垂直的两个黑色圆锥的锥尖指向或标身的黑、黄色的搭配。

夜间辨识：光色为白色，发光节奏有两个要点：一是节奏均为Q或VQ；二是与钟面数字对应的发光节奏，南方位标外加一长闪。

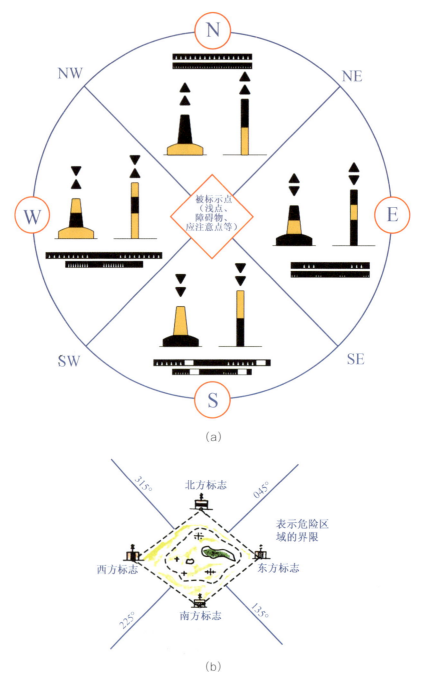

（a）

（b）

图2-31　方位标图式及其示意图

3.孤立危险物标志

（1）定义及作用

孤立危险物标志设置或系泊在孤立危险物之上或尽量靠近危险物的地方，标示孤立危险物所在。船舶应避开该标航行。

（2）特征

对孤立危险物标志的标身形状不做规定。标身颜色为黑色间有红色横纹，顶标是垂直的两个黑球，灯质为Fl（2）。图2-32为孤立危险标志示意图。

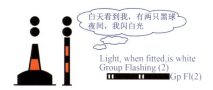

白天看到我，有两只黑球
夜间，我闪白光

Light, when fitted,is white
Group Flashing (2)
Gp Fl(2)

图2-32　孤立危险标志示意图

（3）辨识要领

①两个黑球顶标；

②联闪白光2次。

关于浮标制度就讲到这里。船舶有了航标的指引，那航向如何把握呢？请看下面的内容。

小结：强调一下，如何识别灯标？各种各样的灯标用不同的灯质来区分：一是光色，一般是白、红、绿和黄四种颜色；二是灯光节奏，是指灯光周期性的明暗规律，如定闪、联闪、明暗光、等间光、互联闪光、长闪、快闪、甚快闪光、莫尔斯灯光等；三是灯光周期，单位为秒。

思考题：说说侧面标、方位标各自的作用和特征。你能设计出新型灯标吗？

扩展阅读：

灯塔是公共物品吗？

经济学家早就把灯塔作为公共物品。灯塔用来标出特定的位置，以便过往船舶可以避开有暗礁的水域或者提供船舶导航。灯塔为船舶提供的利益既无排他性又无竞争性，因此，每个船舶都有"搭便车"的机会，即利用灯塔航行而又不为这种服务付费。由于这个"搭便车者"问题，私人市场通常不能提供船舶所需要的灯塔。因此，现在的大多数灯塔是由政府经营的。

但是，在一些情况下，灯塔也可以类似于私人物品。例如，十九世纪英国海岸上有一些灯塔是由私人拥有并经营的。但是，当地灯塔的所有者并不向享用这种服务的船舶收费，而是向附近港口的所有者收费。如果港口所有者不付费，灯塔所有者就关掉灯，而船舶只能避开这个港口。

在确定一种物品是不是公共物品时，必须确定谁是受益者以及能否把这些受益者排除在这种物品的使用之外。当所有者人数众多，而且要排除任何一个受益者都不可能时，"搭便车者"问题就出现了。如果一个灯塔使许多船舶受益，它就是一种公共物品；但如果主要受益者是一个港口所有者，它就更像是一种私人物品。（来源：曼昆《经济学基础》第197页，稍有改动。）

2020年2月16日　晴

今天我准备写船舶航行的内容。先让我们欣赏一段描述大海的经典文章节选。

海上微波——晚秋的太阳，只留下一金光，浮映在烟雾空蒙的西方海角。本来是黄色的海面被这夕照一烘，更加红艳得可怜了。从船尾望去，远远只见一排陆地的平岸，参差隐约地在那里对我点头。这一条陆地岸线之上，排列着许多一二寸长的桅樯细影，绝似画中的远草，依依有惜别的余情。海上起了微波，一层一层的细浪，受了残阳的返照，一时光辉起来，飒飒的凉意，逼入人的心脾。（郁达夫《海上通信》）

图2-33　海上微波在晚霞的衬托下，更加美丽（图片来源：朋友圈）

船舶航向、方位与舷角

船舶于航行前，在海图上画定计划航线，量出计划航向，也就是计划航线的方向。

那么，航行实践中，如何使船舶沿着计划航线航行呢？这里的关键之一就是如何确定船舶的驾驶航向。

航行于一望无际、水天一色的大海上的船舶，驾驶员是怎样确定航行方向的呢？

在漫长的航海实践中，人们找到了最简便的方法，就是把船舶航行方向和正北方向的夹角作为海上航行的重要依据。那么，这个角度如何量取呢？

这就引出船用罗经的内容。

海上测定方向的仪器——罗经

先看一个故事：1998年9月的一天，"秀海"轮过了好望角，停靠在毛里求斯的路易港的3号码头。此时这个岛国恰好春季初临，兴奋万状的当地华侨扶老携幼地登船参观。

9月9日第一天接待参观，华侨积极而来，驾驶台、机舱、船员房间、甲板，到处都洋溢着欢声笑语。他们像遇见阔别已久的亲人那样，看个没完，问个没了，仰慕和感叹祖国之强大。

一位华侨老太太带着她的两个孙子登船参观。他们从船头到船尾，从机舱到驾驶台，细细地看、轻轻地摸。在驾驶台，小孙子好奇地问船长："船长，您真了不起！请问您在一望无际的大海上，靠什么指引方向来到此地的呢？"船长回答说："就靠你刚刚摸过的那个陀螺罗经。"

船舶的驾驶航向是由船上的指向仪器——罗经来指示的。目前海船上配备的罗经有陀螺罗经和磁罗经。它们都有指北的功能。但由于罗经结构和原理的瑕疵，不能正确地指向真北，而指的是罗经北，因而也不能正确地指示真航向，而是指示罗经航向。解决这个问题，就需要研究罗经误差。

陀螺罗经也称电罗经，它是利用高速旋转的陀螺仪，在恰当的阻尼力矩作用下，迫使其旋转轴保持在指北方向的导航设备。

磁罗经是利用水平面内自由转动的磁针在受到地磁力作用后稳定指向磁北的特性而制成的。

陀螺罗经和磁罗经都有一指示方向的000°~360°的刻度盘，如图2-34所示，刻度000°的方向代表罗经所指的北。

图2-34　船用罗经指示盘

罗经差

仪器都有误差，罗经也不例外。陀螺罗经和磁罗经都不能准确地指向真北。罗经所指的北与地球上真北之间的误差称为罗经差，也叫罗经改正量。罗经差有陀螺罗经差和磁罗经差两种。

一是陀螺罗经差

陀螺罗经是电动的机械指北航海仪器。它没有误差时所指的北就是真北。但实际上它是有误差的，使其所指的北与真北不一致。

陀螺罗经所指的北叫陀螺罗经北，简称陀罗北，用N_G表示。真北用N_T表示。它们之间的夹角称为陀螺罗经差，用ΔG表示。这个误差有偏东、偏西之分，如图2-35所示。

陀螺罗经北N_G偏于真北N_T之东时，陀螺罗经差为偏东，用E或者"＋"表示；

陀螺罗经北N_G偏于真北N_T之西时，陀螺罗经差为偏西，用W或者"－"表示。

ΔG=+2°或2°E，则表示陀螺罗经差偏东2°；

ΔG=-1.5°或1.5°W，则表示陀螺罗经差偏西1.5°。

在大海中航行的船舶，将陀螺罗经的纬度误差和速度误差调整好后，一般陀螺罗经的误差是稳定的。现代陀螺罗经的误差很小，并且也很稳定。

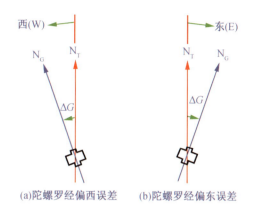

(a)陀螺罗经偏西误差　　(b)陀螺罗经偏东误差

图2-35　陀螺罗经误差偏东、偏西示意图

陀螺罗经通过同步传感器，能带动若干个罗经复示器，也称分罗经。驾驶台两侧的陀螺罗经复示器，与主罗经同步，驾驶员利用分罗经能够方便地观测物标的方位和读取航向。

二是磁罗经误差

磁罗经所指的北叫磁罗经北，简称罗经北或罗北，代号 N_C。

磁罗经安装在驾驶台顶甲板上，通常称为标准罗经，它固定安装在船舶的艏艉线上，用以测定物标的方位和读取航向。它是船上指示方向的最后一道防线，如果船舶断电，陀螺罗经就停摆了，此时指示方向就靠磁罗经。尽管它在使用时误差大、不方便，但仍然必须安装在船舶上。有人形容磁罗经就像摩天大楼安装了现代电梯但仍然留了步行楼梯一样。

磁罗经误差

磁罗经和陀螺罗经都能够指北，但原理不同，磁罗经与陀螺罗经误差的产生原因、变化规律也各不相同。

根据航向定义，以 N_G 为基准度量的航向叫作罗航向。

磁罗经的误差是由磁差和自差两部分合成的。先研究这两个问题，然后再讨论磁罗经差的变化情况。

一是磁差

在地球周围存在一个天然的大磁场。它好像地球内部放置一个大磁铁所形成的磁场一样。它有两个磁极，叫作磁北极和磁南极。磁极既不与地球两极重合，也不是固定不变的。

根据1950年的资料，磁北极约在北纬72°，西经96°；磁南极约在南纬70°，东经150°，如图2-36所示。

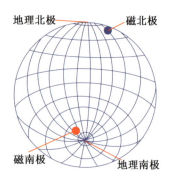

图2-36　地球磁极示意图

磁罗经中能够自由转动的磁针，在地磁磁力的作用下，指向磁北极和磁南极。因此磁针所指的北端不是地球的真北，而是磁北。磁北和真北不一致，这个误差就叫磁差，用ΔC表示。所以磁差（ΔC）是磁北（N_C）与真北（N_T）之间的夹角，也有偏东和偏西之分。

磁针偏于真北之东时，为东磁差，用W或"＋"表示；磁针偏于真北之西时，就称为西磁差，用W或"－"表示，如图2-37所示。

例如：ΔC=＋5°或5°E，则表示磁差偏东5°；

ΔC=-3°或3°W，则表示磁差偏西3°。

磁罗经除了磁差外，还有自差。那什么是自差呢?

现代船舶都是钢铁结构，钢铁受到地磁磁力的作用而磁化，使它也具有磁性，产生了磁场，这种磁场称为船磁。

磁罗经安装在船上后，不但受到地磁磁力的作用，而且受到船磁磁力的作用，磁罗经也会产生误差，也就使磁罗经有了第二个误差。这个误差是由船舶自身磁场引起的，所以叫作自差。

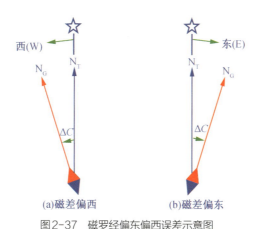

图2-37　磁罗经偏东偏西误差示意图

船舶的航向、方位与舷角

依据基准北（真北）所确定的船舶的航向和物标的方位，统称向位。

图2-38　正舵——把定航向

船舶行驶的方向——航向

真航向（*TC*）

（1）航向线：船首尾线向船首方向的延长线。

（2）真航向：以真北为基准顺时针度量到航向线的角度，用 *TC* 表示，如图 2-39 所示。范围为 000°~ 360°，常用圆周法表示。

例：真航向 *TC* 135°。

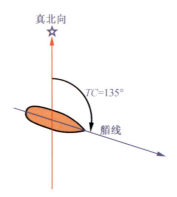

图2-39　真航向为135°示意图

船舶航行时船首线所指的方向叫航向，它又分为真航向和罗航向。如果罗经设备没有误差，罗航向就是真航向。因为有误差，所以需把误差计算进去。

真航向与罗航向的换算

罗经北与船首线间的夹角叫罗航向，以 *CC* 表示。它是船上罗经所指的船首方向，以罗北为 000°，顺时针计算到船首线为止。船上平时所见罗经上的航向就是罗航向。

由于真北与罗北之间的夹角叫罗经差 ΔG，反映在航向上，即真航向 *TC* 和罗航向 *CC* 之间相差的一个角度，如图 2-40 所示：*TC*=215°，从真北算起，罗经误差偏东。

例如，罗航向=120°，是从罗经北算起的。

从图 2-40 可以看出：

真航向（*TC*）=罗航向（*CC*）+ΔG（东）

或者，罗航向（*CC*）=真航向-ΔG（东）

就是，罗航向=真航向-东罗经差。

从图 2-40 右图可以看出：

真航向（*TC*）=罗航向（*CC*）-ΔG（西）

罗航向（CC）=真航向（TC）+ΔG（西）

就是说，罗航向=真航向+西罗经差。

综上所述，可以得出求罗航向的一个普遍公式：

$CC=TC-（\pm\Delta C）$，说明一下，ΔC东，符号为"+"，ΔC西，符号为"-"。

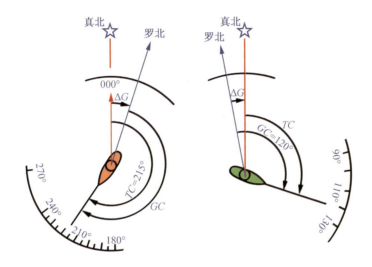

图2-40 真航向与罗航向区别示意图

例题1：ΔC为3°东，$TC=000°$，求CC。

解：$CC=TC-（\pm\Delta C）=000°-（+3°）=357°$

例题2：ΔC为3°西，$TC=000°$，求CC。

解：$CC=TC-（\pm\Delta C）=000°-（-3°）=003°$

为了便于记忆，可以用下面的公式来记：

罗航向=真航向$\pm\dfrac{西}{东}$罗经差。

解释一下，罗经差是负的，求罗航向，在真航向加西误差。

例如：真航向=002°，罗经差为5°W，求罗航向。

解：罗航向=真航向+西罗经差=002°+5°=007°

答：罗航向为007°。

例如：某船自上海港出来，在佘山东北30海里处去青岛，要求真航向336°，已知罗经差为东2.5°，求罗航向。

解：罗航向=真航向-东罗经差=336°-2.5°=333.5°

答：罗航向为333.5°。

物标真方位

方位线——在测者地面真地平平面上，测者与物标的连线。

真方位——以真北为基准顺时针度量到物标方位线的角度，称为方位线，用 TB 表示。其范围为000°~360°，常用圆周法表示，如图2-41所示，例如 TB=045°。

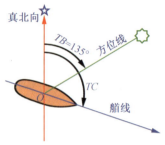

图2-41　真方位示意图（图中物标真方位是045°）

真方位与罗方位的换算

根据方位定义，以罗经北为基准度量的物标方位，叫作该物标的罗经方位，简称罗方位，用 CB 表示。

图2-42是船舶驾驶员用罗经观测物标方位的示意图。从图中可见，船舶驾驶员通过方位圈的瞄准孔和照准线，转动方位圈的方向，使欲观测的物标（如灯标、

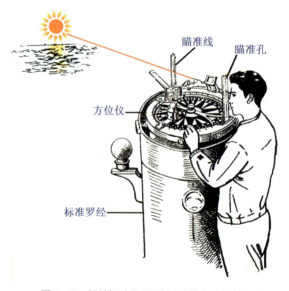

图2-42　船舶驾驶员用罗经观测物标方位的示意图

低高度太阳等）观测点与瞄准孔和照准线成一线，此时从照准线下方的棱镜中读出罗盘上的刻度。读数就是物标方位线与罗盘000°之间的夹角，即物标的罗方位或陀罗方位。

$$TB=CB\pm\Delta C\left(\begin{array}{l}\Delta C偏东为正\\\Delta C偏西为负\end{array}\right)$$

其中，TB 为真方位，CB 为罗方位，ΔC 为罗经差。

真方位=罗方位±罗经差（东+，西−）

例题1：某船的驾驶员测得某物标方位是046°，罗经差为西1°，求真方位。

真方位=罗方位−西罗经差=046°−1°=045°

例题2：某船，测得某物标的罗方位 CB 为075°，若罗经差 ΔC 为1°东，求真方位，如图2-43所示。

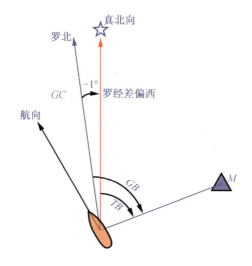

图2-43　已知罗经差偏西1°，求真方位示意图

解：根据公式，真方位=罗方位+罗经差（偏东）=075°+1°=076°

答：真方位等于076°。

什么是舷角？

航向线与物标方位线间的夹角，称为舷角，用 Q 表示。舷角的计算是自船首向左右两舷至物标的方位，由000°~180°计算。命名为左舷或右舷。运算中符号规定左"−"右"+"。

船舶正横：舷角左舷90°、右舷90°，或90°左、90°右。

从图2-44可以得到：

$$\begin{cases} 真方位_1 = 真航向 - 舷角（左舷角）\\ 真方位_2 = 真航向 + 舷角（右舷角）\end{cases}$$

以上公式涉及航向、方位和舷角三者之间的关系，只要两个量是已知的，就可以计算出第三个量。

在第一式中如果航向小于舷角，则真方位应加上360°；

在第二式中真方位超过360°，则所得之和应减去360°。

当需要准确地计算出物标到达本船正横时的方位时，也就是它的舷角在左舷90°或者右舷90°时，可以应用下面的公式：

$$\begin{cases} 右正横时真方位 = 真航向 + 90°\\ 左正横时真方位 = 真航向 - 90°\end{cases}$$

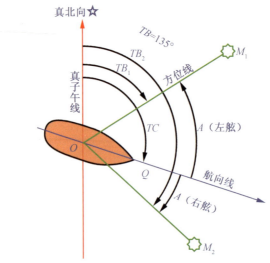

图2-44　舷角、真航向、真方位之间关系示意图

例题1："育鲲"轮在长江口东北60海里，真航向020°，测得一物标舷角为026°，求真方位。

真方位=020°+026°=046°

例题2：中集轮某时的真航向是076°，求鸡骨礁灯塔在左正横时的真方位。

真方位=076°-90°+360°=346°

思考题：某船真航向005°，他船的真方位355°，求其舷角。

2020年2月17日

在海图上如何绘画航线和方位线呢？

航线知道了，方位线也知道了，怎样在海图上绘画出来呢？（如图2-45所示）

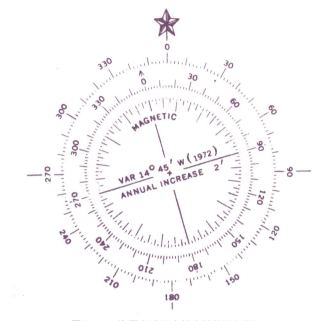

图2-45　海图上读取方位度数的罗经花

驾驶员测得某物标的罗经方位是042°，已知罗经差3°东，求物标的真方位。

第一步：真方位=罗方位+东罗经差=042°+3°=45°；

第二步，如已知航向或方位为045°，量画出此线时，平行尺（或三角板）量在045°刻线上，还须注意与045°对应的另一端刻度应为225°（045°+180°），如图2-46所示。这样当045°、中心点和225°此三点在一直线时才为正确。

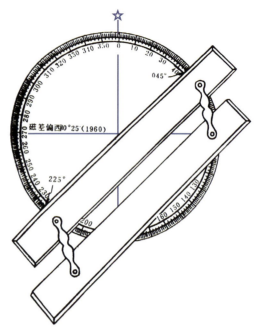

图2-46　平行尺在罗经花上量取方位示意图

绘画方位线或航向线要求认真细致。海图比例尺较小，若不细致，会"差之毫厘，谬以千里"。航向量错1°，航向偏60海里，船位会偏离航线1海里还多。因此，用平行尺在罗经花上量取度数时，一定要使平行尺的边通过罗经花的中心。

2020年2月18日　晴

　　子涵希望我明天讲一讲海上为什么初一、十五时是大潮。因为去年正月十五他们在杭州过元宵节，还去钱塘江看大潮。
　　先让我们欣赏一段描述海潮的经典文章节选。

滚滚滔滔的海潮

　　凉秋八月，天气分外清爽。我有时爱坐在海边礁石上，望着潮涨潮落，云起云散。月亮圆的时候，正涨大潮。瞧那茫茫无边的大海上，滚滚滔滔，一浪高似一浪，撞到礁石上，唰地卷起几丈高的雪浪花，猛力冲激着海边的礁石。那礁石满身都是深沟浅窝，坑坑坎坎的，倒像是块柔软的面团，不知叫谁捏弄成这种怪模怪样。

——《雪浪花》杨朔

图2-47 大船昂然驶进海港

在航海过程中，制订了安全而又经济的计划航线后，如何执行计划航线对船舶航行来说，仍然是关乎安全性和经济性的重要方面。

自然界里的潮汐和潮流，对航海影响很大。恰当地选择开航时间，利用潮水顺利通过浅滩，利用顺水增加航速，缩短航行时间，这在航行上既安全又经济。

潮汐与航海的关系非常密切，潮汐的变化可能会直接影响到船舶航行计划的实施和航海安全。在浅水海湾或者港口（如我国的长江口港和广州黄埔港），载重量大的船舶，要等候潮水才能进出港口。

因此研究潮汐的规律，使之利于船舶航行。

潮汐现象及其成因

人类在生活实践中，对物质世界的认识，是从自然现象开始的。人们通过实践长期观察，发现海水有规律地涨落，涨落的时间和高度又有周期性的变化。

古人把白天称为"朝"，晚上称为"夕"。所以，白天海水上涨称为潮，夜间海水上升称为汐。潮汐就是海水的一种周期性涨落运动。

海面上升的过程称为涨潮，下降的过程称为落潮。在一个涨落周期中，海水上涨到达最高点时，称为高潮（HW）；到达最低点时，称为低潮（LW）。伴随海面周期性的升降运动而产生的海水周期性的水平方向流动称为潮流。

一个周期中的海面升降，即海水的涨落并不是均匀的。高潮过后，海面缓慢下降，降到高、低潮的中间时刻附近，下降得最快，然后又减慢，直到发生低潮为止。低潮前后的一段时间，海面处于停止状态，称为"停潮"，停潮的中间时刻称为"低潮时（简记 T_{LW}）"；高潮前后的一段时间，出现海水不涨也不落的现象，称为"平潮"，平潮的中间时刻称为"高潮时（简记 T_{HW}）"。

从低潮时到高潮时的时间间隔叫"涨潮时间"，从高潮时到低潮时的时间间隔叫"落潮时间"。

人们还发现，海水有周期性涨落现象，在每日里水位出现两次高潮和两次低潮，每月里出现两次大潮和两次小潮。每日高潮大多出现在月亮上、下中天前后，低潮时间则在月亮出没前后，一般每日的高低潮时间逐日后移约48分钟。每月的两次大潮是在农历初一、十五附近几天，两次小潮是在农历初七、初八和二十二、二十三附近几天。

潮汐的这些现象是怎么来的呢？

每一事物的运动都和它的周围其他事物互相联系和互相影响着。人们在长期的生产、生活实际中认识到，潮汐现象同太阳、月球与地球的相对运动有着密不可分的关系。人们认识到：潮汐现象是与天体引力有关的，而且随着地球与月球、太阳的相对位置的变化而变化。那么，究竟为什么潮汐现象和月球运行有着密切关系呢？要回答这个问题，我们先得从万有引力谈起。

大家知道，抛出去的石头，飞过一段距离后，最终会落到地面上来。地球牢牢地吸引着地面上的一切物体，包括离开地面正在运动着的物体。那么，这个吸引力只有地球才有吗？不，有一条普遍规律，叫万有引力定律。这个定律告诉我们：宇宙中的一切物体之间都是互相吸引的，引力的大小与这两个物体的质量的乘积成正比，与它们之间的距离的平方成反比。

地球、月球和太阳都是宇宙中的一员，它们之间也互有引力。由于万有引力的约束，地球、月球和太阳才有条不紊地沿着一定轨道运动着。

地球在一定轨道上绕太阳运动，月球又在一定轨道上绕地球运动，它们之间有吸引力和离心力。吸引力和离心力是产生潮汐现象的基本因素，其合力称为引潮力。

　　按万有引力定律，月球与地球之间的引力与地月两球的质量成正比，与它们之间距离的平方成反比。月球虽然比太阳小，但离地球比太阳近得多，太阳离地球比月球离地球远约400倍，因此月球的引潮力比太阳的引潮力大2.2倍。所以月球是产生潮汐的主要原因。因此人们常用农历来推算潮汐的变化。

　　那我们就分析月球引潮力的作用，以了解潮汐的基本成因。

月球对海水的吸引力

　　月球对地球的各地都有吸引力，距离月球远的地方所受的吸引力小，距离近的地方所受的吸引力大。引力的方向均指向月球中心，如图2-48所示。

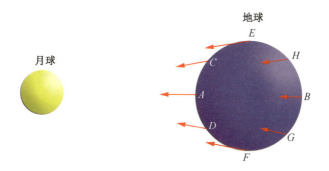

图2-48　月球对地球的引力定性示意图

月球对"地月系中心"公共重心运动的离心力

　　月球是绕地球旋转的，但不是绕地球中心旋转，而是绕着地球和月球的公共重心旋转，如图2-49所示。

　　月球绕地球旋转一周的时间为29.5天，称为一个太阴月，即农历的一个月。地月系统的公共质心（G）位于地、月中心的连线上，距离地球中心约 $\frac{7}{10}$ 的地球平均半径处。

　　地球除了自转外，还同月球一起围绕一公共质心旋转，因而产生了惯性离心力。地球上任何一点的惯性离心力都是相等的，而且都是因地、月共转运动而平行地背离着月球，如图2-50所示。

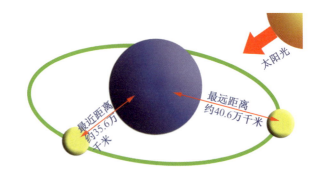

图2-49 月球绕着地球旋转的示意图

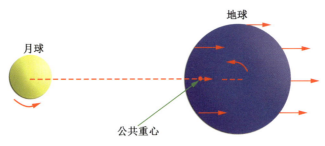

图2-50 地球的惯性离心力示意图

什么是惯性离心力呢？惯性离心力是转动参照系中的观察者在不知道系统做圆周运动的情况下，为解释他所观察到的现象而引入的一个假想力。

为方便讨论，提出两点假设：

一是，整个地球被等深的大洋覆盖，所有自然地理因素对潮汐不起作用；

二是，海水没有摩擦力和惯性力，外力使海水在任何时刻都处于平衡状态。

月球引潮力

地球面上任何一点，都同时受到两种力的作用，一是月球的吸引力，二是地球的离心力。这两种力形成的合力在地球各处大小和方向都不相同，这就是月球的引潮力。

图2-51所示是地球上各点的月球引潮力的大小和方向示意图。在地球中心，吸引力与离心力大小相等，方向相反，处于力的平衡状态，引潮力等于零。在其他各点处，吸引力和离心力不会相互抵消，从而产生了引潮力。

因为海水具有可流动性，故在引潮力的作用下，海水就向着和背着月球的方向流去，而堆聚起来形成水位升高，简称高潮；中间海洋的水流走了，形成了水位下降，简称低潮，如图2-51所示。

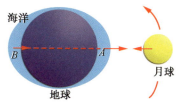

图2-51　潮汐形成示意图

图2-51中A点离月球最近，受的吸引力最大，并大于惯性离心力，两力形成的合力即引潮力，向着月球。B点离月球最远，受的吸引力最小，并小于惯性离心力，两力所形成的合力即引潮力，就背着月球。

其他各地的吸引力与离心力形成的引潮力，有的向着月球，有的偏离月球，所以海水在向月球和背月球处堆聚。

海水在向着月球和背着月球处堆聚，就是在月球上下中天时，出现高潮；而当月球出和月球没时，出现低潮。

月球两次上中天为一个周期，约24小时48分钟，这就是每天高潮时间比前一天晚48分钟的原因。其中，经历两次高潮两次低潮，这种潮汐叫"半日潮"。

地球绕着太阳公转，太阳也会像月球一样引起地球表面的海水潮汐运动。不过太阳离地球远，太阳的引潮力只有月球引潮力的0.432倍。太阳和月球共同作用于地球表面的海洋上，这是引起潮汐现象的总根源。

当月球、太阳、地球三者在一条直线上时，如图2-52所示，也就是在农历初一（新月）或十五（满月）时，月球和太阳的引潮力方向是一致的，相互合作，所以出现了两次最高的高潮和两次最低的低潮，叫大潮，也叫朔望潮。

当月球运动在跟太阳与地球连续相互垂直的方向时，就是农历初七、初八和二十二、二十三日，月球引潮力被太阳引潮力抵消得最多，因此出现了两次最低的高潮和两次最高的低潮，称为小潮，如图2-52所示。

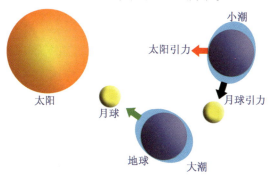

图2-52　大潮和小潮形成示意图

2020年2月19日

上午十点跟水科院李院长通电话聊天。他们正在研究潮汐对于航道疏浚的影响的有关课题。对，潮汐对航海的影响很大。

潮汐类型及潮汐术语

潮汐类型

潮汐的涨落现象是因时因地而异的，潮汐按照其在一个太阴日中的涨落情况，可分为三种类型。

（1）半日潮：每个太阴日都有两次高潮和两次低潮。两次高潮和两次低潮的高度都几乎相等，涨潮时间和落潮时间也接近相等（6小时12.5分钟），称为"半日潮"。我国大部分港口属于半日潮港口。

（2）全日潮：在一个太阴日周期内，只有一涨一落的潮汐现象，即仅出现一次高潮和一次低潮，高潮和低潮之间大约相隔12小时25分钟，则称为"全日潮"。我国南海有许多地点（如北部湾、红岛等）的潮汐，都属于全日潮类型。

（3）混合潮：介于半日潮港与全日潮港之间。

潮汐术语

（1）平均海面：根据长期潮汐观测记录算得的海面平均高度。中版潮汐表中的平均海面由潮高基准面起算。我国统一采用黄海平均海面作为计算全国陆地高度（高程）的标准。

（2）潮高基准面（TD）：潮汐预报表中的潮高起算面，从平均海面向下度量。它一般采用海图上标记的海水深度基准面。这样便于计算实际水深。实际水深=海图水深+潮高。

（3）潮高：从潮高基准面至某时刻潮面的高度。

（4）高潮高：从潮高基准面至高潮面的高度，即高潮时的潮高。

（5）低潮高：从潮高基准面至低潮面的高度，即低潮时的潮高。

（6）潮差：相邻的高潮高与低潮高之差。潮汐表中将大潮时的平均潮差称为大潮差，小潮时的平均潮差称为小潮差。

（7）大潮升（SR）：从潮高基准面到平均大潮高潮面的高度。

（8）小潮升（NR）：从潮高基准面到平均小潮高潮面的高度。

（9）潮汐间隙：某地的月中天时刻到该地发生高潮或者低潮的时间间隔。月中天时刻至发生高潮的时间间隔为高潮间隙（HWI）；至发生低潮的时间间隔为低潮间隙（LWI）。

（10）平均高（低）潮间隙［MHWI（MLWI）］：半个太阴月或其整数倍的每个高（低）潮间隙的平均值。

例题：某航道的海图水深最浅处为11.5米，要求保留富余水深0.7米，本船最大吃水14.5米，求安全通过航道的潮高 h。

解：安全通过航道时的所需水深为：

本船所需水深=最大吃水+富余水深=14.5+0.7=15.2米

最浅实际水深=最浅海图水深+潮高（h）=11.5+h

所需水深−最浅实际水深=需要的潮高，所以

h=15.2−11.5=3.7米

所需潮高为3.7米，从潮汐表查得在1115时，大潮潮高为3.9米，船长决定，必须要在1115驶过浅水区。

思考题：简述潮汐的成因。

2020年2月20日

　　写今天的内容时，想起来五年前到百度科技公司调研，曾与其技术人员一起讨论未来无人机、无人船等问题，同时也探讨了AI以及新能源载运工具研发问题。

　　当今科学技术在发生不可思议的进步，令我激动不已。

科技发展的产物——电子海图

科技日新月异，为现代航海增添了丰富多彩的内容和提供了便利。电子海图显示与信息系统（ECDIS）就是其中之一，简称电子海图。电子海图是包括一个

以数据为基础的显示系统。

它是指符合有关国际标准的航用电子海图系统。电子海图将海图信息和其他航海信息在显示屏上显示出来。它以计算机为核心，连接罗经、定位仪、测深仪、雷达等设备，综合反映船舶行驶状态，为船舶驾驶人员提供各种信息查询、量算和航海记录专门设备，如图2-53所示。

图2-53 未来的电子海图是以船位为中心的大数据平台

经国际海事组织及各国航行安全管理机构校准认可的电子海图与纸质海图具有同等的法律效力。

目前电子海图的航海功能主要有哪些？

一是海图作业。电子海图通常都与定位设备连接使用，因而使航行自动化的水平得到提高，海图作业被大大简化。海图作业主要是绘制计划航线和自动航迹绘算。

二是异常情况的标示和报警。当发生船舶在所设定的时间和范围内穿越安全等深线、禁航区或特殊地理区域界限、到达转向点和超过偏航设定值、定位信息丢失、定位系统与信息系统选用了不同的大地坐标系等情况时，系统可予以报警或标示。

三是信息记录。其可存储并再现至少前12小时的航行要素，能每隔1分钟记录本船的航迹（时间、位置、航向、航速）、所使用的官方数据（来源、版本、数据单元及改正情况）等；可按一定的时间间隔记录整个航行中的航迹和时间标注；记录的航行信息不可修改等。

电子海图显示与信息系统被认为是一项伟大的技术革命。从最初纸海图的简单电子复制品到过渡性的电子海图系统，ECDIS已发展成为一种新型的船舶导航系统，它不仅能连续给出船位，还能提供和综合与航海有关的各种信息，有效地防范各种险情。

如何让AI代替航海人员完成船上的工作，以减小人为因素造成海难事故发生的可能性并且减少船员定额，已成为当今海运界关注的课题。ECDIS必将派上大用场。

随着人工智能、大数据、物联网、VR技术等前沿技术与传统船舶的有机和深度融合，以及船舶技术由自动化向自主化方向的演化，船舶自主化的应用必将引发航海技术领域的一场革命。ECDIS必将成为以船位为中心的航运大数据的网络平台。电子海图在操作使用上代替纸质海图的趋势明显。一张电子海图并不简单地就是纸质海图的数字版，它将产生一个新的航海方法，无论在内容及其局限性上都和纸质海图有很大的不同。它将是船舶自主化系统的关键研究课题。

思考题：你认为电子海图应当如何发展？

___月___日　星期___　　　　　　　　　　　　　　　　　　　　　　天气___

　　船舶一旦进入茫茫大海，辨明船舶所在位置是十分重要的，这就引出了船舶定位，那驾驶员如何定位呢？请看下一讲。

第三讲

定位——

无论向何处航行都要知道船在哪里

这个时代的伟大之处，不在于定位在哪里，如同航行定位与航向一样，而在于我们应向何处思考。

在讲船位前，让我们先看一篇一位二副的日记。

5月9日，天气晴，能见度良好。今天离开家已经第8天了。

早上，晨光时间，我测了太阳，校对了罗经差。0715，我用罗经测量两个物标的方位，测定了船位，跟GPS进行对比，已经在太平洋的西南滨了。本轮的航速比预计的快些。

0745，船长和三副上驾驶室，船长让三副打开了雷达。根据推算，前面50海里的地方，有几个岛屿。

雷达的天线，在大桅的顶端向四周转动探索，雷达的荧光屏上显示目标。距离49海里的286°方位，正是我们要寻找的一个小岛。找到岛上灯塔，就可以确定进港时间了。

船长说，预计11点左右，靠新加坡港。新加坡扼太平洋与印度洋的咽喉，这是我任二副以来的第一个停靠港口。我要为在新加坡购买最新版海图做些准备工作。

从这篇日记可以看出船位的意义。

现在开讲，选定了航线，确定了航向，那船舶是否沿着计划航线航行，就由实践检验。怎么检验呢？要靠船舶定位。

为了使航行既安全又经济，在航行过程中，船舶驾驶员要随时了解船位及航迹，以便采取措施，操纵船舶保持在计划航线上航行。

为了随时掌握船位，现代航海方法已经很多，但从原理上来说，就是利用方位和距离来确定船位。

船舶定位有多种方法，这里不一一讲解，有选择地讲一下相关内容。

2020年2月21日 天气晴

一些人认为经典的定位没有用了。不！所有的船舶定位都没有离开最基本的定位原理。

第一个问题，经典的定位方法之一——陆标定位

陆标是指海图上标有确切位置的可供船舶目视观测或者雷达观测的，能用以

导航和定位的物标的统称，如灯塔、山头、岛屿、立标及其他可供定位、导航的显著物标。

陆标定位是利用罗经同时观测两个或两个以上陆标的方位来确定船位的方法，又称为交叉定位。

陆标定位具有观测简单、直观、海图作业容易的优点。在离岸不太远的海域航行时，陆标定位是一种最基本和最常用且可靠的定位方法之一。

已经有精确的全球GPS定位了，还要其他定位有意义吗？

有意义！

利用陆标测定船位的一般原理、方法的基本内容讲解如下。

陆标的方位及其方位线

在测者真地平平面上，测者与物标的连线，称为方位线。

以真北为基准点顺时针度量到物标方位线的角度，称为真方位，以 *TB* 表示，范围为000°~360°。

船上用罗经观测陆标的方位，测得读数叫罗方位，用符号 *GB* 或磁罗经 *CB* 表示。

罗方位必须改正罗经差，改正后才是物标的真方位，用符号 *TB* 表示。计算得到真方位后才能在海图上绘画出方位线。

罗方位与真方位的关系是：

$$TB=CB+\Delta C$$

其中，*TB* 为真方位，*CB* 为罗方位，ΔC 为罗经差。

罗经差ΔC有正负号，或者有东西之分。在实际情况下，先测得罗方位再求真方位。罗经差为东时，测得的罗方位加上东误差，就得真方位；罗经差为西时，罗方位减去西误差，就得真方位。

为记忆方便，可用以下口诀：

罗方位变真方位，东加西减。

例1：河海轮在长江口外航行，本船的磁罗经误差为东2°，上午1000，三副测得花鸟山灯塔罗方位为140°。图中N_T为真北，N_C为罗经北，求真方位，如图3-1所示。

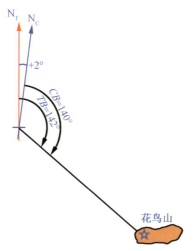

图3-1　（图中N_T为真北，N_C为罗经北）求真方位示意图

解：$TB=CB+\Delta C=140°+（+2°）=142°$

例2："育龙"轮的航向为000°，航行于长江口。下午1500，二副测得佘山的罗方位为315°，该船的罗经差为西3°，求其真方位，如图3-2所示。

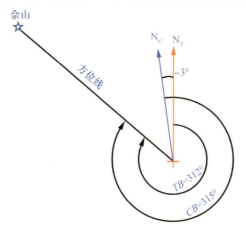

图3-2　求真方位示意图

解：$TB=CB+\Delta C=315°+（-3°）=321°$

物标真方位计算好后，在海图上量取此真方位，并绘画在所测物标上，得到一条线，此线就称为物标的方位线。在这条线上的各点看物标的方位都是一样的。

因船位就在物标的这个方位线上，故方位线也叫船位线或者位置线。换句话说，船位一定在本方位线的某一点上，如图3-3所示。

已知船位在方位线的某一点上，如何求出具体位置呢？这就引出了两物标方位定位问题。

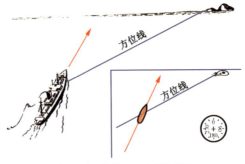

图3-3　船位一定在方位线上

2020年2月22日 天气晴

两物标方位确定船位

当我们测得一个物标的一条方位线时，只能说明我船在这一条方位线上，但还不能确定船位的具体位置。

这是因为该方位线上任何一点看物标的方位都是相同的，我们再用图表示一下，如图3-4所示。

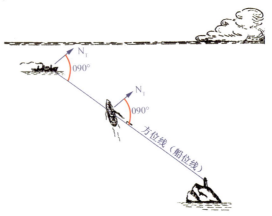

图3-4　在这条方位线上看大连三山岛灯塔都是090°

那怎么解决呢？

只有用罗经或雷达同时观测两个物标的方位后，将它们换算为真方位，并在海图上从各被测物标画出方位位置线，则它们的交叉点 P 才是观测时刻的观测者船位，如图3-5所示。

换句话说，两条方位线在近乎同一时间测得，则船位既在第一条方位线上，同时也在第二条方位线上，所以两条方位线的交叉点就是观测时的船位。

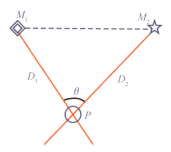

图3-5 两物标定位方法示意图

例如：富山海轮航行于长江口水域，值班驾驶员二副在0345测得花鸟山灯塔的罗方位为160°，鸡骨礁灯塔罗方位为258°，罗航向为015°，罗经差为东2°，在海图上画船位如图3-6所示。

第一条船位线真方位为162°，第二条为260°。

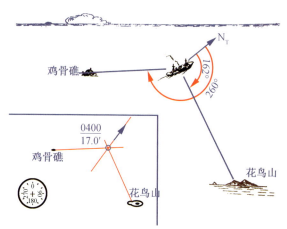

图3-6 富山海轮0345时船位示意图

为了提高两方位定位的精度，除了注意尽量减少观测误差和尽可能同时观测外，还应该注意下述几个方面：

133

1. 物标的选择

海图上所标示的各种物标，其精确程度并不相同。在观测定位前，若物标选择得合适，可以大大减少船位误差。因此，在选择物标时应注意：

（1）物标选择正确。要选择显著的、经过精测的、容易辨认的且有显著观测点的物标，如灯塔、有尖峰或峭壁的孤岛以及海图上标有"△"符号的山峰等。这样既便于将物标同海图对照辨认，又可以保证观测点的海图位置准确。在无精测的物标可供观测时，应选择以实线绘出等高线的山头和选择较高、较陡的山头，而不应采用等高线是以虚线或影线画出的或较低、较平坦的山头。

（2）选择近距物标。船距离物标越远，方位观测值误差引起的船位线误差将会越大。因此，有条件时，要选测近距物标的方位。

（3）选择交角较好的物标。用两物标方位定位时，两方位线间的交角最好在90°左右，因为两方位线交角在90°左右时，产生的误差最小。如交角不到30°，可能误差就比较大。因此交角应大于30°而小于150°。

2. 观测顺序

观测定位时，理论上要求两条位置线同时测定，但实际上很难做到。对两物标不能同时观测，所画的船位就会产生误差，而且两条位置线的观测间隔时间越长，船位误差越大。为了减小船舶航行中不同时刻观测所产生的定位误差，除正确使用观测仪器和提高观测速度外，正确掌握两物标的观测顺序，也能在一定程度上减小观测船位的误差。

三物标方位定位

船舶沿岸航行时，在同一时间准确地用罗经观测了三个物标的方位，在海图上即可依物标和方位画出三条方位线，它们相交的一点就是观测时的船位，如图3-7所示。

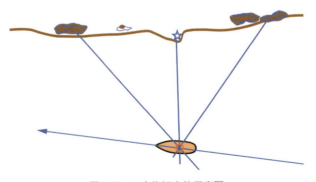

图3-7 三个物标定位示意图

　　两方位定位的方法虽然简单，但无论是否认错物标，海图上的物标位置是否准确，观测方位是否有误，在一般情况下两条方位船位线总会相交于一点，因而两方位定位有时不易发现可能存在的差错。因此在条件许可时，应尽可能同时观测三个物标的方位进行定位。

　　三方位定位是利用视界内可用于定位的三个物标，同时测定它们的方位，画出它们的三条方位线，三条方位线的交点就是观测时刻的三方位船位，如图3-8所示。

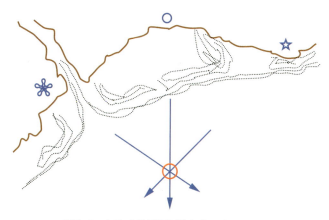

图3-8　三条方位线得到的船位示意图

　　在大比例尺海图上，三条方位位置线一般都会形成船位误差三角形，如图3-9所示。

　　船位误差三角形在实际工作中的处理方法：

　　一是，如果船位误差三角形比较小，在大比例海图上每边不超过5毫米。如果是近似等边三角形，则取中心；如果是等腰三角形，则将船位点选择在靠近底边的中央。船位点可能在三角形内，也有可能在三角形外的附近一点，一般在三角形内的可能性大些，因此实际工作中驾驶员通常就取三角形内的一点作为船位点。

　　二是，船位误差三角形比较大时，说明在测方位线时有较大误差，这时一般重新观测，并检查其原因。

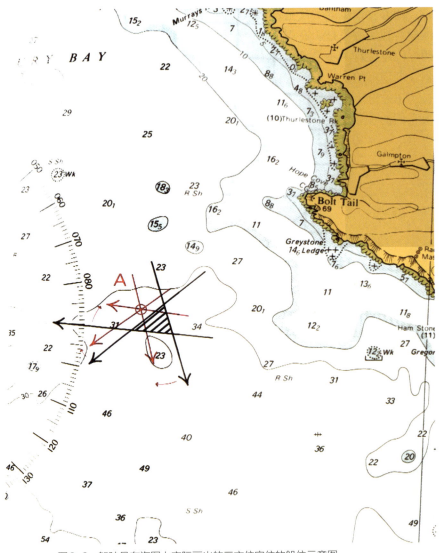

图3-9　驾驶员在海图上实际画出的三方位定位的船位示意图

思考题：如何提高陆标两方位、两距离定位的精度?

2020年2月23日 天气阴

上午十点与大连李教授通电话，互相问候、交流读书体会。我们宅在家，大家相互"隔离"了，但情感上保持联系，这就必须感谢现代通信工具。

第二个问题，航海上的经典定位之二——天测船位

在没有现代导航定位的年代，船舶在近岸航行时，船舶驾驶员就靠观测陆标定位。

例如在同一时间观测得到两物标的方位线（或称船位线），两条船位线的交叉点就是船位，如图3-10（a）所示。

在航行中，同时测得船舶与视野内两个物标的距离，则可以分别以物标为圆心，以所测的距离为半径画圆弧，产生两个交叉点，其靠近推算船位的一个交叉点即为观测时刻的船位，这种方法称为距离定位，如图3-10（b）所示。以两个距离画的圆弧，也称船位线。测得物标距离的仪器可以是使用雷达，也可以是使用六分仪等。

但是过去船舶在大洋的远岸航行时，看不到物标，驾驶员如何确定船位呢？

古人发现观测天体也可以用来定位。天体定位的道理和陆标定位相同。只要在同一地点测得两条天体船位线，则两条天体船位线的交点，就是天测船位了。

由此可知，天测船位的关键问题就是如何求得两条天体船位线。如果知道了天体船位线的原理和特点，以及观测、计算和海图画图方法，再去学习观测天体求船位，上述问题就迎刃而解了。

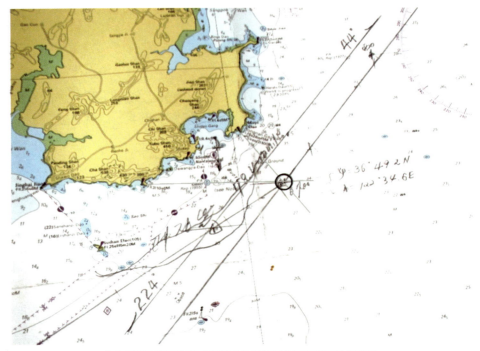

（a）驾驶员以测得的两灯塔方位在海图上画出的定位示意图

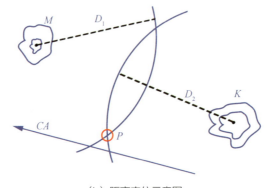

（b）距离定位示意图

图3-10　海图上画出的定位和距离定位示意图

2020年2月24日 天气晴

　　昨天，用一整天阅读了卢梭的《爱弥儿》。 "如果运动着的物质给我表明存在着一种意志，那么，按一定法则而运动的物质就表明存在着一种智慧。"这段话能很好地解释今天所写的内容。

关于天体船位线问题

　　船舶在海上航行，无论用什么方法测定船位，都可以归结为求两条或两条以上船位线交叉点的问题。

　　在陆标定位中，我们已经知道的陆标船位线，有方位船位线和距离圆弧船位线等。问题是，利用天体定位，天体在天上，怎样求得它的船位线呢?

一、有关天文名词解释

天球是什么?

　　我们知道，地球是个球体。很早以前，在地球上是很难确定任一点的位置的。后来在许多地理专家的努力下，才研究出在地球表面上划分经、纬度的方法，解决了在地球上确定位置的问题。

　　同样，人们为了研究天体，利用天体对地面位置进行测量，同时，也需要对天空中的天体位置进行标度。

　　船舶在大海上航行，人们觉得天空是个球形，另一半隐没在地平线下，天体好像就分布在这个球面上。这使人们想到，为了标度天体的位置，也可以按照在地球上标度位置的办法，用经、纬度线来作为确定天体位置的坐标，于是天球的概念就被提出来了。

　　所谓天球，就是以地心（或观测者）为中心，以无限大为半径的大圆球。天球上的基本点、线、圆，是地球上的基本点、线、圆延伸而成的。

　　从地球中心通过南、北极投影，便是南、北天极。地球上的赤道延伸到天球上，便是天赤道。地球上的子午线扩展到天球上，便是子午圈，如图3-11所示。

何谓天顶与天底呢?

　　观测者立足点的铅垂线向上延长交于天球上的那一点就叫天顶，即Z；向下扩展交于天球上的另一点叫天底，即Z'，如图3-11所示。

何谓观测者子午圈呢?

在天球上经过两个天极和天顶、天底的大圆圈叫观测者子午圈。包含两天极和天顶的半个圆圈叫午圈,即图3-11中 PZP';包含两天极和天底的另一个半圆圈叫子圈,即图3-11中 $PZ'P'$。

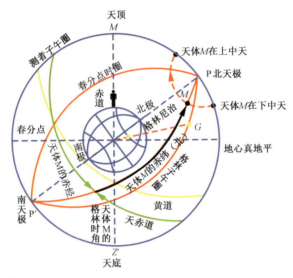

图3-11 天文概念示意图

何谓天体时圈呢?

如图3-12所示,地球上的地理 b 的经线,扩展到天球上,就叫天体时圈 $(P_N B P_S)$。

何谓天赤道呢?

从地球中心通过南、北极向天球投影,便得到南、北天极。地球上的赤道扩展到天球上,便是天赤道。地球上的格林经线扩展到天球上,就叫格林午圈,如图3-12所示。

什么叫黄道?

地球每年绕太阳公转一周,而在地球上的人们感觉不到地球公转,却可以观测到太阳在天球上每年沿着一个大圆圈运行一周,这个大圆圈就叫黄道。

因地球公转的轨道平面与轴成66°33′的夹角,故黄道与天赤道有23°27′的夹角,如图3-13所示。

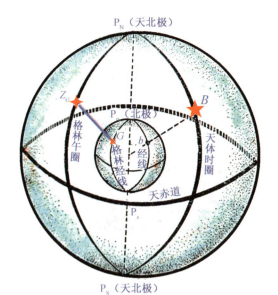

图3-12　天球示意图

什么是两分点与两至点呢?

如图3-13所示,由于黄道和赤道有23°27'的夹角,故它们有两处交叉点。太阳的天球位置每天沿着黄道移动1°左右,当它从南向北移行至黄道和赤道的交叉点时,日期是3月21日。

此时太阳的赤纬为0°,称为春分点,即图3-13中的♈点。然后,太阳继续在天球上沿着黄道北移,至6月22日到最北面一点,赤纬为23°27',这一点称为夏至,即图3-13中的♋点。

然后太阳由北向南移动,到9月23日,它到达黄道和天赤道相交的另一点,赤纬为0°,这一点称为秋分点,即图3-13中的♎点。

此后太阳继续南移,至12月22日到了黄道的最南端,赤纬为南23°27',这一点称为冬至,即图3-13中的♑点。这里有个谚语,"冬至十日过新年"。

中天的定义

当天体的视运转到达某地子午圈上的时候,叫作某地的中天,接近天顶的一侧叫上中天,在午圈上;另一侧(在仰极下方的子圈上)叫下中天,如图3-11所示。

开普勒第一定律就是每一行星沿各自的椭圆轨道环绕太阳,而太阳则处在椭圆的一个焦点上。

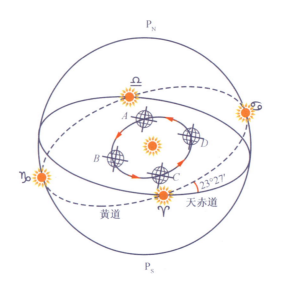

图3-13 春分点、秋分点、夏至和冬至在黄道上的示意图

2020年2月25日 天气阴

今天一大早，子厚来微信，问昨天的结尾给出开普勒定律是何意？那就引出今天的内容。

为什么有"二、八月昼夜平"的说法？

太阳在天球黄道上的周年运动是一个视运动。实际上这种视运动，只是地球绕太阳运动的反映而已。地球由于受太阳的引力的作用，按照开普勒定律绕着太阳运行，一年（365.2422日）完成一周。地球绕行的轨道是个大椭圆，太阳位于椭圆的焦点之一。地轴与轨道成一个68°33′的倾角。

如图3-14所示，图中①②③④表示地球在其绕太阳的轨道上的四个位置，S表示太阳。

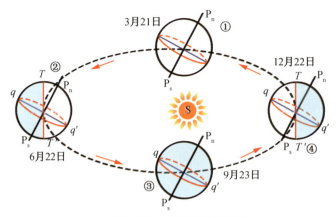

图3-14　太阳视运动示意图

当地球在位置①时，这时候是3月21日，这一天是春分。地球的赤道平面通过太阳的中心。从北极到南极的全部地区，太阳光都可以投射到，所有的纬度平行圈在任何时刻都有180°对着太阳；而且当地球自转时，每个经度圈上都有12个小时受到阳光照射，因此，各地的昼夜都相等。这个时间是农历的二月。

当地球到达位置②时，这时候是6月22日。地球的赤道平面与轨道平面交成23°27′的角度，而地轴对轨道平面的倾角为66°33′，并且北极倾向太阳。所以，北半球的纬度平行圈在任何时刻都大于180°的部分受到日光的照射。南半球的纬度平行圈对着太阳的部分则小于180°，见图3-14中阴影部分。从这里我们可以看出地球在位置②时，在北半球上任何地方随地球绕自转轴转一周，所经历的时间有大半受到阳光的照射，因此产生昼长夜短的现象。在南半球上的情况与北半球相反，产生昼短夜长的现象。

在6月23日这一天中午太阳将经过北回归线上观察者的天顶。

当地球在位置③时，该天是9月23日，地球的赤道平面将重新通过太阳中心，各地又皆是昼夜相等。这个时间是农历的八月，所以就有了"二、八月昼夜平"的说法。自古人们的谚语是，"春分秋分，昼夜平分"。

当地球在位置④时，该天是12月22日。太阳将在这一天中午经过南回归线上观测者的天顶。北半球将是夜长昼短，而南半球将是昼长夜短。

至于地球不在①②③④各位置而在轨道的其他位置时，所产生的不同现象，读者可以自行分析。

地球在轨道上最靠近太阳的点称为近日点；而在轨道上离太阳最远点称为远日点。地球在近日点时是在1月4日前后，这时公转速度较快；地球的远日点是在7月3日前后，这时公转速度较慢。这些日期在不同年份可以有三四天的变动。

如果留心观察太阳的运动，很容易发现太阳的正中午时的高度、太阳的出没方位和太阳每日在地平以上的位置皆在逐日变化着。例如北京五月份，太阳日出日落时间，每天变化1分钟。

我们知道了天球、地球的点、线和圆的互相对应关系，那如何来解决天体船位线呢？请看下面的内容。

2020年2月26日 天气晴

大清早，子涵就来电话，说给我们买了一袋子面粉和一袋子大米，让我到小区门口取，同时要我继续写讲义给他们。

关于天体的地理位置问题

要解决天体的地理位置，首先要有一个工具，那就是《航海天文历》。

《航海天文历》是一本书，每年按时出版。英版的由英国格林尼治天文台出版，我国的由我国紫金山天文台每年编纂，中国人民解放军海军司令部航海保证部出版。

我国的《航海天文历》中刊载有以不同日期和时间为引数的天体的天球位置，它由格林时角（GHA）和赤纬（Dec 或 δ）来表示。

《航海天文历》还刊载着太阳、月亮的出没，晨光昏影时刻，太阳、金星、火星、木星和土星的中天，以及北极星的方位角等。

晨光昏影——在日出前和日没后，有一段时间天空呈现微光，通常称为黎明和黄昏，在天文上叫作晨光和昏影。

如图3-15所示，格林时角是格林午圈与天体时圈在天赤道上所夹的弧距。它以格林午圈为0°向西算到天体时圈止，范围0°~360°，称为圆周算法。另外还有一种算法仍以格林午圈为0°，向西或向东算到天体时圈止，范围0°~180°，符号为西（W）或东（E），称为半圆周算法。

天体赤纬是天体时圈上的一段弧距。它以天赤道为0°，沿着天体时圈算到天体中心止，范围0°~90°。若天体在天赤道以北，称为北赤纬，符号为N；在天赤道以南，称为南赤纬，符号为S。

在图3-15中，天体 B 的格林时角，圆周算法为280°，半圆周算法为80°E；

赤纬是35°N。

由上述可知，某天体的天球位置是用格林时角和赤纬表示的。但是，该天体在地球上的投影点位置，也就是天体的地理位置，却是用经度和纬度来表示的。由图3-15可以看出，因为天球和地球之间点、线和圆互相对应，所以天体B的天体位置格林时角和赤纬，与天体B的地理位置经度和纬度，这两者之间有着下述对应关系：

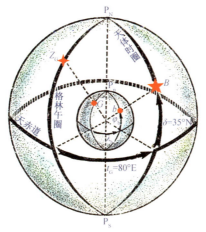

图3-15　图中b点的格林时角和赤纬示意图

经度λ＝格林时角t_G（半圆算法）

纬度ψ＝赤纬δ

所以，天体B的地理位置（b）为 $\begin{cases} 经度 = 80°E \\ 纬度 = 35°N \end{cases}$

这里还必须指出：首先，宇宙中的一切天体是不断运动的，它们的运动规律，我们可以不必去研究；其次，由于地球每天自西向东自转一周，使得所有天体都产生每天自东向西运行一周的相对运动，称为天体的周日视运动，它使得天体的格林时角发生有规律的变化。翻阅《航海天文历》就会发现，在不同时刻，某一天体的格林时角和赤纬并不相同。

泛读

英法两国的零度（本初）子午线之争

十九世纪初期，当海图得到各航海国的认可和普及后，国际上产生了一个不大不小的问题，那就是零度子午线究竟该设在什么地方？

那时候，每个国家都有自己的零度子午线，比如法国的零度子午线在巴黎，西班牙的加的斯。1881年的海图上共有14种不同的零度子午线。

这自然给全球航海活动造成了不少麻烦。

进入19世纪下半叶，随着国际贸易航海活动的增多，混乱的零度子午线所带来的麻烦到了难以容忍的地步，甚至还容易引发海难事故。于是在东西横跨57个经度的美国的提议下，1884年10月，世界上25个航海国家的代表在华盛顿召开第一次国际子午线会议。会议几乎一致通过将经过英国格林尼治天文台的子午线作为标准的零度子午线，经度向东向西两边各分为180°。就这样，新的标准的零度子午线光荣登场。

不过，法国以巴黎时间是欧洲大陆的标准时间为由，强烈主张将零度子午线设置在巴黎。但是，法国的提议没有得到其他国家的响应，最终法国只好投了弃权票。在华盛顿召开的会议结束后，法国仍然表示不服气，并仍以巴黎天文台作为零度子午线作基准。在27年之后，法国发表了巴黎天文台的平均时间比世界标准时间早9分21秒的声明，实际上承认了格林尼治的零度子午线。但时至今日，仍有法国的地图学者在地图上标上巴黎子午线。

关于船舶到天体地理位置的距离

如图3-16所示，假设已知天体对应地理位置b，船舶上的测者到天体地理位置b的距离为D_b，那么，以天体地理位置b为圆心，以D_b为半径，在海图上画出一个大圆圈，船舶的位置就一定在这个圆圈上。这个圆就称为天体船位圆。

若在同一地点观测到两个天体船位圆相交，则有两个交点，其中靠近推算大概船位的交点M，就是测者的天测船位。

天体地理位置b的求法已经知道了，但是船舶到天体地理位置b的距离D_b怎样求得呢？

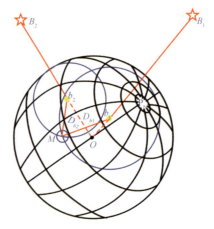

图3-16　船舶到天体地理位置的距离示意图

如图3-17所示，假设M点为船舶的位置，b为天体的地理位置，则弧距$\overset{\frown}{Mb}$就是船舶到天体地理位置的距离D_b。它可以用对应的地心角度来度量。航海上地心角度1′所对应的圆弧为1海里，故地心角1°对应的圆弧长应为60海里。

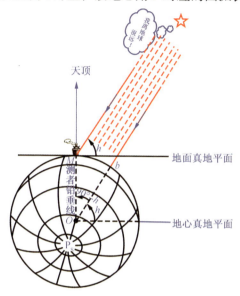

图3-17 计算天体真距离D_b示意图

因为测者不可能直接测得船舶到天体地理位置b的弧距$\overset{\frown}{Mb}$，所以需要观测天体后，通过公式计算求得D_b。

如图3-17所示，已知天体距离地球很远，地球的半径若与天体和地球之间的距离相比较，则地球的半径可以忽略不计。从天体射到地面船舶M的光线，可以认为是平行的。

地面真地平面直线与地心真地平面直线是平行线，根据平行线的性质，两个h角是同位角。海面上船舶M点看天体垂直夹角和假设测者在地心O处看天体垂直夹角彼此相等。

故天测时，将测者在地心O处看天体的垂直夹角，称为真高度h。这样，求D_b的数学公式应为：

$$D_b = \overset{\frown}{MB} = 90° - h$$

问题是，测者如何求得天体真高度呢？

在海上，船舶驾驶员看不到真地平面，只能看到水平线。因此，将水平线和测者眼睛作为平面，叫视地平面。

在观测工作中，船舶驾驶员用六分仪观测到的天体和视地平面之间的垂直夹角，称为观测高度 h'。通过修正改正量，就能够求得天体真高度 h。

在图3-17中，假设测得天体高度（h）=45°，距离 D_b=90°−45°=45°，若换算为海里，1°=60海里，所以 D_b=45°×60=2700海里。

这样问题就解决了。

上面阐述了天体船位线必须具备的两个条件——天体的地理位置及船舶到天体地理位置的距离 D_b。如果已知这两个条件，也就能在海图上画出天体地理位置 b，以天体地理位置 b 为圆心，D_b 为半径，画出一个圆，这个圆圈就是天体船位圆。

天文船位圆：

圆心——天体的地理位置；

半径——天体真高度=90°−h。

因此，天文定位的关键问题是求天体真顶距，即天文船位圆半径，以及观测时刻的天体地理位置，即天文船位圆圆心。这个关键数据顶距 h，是观测者用六分仪来测量的。

2020年2月27日 天气阴 有小雪

子涵来微信要我介绍一下六分仪。前面讲天体船位线提到了六分仪，它是个啥东西呢？

关于航海六分仪

什么是六分仪呢？

航海六分仪是一种反射镜类型的测角仪器，它的结构如图3-18所示。航海上通常用六分仪来测量天体与测者水天线之间的夹角，此夹角称为天体观测高度。

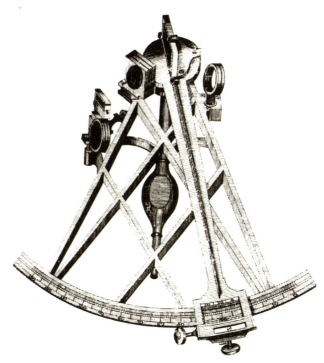

图3-18　一架老式的航海六分仪

1.航海六分仪的主要组成部分

航海六分仪由架体、光学系统和测角读数装置等三部分组成。如图3-18所示，光学系统包括望远镜、动镜、定镜和滤光片等；测角读数装置有刻度弧、指标杆、鼓轮和游标等。这些部件全部装在架体上，并通过指标杆将光学系统和测角装置连接成一整体。

2.六分仪怎样能够测出天体和视地平之间的夹角h呢？

如图3-19所示，测者如果将指标杆指在0°附近，并将望远镜对准被测量的天体，然后用左手移动指标杆，使得太阳光线先射到指标镜，再由指标镜反射到地平镜，地平镜又反射以后，也就是太阳光线经过了两次反射，测者就能从望远镜视野里看到太阳的反射影像。此时，用右手转动六分仪架体，使望远镜对准水天线。随着天体反射影像逐渐接近水天线，摆幅也应随之减小，等待天体反射影像在视野中央弧线最低点与水天线准确相切，直到在望眼镜视野中能够同时看见太阳的反射影像和水天线时为止，再转动六分仪鼓轮使太阳反射影像下边缘和水天线相切，即可读得太阳观测高度。

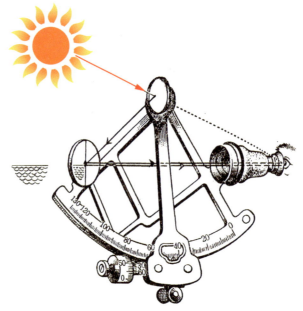

图3-19　使用六分仪观测太阳示意图

2020年2月28日

　　用天文方法测定罗经差，就是用磁罗经观测太阳或星体的罗经方位 CB，或用陀螺罗经观测太阳或星体的陀罗方位 GB。通常采用磁罗经瞄准测太阳的罗方位，并用《航海天文历》等计算方位，再用太阳真方位减去太阳罗经方位后，求得罗经差。

第三个问题，利用天体测定罗经差

用太阳真出没方位求罗经差

一、太阳真出没

在周日视运动中，太阳中心位于测者真地平圈，叫作太阳真出或真没。

由于太阳一天的赤纬变化很小，所以在测太阳真出没方位时可不记观测时间，只需根据测者的推算纬度φ和当天太阳的平均赤纬，便可简便而迅速地求得罗经差。当处于春分和秋分日（3月21日和9月23日）时，太阳真出时 A=090°，真没时 A=270°，求罗经差特别简便。

太阳真出没是指太阳中心刚好在真地平面上，即太阳真高度是0°（$h_t°=0°$）。实际上，因为观测者有一定的眼高以及太阳光线射进大气层后要产生折射，如图3-20所示，瞄准太阳真出没的最佳时机应在太阳下边缘离开水天线的距离约为太阳直径的三分之二时，太阳的真高度才是0°。

$\frac{2}{3}$太阳直径

图3-20　捕捉太阳真出没最佳时机示意图

二、求得罗经差的基本步骤

1.最佳瞄准

在太阳真出没时，因为太阳很接近水天线，所以观测方法和观测地面物标方法相同。如图3-21所示，只要将方位圈上的准星和照门对准太阳，当看到太阳被

图3-21　瞄准太阳真出（没）最佳时机示意图

准星和照门平分时，最佳时机便到了，即可从准星下面的三棱镜中直接读出太阳真出没的罗经方位。

为了求得比较准确的太阳罗经方位，观测太阳时应当注意使罗经保持水平位置，使罗经方位圈上的水平气泡位于中心位置。观测以后，应尽快记下船时，以便从海图上量得推算船位，或者尽快从GPS接收设备上读出当时纬度。

2.求罗经差

罗经差=真太阳方位−太阳罗经方位

例4：2006年3月20日ZT1800，船位：$\varphi_C33°25'.3N$，$\lambda_C122°36'.2E$，测得太阳真没磁罗经方位CB为267°.5，求罗经差ΔC。

解：根据2006年3月20日世界时10^h查《航海天文历》得太阳赤纬$Dec=0°.08'.3S$，于是得到$TB=269°.8$

罗经差=269°.8−267°.5=+2°.3=2°.3E

思考题：1.当太阳的真高度等于0°时称为_____。

A.太阳的视出没 　　　　　　　　　B.太阳的真出没

C.A和B都错 　　　　　　　　　　D.A和B都对

2.已知测者纬度等于30°N，3月21日测得太阳真没罗方位等于92°NW，则罗经差为_____。

A.+2° 　　　　　B.−2° 　　　　　C.+1° 　　　　　D.−1°

泛读

当写到利用太阳真出观测罗经差时，我想起了巴金的《海上的日出》。这段太阳真出的晨景，以日出为中心，直接描写海上旭日东升的情景，画面壮丽，气势磅礴，景色迷人，语言晓畅。

海上日出

为了看日出，我常常早起。那时天还没有大亮，周围很静，只听见船里机器的声音。

天空还是一片浅蓝，很浅很浅的。转眼间，天水相接的地方出现了一道红霞。红霞的范围慢慢扩大，越来越亮。我知道太阳就要从天边升起来了，便目不转睛地望着那里。

果然，过了一会儿，那里出现了太阳的小半边脸，红是红得很，却没有亮光。太阳像负着什么重担似的，慢慢儿，一纵一纵地，使劲儿向上升。到了最后，它终于冲破了云霞，完全跳出了海面，颜色真红得可爱。一刹那间，这深红的圆东西发出夺目的亮光，射得人眼睛发痛。它旁边的云也突然有了光彩。

有时太阳躲进云里。阳光透过云缝直射到水面上，很难分辨出哪里是水，哪里是天，只看见一片灿烂的亮光。

有时候天边有黑云，而且云片很厚，太阳升起来，人就不能够看见。然而太阳在黑云背后放射它的光芒，给黑云镶了一道光亮的金边。后来，太阳慢慢突出重围，出现在天空，把一片片云染成了紫色或者红色。这时候，不仅是太阳、云和海水，连我自己也变成光亮的了。

这不是伟大的奇观么？

2020年2月29日

今天晚上10点钟，程教授打来电话，互相问候，嘱咐多保重。我心里还在嘀咕，怎么这么晚了，老朋友还打电话？嗨，程教授在英国，英国还是大白天呢。

关于时间问题

日常生活中，我们能够感觉到时间和太阳运动有着密切的关系。人们最直接的感觉是，太阳每天早晨从东方升起，中午最热，经过测者午圈，傍晚又从西方降没；在半夜，经过测者子圈，于早晨从东方再度升起。如此有规律地每天从东往西绕地球一周的现象，我们称之为太阳的周日视运动。

它的实质是，地球每日"任劳任怨"地自西向东自转一周。在天文学上，将太阳相邻两次经过测者子圈所需要的时间，称为一个视太阳日。

已知，地球除了每天自转以外，每年还有围绕太阳一周的公转运动"任务"。地球公转的轨道是一个大椭圆，太阳就位于椭圆的一个焦点上，如图3-22所示。

由于人们在地球上感觉不到地球的公转运动，故地球公转至Ⅰ时，人们感觉到太阳位于春分点处；当地球公转至Ⅱ、Ⅲ、Ⅳ时，以此类推，人们感觉到太阳位于夏至、秋分和冬至各点。

为了研究问题方便，在天文学上，假定地球不动，而是太阳在围绕着地球做周年的相对运动，称为太阳周年视运动。

前面已经讲过，在天球上，太阳周年视运动的轨道，称为黄道。黄道与天赤道的交角为23°27′，称为黄赤交角。

太阳在黄道上周年视运动一周约365.2422日，故太阳在黄道上每日大约移动1°左右。但是，太阳在黄道上运行时的速度不是完全等速的，而是春夏较慢而秋冬较快。

如图3-22所示，由于太阳位于椭圆的一个焦点上，在春夏两季地球与太阳距离大于在秋冬两季。根据开普勒定律，地球在相等的时间内扫过的面积相等。地球和太阳距离近时的角速度就要比地球和太阳距离远时的角速度大。

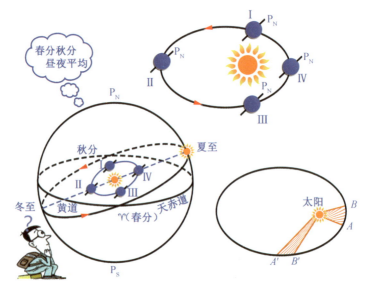

图3-22　太阳周年视运动示意图

换句话说，地球在相等的时间内所移动的弧长不相等，从图3-22中可见，弧长 $\overparen{AB}$ 显然不等于弧长 $\overparen{A'B'}$ 。

正因为如此，若用太阳运动来确定时间，则视太阳日就会有长有短，在日常生活和工作中使用它是很不方便的。为了解决视太阳日每天长短不等的问题，这就引出了平太阳时。

1.平太阳时

为了解决视太阳日每天长短不等的矛盾，在天文学上，就假设在天赤道上有一个匀速运动的太阳，人们称它为平太阳。平太阳相邻两次经过某测者子圈所需要的时间，叫作一个平太阳日。一个平太阳日划分为24平太阳时，一个平太阳时划分为60平太阳分。

用平太阳运动来确定的时间，叫平太阳时，通常用 T 表示，简称平时。假设平太阳是在天赤道上自西向东运行的，则它的速度等于真太阳在黄道上运行的平均速度。

如图3-23所示，它的算法是，以测者子圈为0时算起，向西算到平太阳时圈止，范围0~24小时。它就是我们日常生活中使用的时间。平太阳时、分、秒，还可以用度、分、秒来表示，其关系如下：

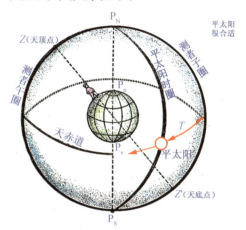

图3-23 平太阳时的算法示意图

因为，360°=24 h（小时）

所以，15°=1 h（小时）

1°=4 min（分钟）

15′=1 min（分钟）

1′=4 s（秒钟）

15″=1 s（秒钟）

平太阳时由于采取的经线基准不同，这就引出了地方时、区时和世界时。

2.不同经度上的时间——地方时

以测者经线为基准计算的时间，就叫地方时。它的算法是以测者子圈为0小时，向西算到平太阳时圈止，范围0~24小时。

由定义可以得到下述结论：同一瞬间，测者的经度不同，地方时也就不一样。所以在日常工作中，使用地方时是不方便的。这就引出区时的问题。

3.每个地区有自己的时间——区时

为了解决同一瞬间经度不同、地方时不同的矛盾问题，1884年国际时间会议采纳了区时的制度。

按照这个制度，将整个地球表面划分为24个时区，每隔15°为一个时区。如图3-24所示，即：零时区（0），东一时区（-1），……东八时区（-8），……东十二时区（-12）；西一时区（+1），……西十二时区（+12）。各时区的范围，均以时区内的中央经线为基准，包含向东、向西各7°30′（共15°）的范围。东十二区和西十二区仅7°30′。

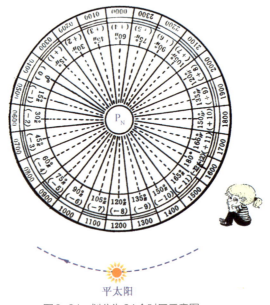

平太阳

图3-24 划分为24个时区示意图

在每个时区内都统一使用该时区中央经线的地方时，即以各时区的中央经线的子圈为0小时算起，向西算到平太阳时圈止，范围0~24小时，这个称为区时。区时的优点是，在同一时区，都统一使用该时区中央经线的地方时。

我国疆土辽阔，横跨五个多时区。现在都采用东八区时（-8），也就是通常所称的北京时间。其实该时不是北京的地方平时，而是东经120°的子午线上的地方时。

4.世界时

0°经线上的地方时叫世界时，也称格林尼治时间。它的算法是，由格林子圈为0小时算起，向西到平太阳时圈止，范围0~24小时。在使用《航海天文历》查天体位置时，就会用到世界时。它实际上也是零时区的区时。

例如，2016年，6月16日的船位经度为121°E，东八区的区时为12^{h}00^m，求世界时。

东八区时　　　1200　　　6月16日

时区号数　　　-8，世界时为：1200-0800=4 h

5.拨时钟

船舶上的时钟指示的是区时，由于相邻两时区的区时相差1小时，并且具有东大西小的关系，当船舶驶入相邻时区时，船钟应拨快或拨慢1小时：

船舶向东航行进入相邻时区，应将时钟拨快1小时；

船舶向西航行进入相邻时区，应将时钟拨慢1小时。

因为180°经线是东、西十二时区共用的时区中线，该经线的地方平时是东、西十二时区共用的区时，所以船舶由东十二时区进入西十二时区或反之均不用拨时钟，但日期相差一天。这就引出了日界线的概念。

2020年3月1日 庚子年二月初八

疫情严重，宅在家30几天了。有点度日如年的感觉。一步能跨过一天吗？

一步跨过24小时的地方——日界线

区时制的设立产生了日界线，日界线又称国际日期变更线。

这是为什么呢？

前已述及，当船舶向东航行从一个时区进入另一个时区时，船上的时钟必须拨快1小时。反之，当船舶向西航行从一个时区进入另一个时区时，船上的时钟必须拨慢1小时。

现在讲一个故事，某一轮船从上海港出发，经太平洋、大西洋、地中海、印度洋，再回到上海港，其航向皆是东行，船上的时钟要拨快24次共计24小时。当其回到上海时，有位新的领导上船，这是其第一个航次，发现船上的日期要比上海陆上快了一天。他去请教船长，船长一笑。

现在我们再假设另一艘轮船自上海港出发，驶过中国南海，进入马六甲海峡，经印度洋、红海、苏伊士运河、地中海，跨越大西洋、太平洋，最后回到上海港，则其航向皆是西行，船上时钟要拨慢24次共24小时。当其回抵上海港时船上的日期比上海陆上慢了一整天。

这样下来的结果，使得两艘轮船上的日期不但与上海不同，而且彼此也不相同。问题出在哪儿呢？

这个问题不可能出在别的时区，肯定是出在东十二时区和西十二时区的交界处。

船舶从东十二时区进入西十二时区或者从西十二时区进入东十二时区时，船上时钟不需要拨快也不需要拨慢，但是日期要更换一天。东行时日期应减少一天，西行时日期应增加一天。究其原因，我们来研究以下例题便可以知晓。

例如，1999年10月16日，世界时T_g=2300时刻，求对应时刻在东、西十二区的日期和区时。

东十二时区的区时为ZT（−12）=2300（16/10—1999）；

西十二时区的区时为ZT（+12）=2300（15/10—1999）。

从例题中可以看出在西十二时区是1999年10月15日，ZT是2300。所以在任何时刻两个时区的时间皆是相同的，而日期相差一天，东十二时区总是比西十二时区早一天。

所以，船舶向东航行穿过日界线，由东十二时区进入西十二时区，日期减少一天，或者说重复一天。

船舶向西航行穿过日界线，由西十二时区进入东十二时区，日期增加一天，或者说跳过一天，如图3-25所示。

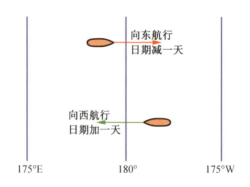

图3-25 船舶通过日界线时要变更一天

为了避免招致不必要的麻烦，这种时区的更换一般选择在半夜执行，由值班驾驶员记入航海日志。

东十二时区与西十二时区的界线被称为日界线。日界线的经线是180°。但是为了照顾到同一岛屿皆能在日界线的这一边或那一边，日界线是有若干曲折的。日界线的划分情况不但可以在时区图上找到，而且在较大的世界地图上亦可以看到。

泛读

"火星一号"为何选在2020年发射

2020年，在海南文昌发射场，"火星一号"由长征5号运载火箭送入火地转移轨道，然后大约飞行7个月后到达火星。之所以选择在2020年发射火星探测器，也是有原因的。这主要是跟地球与火星之间的距离有关。

地球与火星最近距离约为5500万千米，最远距离则超过4亿公里。两者之间的近距离接触大约每15年出现一次。1988年火星和地球的距离曾经达到约5880万公里，而在2018年两者之间的距离约5760万公里。但在2020年的8月27日，火星与地球的距离约5576万公里，是6万年来最近的一次。

这是发射火星探测器的最佳时间。在这个时间发射，探测器飞行的路线最短，也最省燃料。

2020年3月2日 天气阴

今天网上说新冠病毒是由蝙蝠带来的，对于这个我是不信的，但我知道蝙蝠的一些其他能力很强。

第四个问题，雷达定位

蝙蝠的导航能力绝不仅限于回声定位，它体内具有磁性"指南针"导航功能，可依据地球磁场从数十公里外准确返回栖息地。众所周知，蝙蝠是著名的"夜行侠"，虽然它的视力非常差，但其拥有超常的回声定位方法，仍可在黑暗中导航觅食。

航海雷达

雷达是一种无线电助航设备。它的作用距离相对较远，显示直观，使用方便。雷达能够在白天、黑夜和天气不良的条件下，迅速而不间断地测得物标的距离和方位，探明周围的海岸、岛屿及船舶等分布情况和航道水面情况。因此，有人称航海雷达为驾驶员的眼睛。

雷达是各类船舶不可或缺的主要助航设备，国际海事组织对船舶必须安装的雷达的数量与性能有明确的规定。

回音壁

你们去过北京的天坛吗？

那里有一座闻名中外的回音壁。那是我国古代劳动人民建造的一座圆形建筑物。无论你站在什么地方，只要你贴着这堵墙，喊一声自己的名字，那么几秒钟后你会再次听到你的名字，这个声音能在这圆形墙壁内久久回荡。

声音能够在这回音壁里回荡不已的奥秘是什么呢？这是声波顺着这个圆形墙壁不断反射的缘故。很多科学仪器和设备正是根据这种原理制造出来的。船舶导航雷达就是其中之一。

下面就引出今天的学习内容：航海雷达原理。

航海雷达定位基本原理

航海雷达发射的电磁波是频率大都在1000兆赫兹以上、波长为几厘米的微波，电磁波传播和遇到物标后反射的速度是一样的，为每秒30万公里。

1.测距原理

雷达的测距原理跟蝙蝠探测目标的方法相类似。不同的是，雷达发射的不是超声波，而是无线电脉冲波；雷达工作时，并不是无休止地连续发射电磁波，因为雷达是通过接收发射出去碰到物标后反射回来的电磁波来测量物标的距离的。

雷达反射的电磁波是等间歇的、很短促的一小束。每次反射的时间仅仅只有几分之一微秒。

雷达在1秒钟内反射的电磁波有数千次，不过每两次反射有一定的时间间隔。也就是说，雷达前一次电磁波发射后，要等它传播到我们所要求的距离处，碰到物标后反射回船上雷达天线后再发射第二次电磁波。

因此，我们只要知道电磁波往返于雷达天线与物标之间的时间Δt，就可以根据下式求出物标与雷达天线间的距离了。

$$d=c\Delta t/2$$

其中，d为船舶与物标之间的距离；c为电磁波的传播速度，约为3×10^8米/秒；Δt为电磁波往返时间。

当然，如此短促的时间是不能用普通的计算器计算和控制的，而是由雷达中专门装置的芯片来进行的。

总之，雷达测距的原理是利用发射脉冲与接收脉冲之间的时间差，乘以电磁波的传播速度，从而得到雷达与目标之间的精确距离。但雷达并非能测量所有的物标距离，也可能遇到盲区。

所谓盲区，就是雷达不能测得的近距离，通俗说"灯下黑"，如图3-26所示。使用雷达时，要注意盲区。

图3-26　雷达的"灯下黑"——盲区

2.测方向的基本原理

目标方位角的测量原理是，利用天线的方向性，雷达天线将电磁能量汇集在窄波束内，当天线波束对准目标时，回波信号最强，根据接收回波最强时的天线波束指向，就可确定目标的方向。

雷达根据发射电磁波和接收回波测定物标至雷达的距离，同时通过天线所处的方向确定物标的方向。

由于需要知道船舶周围的海岸、岛屿以及船舶等物标的分布状况，所以雷达天线大约以每分钟20转的速度旋转。这样，天线在某一个方向上发射电磁波和接收回波，通过雷达接收机芯片的处理，在荧光屏上从中心开始的相应方向上和距离处显示物标的亮点，如图3-27所示。图3-27（a）所示是实际物标，图3-27（b）是物标在荧光屏上显示的示意图。

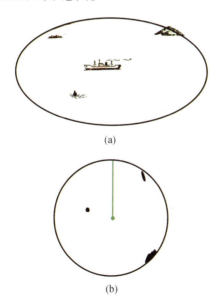

(a)

(b)

图3-27　雷达荧光屏显示物标亮点示意图（中心线代表本船和航向，船右后侧是小岛，前右侧是目标船，左侧是礁石）

雷达探明物标在海上的位置后，荧光屏上就显示出本船中心到某物标或者几个物标的距离与方位，根据陆标定位原理和方法就可以在海图上画出船位。

航海雷达定位——学习了蝙蝠的本领

荧光屏上显示了物标的雷达影像，定位起物标来是比较容易的。这是航海常用的定位方法。

1.雷达测距离定位

利用雷达测得一个物标的距离后，就可以在海图上以该物标为圆心，以所观测到的物标距离为半径，画出一个距离圆圈。船位就在这一距离圆圈上的某一点上。如果在雷达上同时测得两个物标或两个以上物标的距离时，则可以画出两个或两个以上的船位圈，这些船位圈的交点就是观测时的船位所在，如图3-28所示。

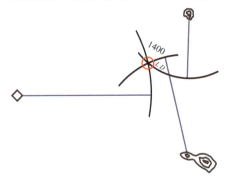

（a）雷达三距离船位圈的交叉点——船位

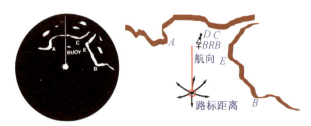

（b）雷达荧光屏显示及海图作业

图3-28　三距离定位、雷达荧光屏显示及海图作业示意图

2.雷达测方位与距离定位

雷达既然可以测出物标的方位和距离，很自然就可以利用这一特性来确定船位。这样即使只有一个物标，也可以定出船位，即在同一时刻测得某一物标的方位和距离后，先在海图上画出观测物标的方位线，然后在方位线上量取观测物标的距离，即可得到观测时刻的船位。例如，测得某岛顶角方位是45°，距离是4

海里，据此就可以画出船位，如图3-29（a）所示。

使用雷达测得物标的距离，再用方位罗经测得其方位，也可以确定船位。这也是驾驶员经常使用的方法之一。例如，使用左舷分罗经测得物标方位是300°，雷达测得距离是3海里，据此就可以在海图上画出船位，如图3-29（b）所示。

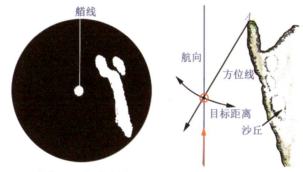

（a）用雷达测得某岛顶角的距离和方位及海图作业

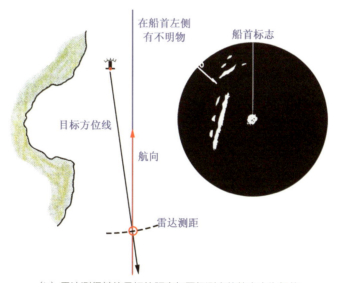

（b）雷达测得某信号标的距离与罗经测方位的交点为船位

图3-29 雷达测方位和距离定位示意图

航海上使用雷达定位的优点：一是，通常来说雷达观测物标的距离比罗经观测方位准确度要高一些；二是，罗经观测方位受罗经误差的影响，而雷达观测方位则不会。

雷达在导航定位方面还有许多用途，例如，探测狭水道航行的方位避险线等。这里不过多地讲述。总而言之，在航海上使用雷达定位是良好的方法之一。

2020年3月2日 天气晴

　　《人类简史》里提到，这个星球未来的主人会是什么样？这完全取决于今后拥有数据的人。控制数据的人，不仅控制了未来，也控制了生命的未来。因为数据会是未来世界上最宝贵的资产。在古代，土地是最贵重的资产。因为太多的土地集中在少数人手中，所以人被分为平民和贵族。

人造卫星定位——船舶的大数据仓库的全球定位系统

　　"全球定位系统"毫无疑问是一个大数据概念。

　　利用太阳和星星定位是最早期的定位方式，肯定是全球性的，只不过不是所有气象条件下都适用。目前，新型的全球定位系统的全气候的、24小时的定位导航资源由政府和军方控制。

　　通用术语GPS（Global Positioning System）称为全球定位系统，是对美国、俄罗斯和中国等卫星系统的统称。它是具有全球连续定位和高精度的三维定位的卫星导航系统。美国的系统更准确地应被称为导航星GPS，全称为导航卫星定时和测距全球定位系统。中国是北斗导航系统。俄罗斯的GLONASS，应统称为全球人造卫星导航系统。

　　导航星、北斗和GLONASS等都是专门提供真正全球性业务的，设计的工作原理相似。将来会有新的更好的全球定位原理和系统出现。

　　目前，GPS卫星导航系统基本上都由空间部分、地面部分和用户接收设备三个系统组成，如图3-30所示。

　　它的工作原理是什么呢？

　　地面部分的支援网监控卫星，并根据测算结果向卫星群提供时间改正量参数、卫星星历等信息资料。

　　为了导航，空中部分是卫星群，每颗卫星发射一串唯一编码的序列，允许进行卫星的识别，计算到它的距离，以及由它解码的数据。导航星系统发射频率有两个波段，对准 L_1=1575.42 MHz 和 L_2=1227.60 MHz 两种载波频率的信号波段，并且基于10.23 MHz的原始时钟频率。利用调制技术，每个信号都具有一个叠加在载波上的序列，如图3-31所示。

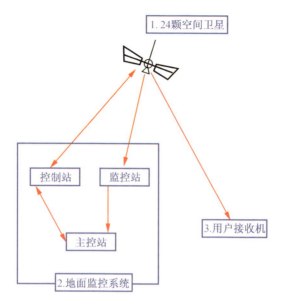

图3-30 全球卫星系统框架示意图

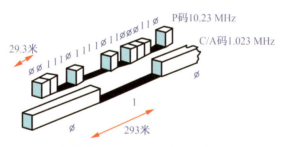

图3-31 P码和C/A码调制示意图

这些调制是以编码的方式出现，一种精确码（P）和一种清晰/获得编码（C/A）。这些编码也被称为精确定位业务和标准定位业务。L_1载波存在两种编码调制，而L_2仅包含P编码。

用户设备部分接收空中卫星发射的信号和信息，求得卫星的位置；利用时间差信号和数码信息测量卫星到测者的距离，并解算出用户的地理位置和速度等参数。

显然，GPS全球定位系统是人类导航史上的一大里程碑，它的出现不仅给航海、航空提供了极大的方便，使其他的定位导航系统几乎成为辅助，甚至摆设，而且给人们的工作、生活带来了极大的便利。

1.空间部分（又称空间导航卫星群）

目前，GPS系统的空中部分由21颗卫星和3颗活动的备用卫星所组成。

实际上，空中24颗卫星等间隔分布在6个轨道平面上，轨道倾角为55°，每一轨道上有4颗卫星，为了在任一颗卫星发生故障时也能提供可能最好的覆盖，这种卫星布局是最佳的设计，如图3-32所示。卫星被安置在非常高的极轨道上，高度约20200千米，6条覆盖全球，运行一周约12个小时（717.88分钟），每颗卫星绕地球运行两圈时，恰好地球自转一周。

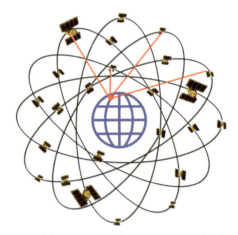

图3-32　空间24颗卫星群有6条卫星轨道及分布示意图

这样可以保证在全球任一时刻、任一地点至少能够同时观察到仰角大于5°的4颗卫星；在地平线以上至少可以观测到5颗卫星，最多可以看到11颗卫星。

通常，其他6颗卫星为预备队员。

2.地面部分

GPS系统的地面部分又称地面支援网。它由主控站、监测站和注入站组成，如图3-33所示。

①主控站

主控站设在位于美国科罗拉多州的法尔孔空军基地的联合空间中心。主控站从各监测站收集跟踪各种导航数据，对卫星轨道参数、时间偏差进行评估，并计算出各卫星的原子钟的校正量、卫星历书、卫星星历、系统状态，然后变成导航信息码，送到注入站。

②监测站

监测站又称跟踪站，分别设在夏威夷、斯普林斯、阿森松岛、夸贾林环礁上。

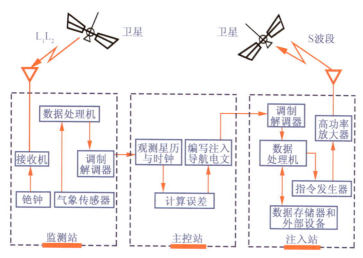

地面监控系统框图

图3-33　GPS系统地面控制部分示意图

监测站设置有精确的原子钟和精准的GPS接收设备，可随时跟踪卫星的各种运行状况。所测伪距每1秒更新一次，电离层和气象数据每15分钟平滑一次。它的主要任务是接收包括环境数据在内的卫星的各种信息，并将测得的信息传送到主控站。

③注入站

注入站又称为地面天线，分别设在阿松森群岛（大西洋）、迭戈加西亚岛（印度洋）、卡瓦加兰岛（北太平洋）。

它的主要任务是，将导航信息注入卫星，每天1至2次；测量和预报卫星轨道并对卫星上的设备工作进行控制管理，通常包括跟踪站、遥测站、计算中心、注入站及时间统一系统等部分。

3.用户定位设备

用户定位设备实际上就是GPS定位的接收机。它基本上由定时器、数据处理器、计算机和显示器等组成。它将接收卫星发来的微弱信号进行放大处理，从中解调并译出卫星轨道参数、计算卫星轨道位置和定时信息等，同时测出导航参数，如距离、距离差和距离变化率等；再由计算机计算出用户的地理位置坐标（二维坐标或三维坐标）和速度矢量分量。

目前，用户定位设备可分为船载、机载、车载等。船载的GPS接收机除了显示地理位置经、纬度外，还给出船舶的航速及罗经差等信息，使用极其简便。

卫星定位基本原理

　　GPS的定位原理，简单来说，和雷达测距定位的原理基本雷同。GPS是一种测距定位系统，利用测定轨道卫星信号的传播延时，即电磁波在空间的传播时间，计算出轨道卫星与用户之间的距离，以精确测定用户的三维地理位置和三维速度以及时间参数。测定出用户到两颗卫星以上的距离，就可以得到以卫星为球心、以卫星到用户的距离为半径的三个球面，其交叉点就是用户的三维地理位置。如图3-34所示，这是两颗卫星的距离船位圈。

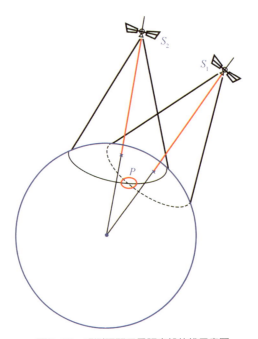

图3-34　观测两颗卫星距离船位线示意图

　　ct是卫星到用户的距离。已知，c是电磁波的传播速度，是常数，$c=3×10^8$米/秒。以第一颗卫星的空间位置为圆心，以S_1到船舶的距离为半径，在地球上画出第一个船位圆；以第二颗卫星在空间的位置为圆心，以第二颗卫星到船舶的距离为半径，画出第二个船位圆，它们在地球上的交点P就是船位，如图3-34所示。

　　这里的关键就是求出卫星的轨道空间位置和卫星到用户的距离。已知，电磁波的传播速度c是常数，就剩下求卫星到用户电磁波的传播时间和卫星在空间的位置了。

　　从图3-34可知，P的位置是GPS接收机当前要确定的位置，假设卫星S_1、S_2为本次定位要用到的两颗卫星。

那卫星S_1和卫星S_2的空间位置信息从哪里来呢？

　　实际上，运行于宇宙空间的GPS卫星，每一个都在时刻不停地通过卫星信号向全世界广播自己的当前位置的坐标信息。任何一个GPS接收器都可以通过天线很轻松地接收到这些信息，并且能够读懂这些信息。

　　这其实也是每一个GPS接收机中计算机芯片的关键技术之一。GPS接收机利用卫星发送的轨道参数，可以直接由一组公式计算出卫星在空间直角坐标系中的三个坐标。这就是位置信息的来源。

S_1和S_2的这些与用户的距离信息从哪里来呢？

　　我们已经知道每一颗GPS卫星都在"不辞辛劳"地广播自己的空间位置信息，那么在发送位置信息的同时，也会附加上该数据包发出时的时间点。GPS接收器轻松接收到数据包后，用当前的时间减去时间点上的时间差，就得到数据包在空中传输所用的时间。

伪距的测量

　　一个伪距实质上是用米为单位表示的在卫星和接收机之间无线电波的传输时间，如图3-35所示。实际上编码中包含一个发射时钟的快照，通过利用编码P或C/A码获取信息。将这一时刻与接收时刻接收机的时钟相比较，从而测量出时间与距离。

　　图3-35中上一行是接收到的卫星C/A伪码信号，下一行是接收机产生的伪码信号，它的起点时间、格式与卫星的伪码信号相同，因而由接收到的卫星C/A伪码信号相对于接收机产生的伪码信号的时间延迟Δt，就可以得到卫星与用户接收机之间的距离，这种未经修正的距离称为伪距。也就是说，要得到更精确的距离还需要进一步修正。

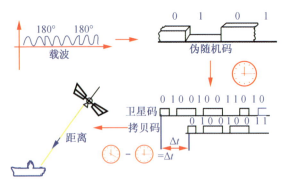

图3-35　GPS接收机求解时差Δt的示意图

知道了数据包在空中的传输时间Δt，那么乘上电磁波的传播速度，就是数据包在空中传输的距离，这也就是该卫星到GPS接收机的距离。

位置的计算

上文只是谈论两颗卫星距离船位的基本原理。实际上应用的GPS接收机，通常是以处理4颗卫星的信息来求解定位的，如图3-36所示。前面讲到，为了确定在地球表面上一个唯一的点，要取一条以上方位线或者至少两条距离线。为了利用卫星计算位置，要求解4个未知量X、Y、Z和T，即三维坐标（位置）和时钟偏差Δt。

为了独立计算这一问题，要观测4颗卫星，给出4个距离去求解4个未知量。这个数量能够通过接收机在计算以前先解出未知量中的一部分而减少。

例如，船的高度已知，那么就只有3个未知量，这就只需要观测3颗卫星。以此类推，少一个未知量就可少观测一颗卫星。

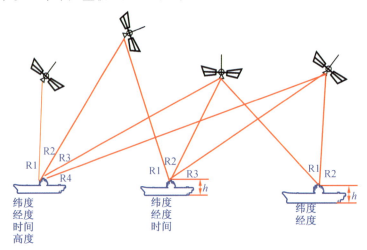

图3-36　通用的GPS接收机伪码测距方法框图

在航行过程中，GPS定位系统能够实时提供给船舶地理位置（经、纬度）信息，结合计算机中储存的航行路径中各转向点的地理位置信息，可以给出各种用于纠正航行偏差、指导正确航行航向等导航数据。

总之，包括我国北斗在内，全球定位系统是目前最为精确、应用最为广泛的定位导航技术。

随着智能航运的发展需要，对全球定位系统和全球卫星通信等大数据系统提出了更高要求。

思考题：如图3-37所示，简单谈谈未来船舶与全球网络通信数据系统和全球定位的关系。

图3-37 未来船舶与全球网络通信数据系统和全球定位的关系示意图

2020年3月4日 天气晴

　　昨天上午翻阅资料，突然看到2002年3月《中国交通报》刘静记者对我的采访发稿——《与其小心驶好万年船，不如放心掌好信息舵》。这提醒了我，今天写船舶自动识别系统（AIS）的内容。

船舶自动识别系统（AIS）

近年来，我们的世界正在发生翻天覆地的变化。试想一下，未来会发生什么呢？AIS是新产物。AIS是一种新型的集网络技术、现代通信与导航技术、计算机技术、电子信息显示技术为一体的数字助航系统和设备。

AIS配合全球定位系统和陀螺罗经，将船位、航向、船速、航迹向等航行相关动态信息，船名、识别码、船型、呼号等船舶静态资料，以及船舶吃水、目的港和所装货物种类等与安全有关的航程信息，通过甚高频（VHF）频道向附近水域船舶及岸台广播，使邻近船舶及岸台能及时掌握附近海面所有船舶的动、静态信息，使大家得以立刻互相通话协调，采取必要的避让行动，如图3-38所示。

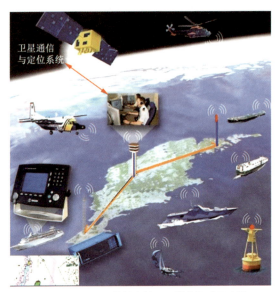

卫星通信与定位系统

图3-38　新型网络技术的AIS基本组成示意图

为了保证船舶交通的安全性和高效率，船舶之间相互了解对方动态和静态信息是很有意义的。雷达曾是船舶用以掌握其他船舶的动、静态信息的主要手段，但雷达不能识别船名，无法知晓他船的操船意图。无线电话甚高频（VHF）是沟通和了解对方船舶的信息和操船意图的有效工具，有时因语言交流上的问题而不能及时沟通，因此船舶自动识别系统就派上了大用场。

那它有什么功能呢?

AIS能够实现在一定范围内所有安装无线电应答器的船舶之间相互"看得见"。船舶之间"看得见"，就意味着不需人为介入便能够连续交换重要的航行数据。其中最重要的数据包括船名、船籍、船位、船速、航向等。只有当这些信息可自动、连续地传送给所有船舶，AIS才可称为自动识别系统。由AIS的组成可见，如果每一艘船都安装上AIS，船舶会遇时就可把本船的航行信息发射出去，并接收周围其他船舶发来的航行信息，这会给海岸和港湾的船舶管理及海上船舶的航行和避让带来方便。

AIS信息的重要内容有哪些呢?

（1）静态信息：呼号及船名、船长、船宽及船舶类型、无线电定位仪天线在船上的位置。（2）动态信息：船位、真航向、对地航速、船首向、航行状态。（3）与航次有关的其他信息：船舶吃水、危险货物的种类（按管理当局要求）、目的港及估计到达时间等。AIS实际显示的信息如图3-39所示。

图3-39 AIS实际显示的信息（图片来源：董老师）

AIS有哪些应用呢?

（1）基于AIS的新型船舶避碰专家系统，为船舶防止碰撞提供了方便；（2）AIS在船舶交通管理中得到应用；（3）基于智慧互联网技术的AIS将实现多部门的资源共享；（4）与电子海图、全球卫星通信、全球卫星定位等技术集成新型船舶通信导航系统；（5）AIS在搜寻和救助工作中发挥积极作用等。

随着信息技术、云计算、大数据以及卫星物联网技术的发展与进步，更加智慧的新型AIS系统将会问世。AIS在船舶智慧运输中将继续发挥出更大的作用。

思考题：AIS的基本功能有哪些?你认为未来AIS的发展方向是什么?

在航海中船舶操纵问题也是很有意思的，欲了解这些知识，请看下一讲。

_____月_____日　星期_____ 　　　　　　　　　　　　　　　　　　　　天气_____

第四讲

操纵——

怎样让船停靠得更顺利

在科技进步如此之快的今天，船舶操纵的演变，是人类思想大跨度前进的展现。

2020年3月5日 天气阴

　　今天是学习雷锋的日子，上午到社区做义工，帮着封闭小区站站岗，做了一个多小时就不让干了，理由是年龄大。

6月30日，天气晴

　　今天是我离开家的第56天。0535，亚得里亚海滨吹着三四级的偏南风，这是一个晴朗的早晨，我们来到了意大利的东大门布林迪西港。轮船的汽笛长鸣两声，划破了宁静的长空，她那洪亮的声音唤醒了布林迪西港的清晨。

　　一会儿的工夫，引航船驶过来了。年轻的引航员登船后，跟船长寒暄几句后，重点询问了本轮的车、舵和锚状况。

　　半个小时后船靠好码头。我给儿子发了一张我在船尾指挥带缆的照片。

　　从本篇日记可知，车、舵和锚对于船舶操纵的重要性。现在开讲船舶操纵问题。

　　操纵船舶要达到安全迅速，就必须掌握车、舵、锚、缆和拖船在使用中的规律，以及考虑风、流等因素对船舶运动的影响。本讲的内容，就是有关这些方面的普遍规律。

第一个问题，车舵效应——体现着鱼鳍的作用

　　车和舵是船舶操纵中关键性的工具，它们在船舶操纵中的效应相互影响又各具特点。

舵

　　海洋由于受地球自转和太阳热辐射的影响而产生海流；还有受引潮力的影响，出现涨潮退潮；气象的变化，导致产生波浪等。在如此繁杂的因素混在一起的大海里，舵是保护高效航行非常重要的工具。操舵设备发生故障，船就难以航行，只能随波逐流。因此，现在远洋船舶按照规定必须装置备用舵。

　　人类从古代就注意研究鱼的动作，发现鱼是依靠摆动鱼鳍改变前进方向的，于是受到启发，逐步发明了舵。

舵设备是操纵船舶的主要设备，用于保证船舶在航行中保持和改变航向。

一、舵的选择

舵利用流经船（和舵）的水流的反作用力，在船尾产生横向的转向力矩。这个力矩在一定范围内随舵角的变化而变化。通常满舵的舵角为35°。舵上水的压力，除了与舵角和水流的相对速度有关外，还与舵的面积成正比。海洋中有海流，如果随意扩大舵的面积，船受水流的影响会相当大，便很难保持直线航行。但是，如果舵过分小，由于螺旋桨就在附近，其旋转引起的涡流又会影响舵的功能发挥。因此，设计人员应该考虑如何解决舵的尺寸和形状对舵效的影响问题。

舵通常安装于螺旋桨后方，如图4-1所示。影响舵效的第一因素是船舶水下侧面积（W，船长乘以吃水）与舵的面积（R）的比值。船舶的类型不同，舵的面积占船舶水下侧面积的比例也不同，一般为1.5%至8%，或者W/R等于50至75，舵效比较理想。

舵杆设置在舵导边后方25%至40%的位置。舵大多数是空心的，内部在水平与垂直方向上进行加强。

船舶前进时，打左舵使船向左转向，打右舵使船向右转向。这是为什么呢？请看下面的内容。

图4-1　船舶舵与螺旋桨位置示意图

二、舵的效应
（一）舵效是什么呢？

舵效是如何产生的呢？船舶在航进中产生一股向后的相对水流。同时，螺旋桨"不辞辛苦"地转动，也产生一股向后的排水流。当船长命令打一下右舵或左舵时，舵有一舵角θ，如图4-2所示。

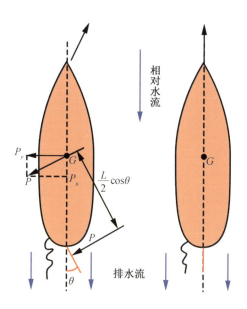

图4-2 舵转动θ角所产生舵效示意图

船舶后退产生向前的相对水流，和螺旋桨倒车的吸入流同一方向。当有一舵角时，如图4-3所示，这两股水流对舵的背面产生原舵力，对船舶重心G产生的力矩使船首向转舵的反方向偏转。这就是所谓的倒车反舵。

一位老船长直言，倒车使船身开始后退时才有反舵效；正舵时，舵面左右两侧的水流压力相等，不产生原舵力。

舵效的好坏由几个因素决定，这里只讨论与舵角θ大小的关系：一般与舵角的大小成正比。

如图4-3所示，我们可以得到回转力矩：

$$M_{\mathrm{p}} = P \cdot \frac{L}{2}\cos\theta$$

其中，P为舵产生的原舵力，L为船长，θ为舵角。

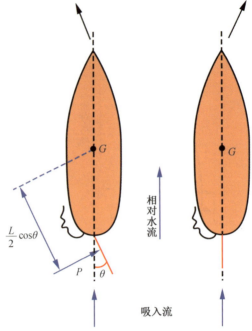

图4-3 船舶后退时"倒车反舵"示意图

从上式可见，舵角θ从0°到45°，M_p随着舵角增大而增大；实验证明航速不变时，舵角在33°和40°间M_p最大，舵效最好。一般船舶设计时，满舵舵角都在35°左右。

2020年3月6日

　　上午跟刘院士通电话，除了互相问候外，他还讲了些智能船舶的发展和自己的相关研究项目，未来船舶高度智能化是发展的趋势。我认为船舶高度智能化，甚至无人船舶，都离不开最基本的船舶操纵基本原理。

船舶旋回性能的试验——船舶旋回圈

船舶以固定的舵角（通常是满舵）和固定车速旋回时，其重心运动的轨迹称为旋回圈。通过测定船舶旋回圈可求得船舶的旋回要素，这对于驾驶员正确操纵是十分必要的。

1.船舶旋回要素

如图4-4所示，进距L_2，是指转舵时船舶重心位置到航向转过任一度数时重心位置之间的纵向距离。

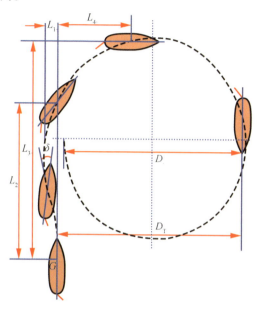

图4-4　船舶旋回圈及其旋回要素

最大进距L_3，是指当船舶转过90°时重心移动的纵向距离，约为3~6倍的船长。

横距L_4，是指转舵时船舶重心位置到航向转过90°时重心位置之间的横向距离，约为最大进距的50%。

旋回初径D_T，是指刚转舵时船舶重心位置到航向转过180°时重心位置之间的横向距离，约为4~8倍船长。

旋回直径D，是指从航向转过180°起到转过360°时重心之间的横向距离，约为旋回初径的90%，约为船长的4倍。

2.船舶的旋回性能问题

（1）船速越大，旋回能力就越强，高速船旋回所需的时间比低速船短。

（2）车速不变时，舵角越大，旋回圈越小。

（3）旋回中，由于水的阻力增大，船速降低。转过90°前，船速约降40%；

转过180°后，约降30%。

（4）风、流、浅水等自然因素对船舶运动的影响，使旋回要素有所变化。例如顺风或者顺流旋回，前进距等将增大；又如浅水中水的阻力变大，舵效差，旋回圈相应增大。

（5）船舶在旋回中，由于离心力作用，船体向外横倾。开始时，横倾度急剧增大，有些船舶可达10°~12°。若急行回舵，舵面的压力突然消失，会使横倾更大。高速、大舵角旋回，横倾度大。因此，船舶在大风浪中调头不能满舵快车，以防产生严重横倾而于横浪中倾覆，必须降速，转小舵角，回舵也需缓慢。驾驶员应切记。

船舶完成一个旋回的时间大约需要5到10分钟，完成时该船大概位于起始航迹的内侧。船舶满载时的旋回圈比空载时大，旋回时间也长。右旋单车叶的船舶，一般向左转比向右转更好些。

2020年3月8日

今天上午，跟余船长通电话。余船长在远洋船上做了15年船长，现在已退休。我们30多年没有见面了，电话中叙叙旧十分开心。关于船舶操纵，他讲到了车和舵的应用。

车的效应

为使船舶获得某一恒定航速，需要外力加在船上，通常此力由船舶本身的动力源提供。推进系统一般包括船舶主机、减速系统，还有螺旋桨主轴和螺旋桨。

什么是螺旋桨？

船用螺旋桨是指靠桨叶在水中旋转，将发动机转动功率转化为推进力的装置。螺旋桨分为很多种，现在越来越复杂。

螺旋桨也称车，由桨叶和桨毂组成，如图4-5所示。桨叶固定在桨毂上。桨毂中心有锥形孔，以便使艉轴后部穿入。艉轴后部也加工成圆锥形，并刻有键槽。艉轴圆锥形后端有螺纹，当它穿入桨毂后用螺帽旋紧，使桨叶不致脱落。为了减少阻力，螺帽外端罩以整流罩，一般使用的材料是铸锰黄铜。

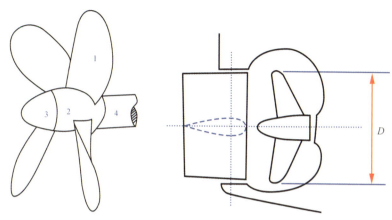

图4-5　螺旋桨几何形状(1—桨叶；2—桨毂；3—整流罩；4—艉轴；D—螺旋桨直径)

螺旋桨是船舶的典型推进器，历史悠久。最早的螺旋桨用于1839年英国"阿基米德号"蒸汽船上，那是一个长长的像螺丝钉的木制螺杆。

1843年，英国海军在"雷特勒号"舰上，第一次以螺旋桨代替明轮，随后斯密士设计了20艘螺旋桨舰。

1843年，美国海军建造了第一艘螺旋桨船"浦林西登号"，它是由舰长爱列松设计的。在爱列松的积极推广下，美国相续建造了41艘民用螺旋桨船，最大的排水量达2000吨。

为什么船舶推进器不像飞机一样安装在船首？

首先，假定使用那样的形式，把螺旋桨安装在船舶的前端。问题来了，由于螺旋桨的转动，船舶前方周围就要出现涡流，流体的流向受到干扰而形成没有一定方向的紊流，波浪就会此起彼伏，把船的周围包围起来。在这种状态下，船体将会受到阻力，船速就会一落千丈，推进器效率就会降低。其次，螺旋桨安装在船首时，万一触礁或与他船相撞，可想而知，螺旋桨会首先毁掉。这对于航行在海洋的船舶来讲是致命的。此外，在入港停泊时，装在船首的螺旋桨也会成为障碍物，使得船难以顺利靠码头。综上所述，螺旋桨安装在船尾是最合适的。

一般，采用单螺旋桨的船舶称为单车船舶，采用双螺旋桨的船舶称为双车船舶。

单车船舶的螺旋桨，按其旋转方向，可分为右旋式和左旋式两种。所谓右旋式，是指人站在船尾朝船首方向看，当开前进车时，螺旋桨做顺时针方向旋转，开倒车时做逆时针方向旋转。反之称为左旋式。目前大多数商船都采用右旋式单车。

双车船舶的螺旋桨，按其旋转方向，可分为外旋式和内旋式两种。所谓外旋式，是指开前进车时左车左转，右车右转。反之称为内旋式。一般双车船、舰多采用外旋式。

船为什么左舷容易靠码头？

螺旋桨的转动，除了产生推进力使船前进或后退外，还会使船首向左或向右偏转。右旋单车船，正舵时，船在静止中开前进车，船首出现向左的偏转，这种现象随着船前进速度的增加而逐渐减弱；船在静止状态中开倒车，船首出现向右的偏转，这种现象十分显著。

余船长告诉我说，在船没有相当的后退速度以前，打右满舵也压不住它。

上述偏转现象对于船舶操纵的影响很大，它是螺旋桨转动时产生的侧压力等因素综合作用的结果。现简单分析一下。

所谓侧压力，是指螺旋桨转动过程中，桨叶打水就必然受到水对它的阻力，这种水的阻力对船尾产生反作用力，这个力称为侧压力。

当开进车时，如图4-6（a）所示，螺旋桨的桨叶按顺时针方向旋转，螺旋桨上方的叶片向右转动，水的反作用力 P_1 推船尾向左；下方的叶片向左转动，水的反作用力 P_2 要推船尾向右，由于水的压力与深度成正比，所以 $P_2>P_1$，结果是推船尾向右，则船首向左偏转。

当开倒车时，如图4-6（b）所示，原理相同，方向相反，仍然是 $P_2>P_1$，结果推动船尾向左，则船首向右偏转。

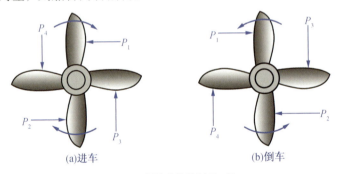

(a)进车　　　　　　　　　(b)倒车

图4-6　螺旋桨旋转时 $P_2>P_1$

螺旋桨左右水平位置上的叶片，向上和向下转动，水的反作用力 P_3 和 P_4 使得船尾上下振动，对于船舶的偏转无影响。

假设是空船，船舶吃水浅，螺旋桨叶片的上部时而露出水面，反作用力 P_1 会更小，因此，侧压力所产生的偏转现象更为明显。

右旋单车船舶开倒车时侧压力使船首右偏转的运动规律，常常被船舶驾驶员运用于船舶操纵。

这里余船长给出了两个实船的例子。

题1 在无风和无流的好天气情况下，左舷靠码头，如图4-7所示，可使船与码头成20°角左右，以剩余速度接近。然后，正舵、全速开倒车，后退三（位置2），利用倒车侧压力使船首右偏转，到船身逐渐与码头平行，同时又达到船身被拉停。

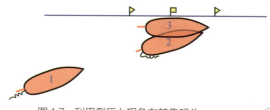

图4-7 利用侧压力现象左舷靠码头

题2 在狭窄水道内利用倒车侧压力作用，进行右转掉头，可以缩小旋回范围，如图4-8所示。船舶在位置1处，进车打右舵；在位置2处，倒车（后退三）左满舵，使船在后退中船首继续右转；到位置3处，再用进车右舵（右满舵），必要时可反复几次，顺利完成掉头操纵任务。

这就回答了船舶为什么左舷容易靠码头。

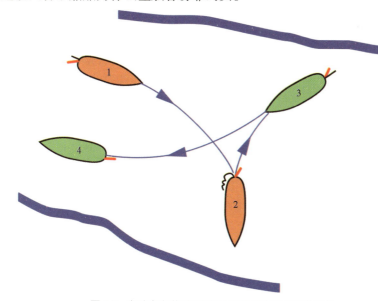

图4-8 在狭窄水道利用侧压力现象进行船舶调头操纵

简单小结一下，对于右旋单车船舶在无风、无流影响时的车舵综合效应可有几个普遍规律。一是船舶静止中开前进车：正舵船首左转；左舵船首左转；右舵船首右转。二是船舶静止中开倒车（后退）：不论打什么舵，船首右转。三是前进中开倒车（后退）：不论打什么舵，船首右转；当船舶有相当后退速度时，右舵船首左转。

上面所述是右旋单车船舶车舵效应的普遍的、一般性的规律，但它不是绝对的。对于具体的一艘船而言，它的车舵效应必有它本身的特殊规律。

对于左旋单车船舶，通过分析研究其诸方面的力的作用，可以得出其车舵效应的一般规律与右旋单车船舶相反，自己试分析一下。

2020年3月9日

船舶速度与冲程

一、船舶速度

1.额定船速

所谓额定船速，是指在额定主机功率与额定转速以及水深足够的条件下，船舶所能达到的静水中航速。额定船速是船舶在静水中可提高的最高航速。投入运营以后，由于主机性能变差以及船体老化，额定船速将逐渐下降。

2.海上船速

通常，由于海上自然环境复杂，为了确保长距离的安全航行，必须留有适当的主机功率储备。因而，主机的海上常用功率比额定功率低些，一般情况下，轮机长认为可靠的功率在额定功率的90%左右；相应的海上主机的常用转速为额定转速的95%~97%。这样所得到的船舶静水中速度，称为海上船速。

3.航速的测定

船舶驾驶员至少要掌握本船在前进一、二、三时的主机转数和相应的速度（不计风和流的影响），这对于船舶操纵是很重要的。

例如在锚地，以前进一顺流行驶，已知本船前进一车的转速为60转/分，相应的速度为5.5节，当时的流速为1.5节，则可知本船当时的实际航速为：5.5节+

1.5节=7.0节。

在某些锚地，设有测速立标供船舶测速之用，如大连港锚地三山岛测速标。

测速时，船以稳定的车速，沿海图所示的航线驶入测速场，记录各对测标串视的时间，按照海图所示各对测标间的距离来换算速度。

一般在无风、无流影响时进行测速，测两次，求出平均值即可；在有海流影响时，若顺流、逆流往返求测时的流速是均匀的，则测三次；若流速不均匀，应测四次，其目的都是让可能产生的误差影响最小。可按下列公式计算：

（1）求各单次的速度 v_i（节）

$$v_i = \frac{S \times 3600}{t}$$

其中：S——两测标之间的距离（海里）；

　　　t——该次观测测标的时间间隔（秒）。

（2）无风、无流时，测2次。

$$v = \frac{v_1 + v_2}{2}$$

（3）流速均匀时，测3次，2次顺流、1次逆流，或反之。

$$v = \frac{v_1 + 2v_2 + v_3}{4}$$

（4）流速不均匀时，测4次。

$$v = \frac{v_1 + 3v_2 + 3v_3 + v_4}{8}$$

二、船舶冲程

船舶有制动装置吗？若先从结论说起的话，那就是目前船舶并没有装配堪称制动闸的停船装置。即使船的轮机能够急停车，要使船舶像汽车和电车一样瞬间在水面上停下来几乎是不可能的。

这就引出了船舶冲程的概念。

船舶冲程是指船舶在航行中停车或者倒车，直至船完全停住，这段时间内船舶前进的距离。

作为船舶驾驶员，掌握本船的冲程，对防止碰撞事故发生十分重要。在靠泊操纵、狭窄水道航行以及雾中航行时，都要求驾驶员能够根据本船在不同速度下的冲程，来决定当时应采取的车速和决定停车、倒车的时机。

紧急停船时，为缩短冲程，需要采用倒车制动。前进中的船舶由进车改为倒车，主机需要换向，一般需要较长时间。从前进三到后退三所需时间一般约为1.5小时。一般货船的倒车冲程可达6~8倍船长，10万吨的船舶可达10~13倍船长，约3千米。

排水量40万吨的超级油船，假设按照15节的航速在满载原油的状况下航行，突然停车后退三，则还要向前行驶约4.5千米才能最终停船。

一艘排水量12万吨、航速17节、船长259米的油船，急速停车冲程大约为2.5千米，时间为11分钟。

由此可见，正常航行的船舶要停住是件很不容易的事情。

2020年3月9日

今天是庚子年二月十六。我已经46天没出门了。继续完成子厚和子涵"布置"的"家庭作业"。

第二个问题，锚、缆和拖船在船舶操纵中的应用

锚、缆和拖船在船舶操纵中发挥着重要作用。但是，在情况急、距离短和受力大的条件下，使用锚、缆及拖船，如果操纵不当，就很容易发生事故。

锚的应用

1.什么是船舶的锚？

锚是船舶锚泊设备的主要部件。锚是能够抓入海底泥沙的钢铁结构物。古代的锚曾是一块大石头，或是装满石头的篓筐，叫作"碇"。碇用绳拴住沉入水底，依其重量使船停泊。

锚泊时，锚的抓力与卧底锚链的抓力构成了锚泊力，以抵御风、流等对船舶的作用。

一般情况下，船有两个艏锚，有的船上还有一个艉锚。配备两个艏锚是出于安全考虑的，正常情况下配备一个锚就足够了，在恶劣天气下两个锚是必需的。而且，如果一个锚出了故障，就可以使用备用锚。当一个锚丢失时，一般情况下，船舶是不允许出港的。

说到锚，我就先讲一下它的历史。公元前2000年，在地中海有过光荣航海史的腓尼基人曾使用过三角锤形的石锚。它可能是迄今为止发现的最古老的锚。

公元前500年，在古希腊曾经有人使用过中央装有岩石的木制四爪锚。公元100年左右的罗马帝国时代，人们开始把比重较大的铅装于锚柄上。

十八世纪，开始使用锻钢锚柄，锚开始出现了各种各样的形状。总之，到十九世纪止，船舶使用的锚全部是有杆锚。

从二十世纪初期到现在，最常用的无柄锚，又称山字锚、霍尔锚。霍尔锚为第一代现代标准型无杆转爪锚。这种锚的特点是锚的主干和锚爪用铰销接头连接。锚的制作简单、收藏方便、抓力较大，抓住性良好，是大中型船舶主锚的选择对象。

现在，几十万吨的大型油船（VLCC）也是使用这种无杆锚。

其抓力为锚重的2~4倍。各船舶所用锚的锚重和大小不一样，例如，某15万吨船，其锚约重18.5吨。

斯贝克锚在霍尔锚的基础上改良后得来，其锚头的中心位于销轴中心线至下方。其结构特点是锚冠处装有锚冠板及加强肋。因此，这种锚爪极易转向地面，稳定性更好，而且收锚时，锚爪自然朝上，并且接触船壳板即翻转，不会损伤船壳板。图4-9所示为斯贝克锚。

图4-9　斯贝克锚（图片来源：子孟）

规范要求，每个艏锚都需要船级社颁发关于种类、使用材料、质量和试验结果的证书，同样的要求也适用于锚链。

2.什么是锚链?

锚链通俗说就是拴着锚连接到船的铁锁链。锚链是连接锚和船体的铁锁链，主要用来传递锚的抓力，以抵消外力对船舶的作用，保障船舶能够安全地停泊于指定的海域。

锚链起自锚链舱，经锚链管、锚机上的锚链轮，再通过锚链筒与锚相连接。锚链由有挡链环组成，挡是为了避免链节的纠缠。

锚链的大小是以普通链环的直径d来表示的。普通链环的直径是衡量锚链强度的标准。锚链的长度以节为单位，整条锚链由若干节链连接而成。我国的规范规定每节锚链长27.5米（15拓）。

节与节之间采用可拆的连接链环，或者采用连接卸扣连接起来。在每节锚链上必须做上明显的标记，以便船舶驾驶员迅速掌握抛锚和起锚时锚链松出或绞进的长度，如图4-10所示。

图4-10　某船修船时的锚链与锚（锚链上红点是每节锚链标记）

3.锚的主要用途

锚的用途，可以分为锚泊和用锚协助操纵两大类。

一是抛锚停泊，船舶不是航行就是停靠泊，有相当一部分时间要在锚地抛锚；二是抛锚控制船的速度，多用于港内航行紧急避碰或靠泊船的剩余速度太大时；三是抛锚掉头，一般用于狭窄港航道掉头旋回范围有限的情况下；四是抛锚控制船首偏转，靠泊时，用以阻滞船首太大角度或太快偏转。

4.操纵中用锚的使用注意事项

（1）要控制松链的长度。抛锚控制船速或顺流抛锚掉头时，松锚链入水的长度约为水深的2~3倍，如水深10米，则松锚链1节半入水。当一个锚的力量不够时，要毫不犹豫地抛下第二个锚，特别是船速较大的情况下。

（2）掌握抛锚滑行的距离。锚抛出后，船将凭余速拖锚滑行一段距离，而后锚才抓牢。余船长说，在实际船速为1.5节时，应松锚链2节在甲板，一般5万吨船拖锚滑行约150至200米，但是这些数字要凭经验积累，每艘船的情况有差异。

（3）要选择抛锚掉头区域。掉头区域应足够宽敞，其长度约需要4倍船长，其宽度约需要船长加80至100米。

（4）开锚的链长。余船长说，在那些有流的港口，为驶离码头操纵方便，一般要求靠泊后能够将开锚绞起，因此开锚松链不宜过长，超过2节就很难绞起。

缆绳的应用

靠离码头操作中，要求能够及时带上第一根缆绳和迅速解开最后一根缆绳，并做到绞得动、挽得住、溜得出。在每次操作之前需要明确交代任务，充分做好准备，船首、船尾和驾驶台要相互配合。

一、航海上的系缆名称

一般大型船舶靠码头的系缆如图4-11所示，它至少包括头缆两根、艉缆两根，以及前、后倒缆各一根；风大流急时应适当增加，如吹开风时，前后各增加横缆至少一根。

（a）几万吨船靠码头需要几根粗大的缆绳

（b）几万吨船舶靠泊需要四根粗大的艉缆

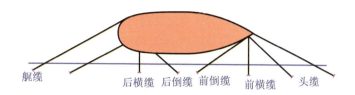

（c）船舶各系缆绳的航海技术名称

图4-11　缆绳

二、靠离码头中运用缆绳的注意事项

1.靠泊时关注的问题

靠码头先带什么缆、带缆动作的快慢，都关系到整个靠码头操纵能否顺利一次完成。

余船长说，在一般情况下，顶流靠码头应先带头缆，以防止船舶后缩；当靠比较短的码头时，如某些国外浮码头，头缆系缆桩在距离很远的岸上，带缆很费时，则应事先在二舱附近处的出缆口，准备一根临时顶水缆，大副称它为坐缆，以代替头缆，迅速带在浮码头最近的系缆桩上，如浮码头的缆桩上，靠妥后再向岸上另带头缆，如图4-12所示。

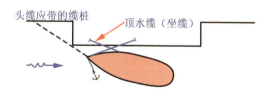

图4-12　在头缆系缆桩远时，先系一根坐缆示意图

吹拢风靠码头时，应先迅速带头缆，然后带倒缆，同时绞紧使船首贴靠码头，用以阻滞船尾被风吹拢的趋势，如图4-13所示。

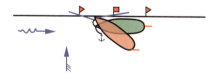

图4-13　吹拢风靠码头应迅速带头缆然后带倒缆示意图

在吹开风靠码头时，在大副指挥下，应先迅速带前横缆，然后带头缆，同时

尽快绞紧挽桩，以防止船首靠到码头后又被吹开。

2.离码头时的单绑问题

为了离泊时解缆迅速，在离泊准备就绪后进行单绑工作，即先解去不太必要的缆绳。需要码头方的工作人员积极配合。

一般情况下，离码头单绑，前面仅留外档头缆和前倒缆各一根；后面在顺流时，留一根艉缆，顶流时留一根倒缆；静水港口则根据风向而定。

3.利用前倒缆开车甩尾的操纵问题

余船长说，这是离码头常用的一种方法。这种情况下，要特别注意的是前倒缆的受力。

余船长说，应熟知本船缆绳的受力强度情况，选择强度足够大的缆绳；为了增加回转力矩，应使前倒缆尽量贴近船边，与水平面的夹角尽量小，一般可将前倒缆带在近船中部位的码头系缆桩上，如图4-14所示。

船舶操纵中必须做到使前倒缆缓缓地受力并一次吃紧。具体而言，开动车前先将前倒缆收紧，先用微慢车，见倒缆开始受力即停车；当缆绳逐渐拉紧，船首开始向码头靠拢时，要毫不犹豫地再用慢车，操纵里舷打满舵，使缆绳一次吃紧，以防倒缆一松一紧，损坏缆绳。

图4-14　利用前倒缆开车甩艉操纵示意图

对于艏部瘦小、两舷侧外扬的空船，或者是吹开风时船未紧贴码头，为了防止动车后船首甩向码头，可预先绞头缆，使船首贴靠在码头后，再开车甩艉。开始时，里舷打舵的舵角也不宜用得太大。

现在多数船是球鼻艏船型，用这种方法时，最好实地观察好码头的具体条件，不能盲目采用开车甩艉的操纵方法，防止球鼻艏压碰码头，造成双方受损。

靠离码头船舶操纵中，缆绳的作用是很重要的。粗重的大缆绳的解缆和系缆都需要船上的绞缆机，如图4-15（a）所示。

操作缆绳是船舶驾驶员靠离码头和系浮筒的基本功，平时应多积累实际经验。图4-15（b）所示为忙碌的码头系缆桩。

（a）船舶绞缆机通常是由水手长或木匠操纵

（b）无名英雄——系缆桩（四条重重的缆绳都系在一个系缆桩上）

图4-15 绞缆机和系缆桩

2020年3月10日

小船帮大船——关于拖船的应用

随着船舶的大型化和专业化，一般船舶靠离泊都需要或港口指定必须要拖船协助，以确保船舶和泊位的安全。大船与拖船进行协同作业需要双方驾驶员密切配合。在作业前，双方应当研究操纵方案，做到心中有数。

根据不同的情况和任务，拖船的使用方式通常有拎拖、顶推和傍拖三种。

一、要控制好拖缆的角度

在拎拖中，当拖缆与大船的艏艉线之间有一夹角时，如图4-16所示的 A 角，拖缆上的拖力 F 可分解为纵向分力 F_1，它使得大船前冲或后缩；横向分力 F_2，它使得大船偏转。拖角越大，则横向分力 F_2 就越大，大船偏转更快；拖角越小，则纵向分力 F_1 就越大，大船前冲或后缩就更快。

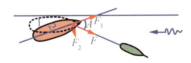

图4-16　大船的艏艉线与拖缆之间有一夹角时的拖力 F 分解

在拎拖掉头时，应尽量减小大船的前冲或后缩，所以，随时用车、舵来控制本船的船位，随时调整拖角的大小，使拖力最大限度地用来拖大船偏转。

二、要把握好拖缆的长度

为了保证拖船的操纵灵活性，并发挥好拖船的有效拖力，拖缆的长度应能够保持其与水平的夹角 B 不大于15°。一般情况下，大船船首距水面高度与拖缆长度之比为1：4，如图4-17所示，但最短也不应小于50米。拖缆越短，其水平角分力越小，因而使拖力受到损失，同时其倾斜力矩也就越大，容易发生横拖。

图4-17　拖缆的长度要适宜

三、拖船的拖力估计

对于港口拖船的拖力应有所了解。目前港拖船主要有可变螺距推进器拖船（俗称CPP）、平旋推进器拖船（俗称VSP），还有Z型传动推进器拖船（俗称Z型）等。拖船的拖力以全速系桩试验测得的拖力为代表，称为拖船的标准拖力，一般可按内燃机每100匹马力（IHP）合拖力为1吨来估算；一艘6600IHP内燃机拖船的拖力约合66吨。

2020年3月11日

让我们先看一位船长的日记

5月8日　天气晴

船舶经马六甲海峡，驶进中国南海，进入祖国的海洋，很有亲切感。船舶经过了长途跋涉之后，今天终于驶入湛江港。直到船舶带上最后一根横缆，在船员的心理中才算安全抵达彼岸，回到祖国怀抱。在没有外部条件重大变化的情况下，船员放松了高度警惕的心理，消除了风浪和摇摆的海面带来的威胁，没有了避让他船高度紧张的神经，船员心中充满安全踏实感。除了有两位船员要回家休假，其他的船员陆续登陆游玩。

船舶靠、离码头和锚泊的操纵

一、船舶靠码头的操纵

这次的内容是以右旋单车船为例，叙述如何运用船舶操纵的基本知识进行靠、离码头以及锚泊等实际操作。

1.操纵前的准备

余船长曾跟我说，靠码头前必须要了解以下几个方面：

一是要知道流的动向。掌握航道及码头涨落水的流向、流速以及转流的时间。考虑是否需要掉头、靠拢时的角度大小以及能否在靠泊时避免遇到转流。当不能避免转流时，要做好潮水涨落时靠泊的最佳方案。

二是要了解风的变化。掌握港内风向、风力。应注意有些港口风向多变，有些港口港内外风向不一致。要结合本船载重情况和受风面积，考虑风的推移及其对船舶偏转的影响。

三是要知晓码头的状况。掌握所靠码头的方向、结构、长度、水深、前后障碍、泊位的档子的大小以及引航站的情况等，还要考虑浅水对操纵的影响，结合风、流与码头的状况考虑靠泊时的方法。

四是要掌握港口的情况。熟悉进出港口航道、AIS、禁止抛锚港章港规、港口信号的使用以及代理商等，进行必要的全船部署，以防出现疏忽，造成紧张失误，特别是第一次去的港口。

将这些信息连贯起来进行综合分析，决定靠码头操纵方案，做好车、舵、锚、缆、拖船及信号等靠泊一切准备工作。同时将方案与老轨、大副、二副和三副进行沟通。

2.靠码头的操纵要领

在有流的港口，除了风和流反向外，一般都是顶流靠泊；在静水港，一般都是顶风靠泊。

靠码头操纵过程中，主要掌握好停车淌航，摆好船位，控制余速和把握靠拢角这三个环节。下面分别进行简要分析。

一是停车淌航，摆好船位。淌航是靠泊操纵的第一步，必须为下一步操纵创造有利条件，即淌航应最后能使船到达最有利的靠拢的位置，也就是预定抛开锚的位置，即抛锚点。

余船长说，具体的做法是：通过预定好抛锚点，选定前方任意一对物标组成临时的叠标。在淌航中，始终保持船位在叠标串视线上，这样既可以防止船过早轧拢，又能使船到达抛锚点。

现举例如下，如图4-18所示。

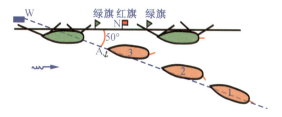

图4-18　通过临时叠标淌航到达抛锚点示意图

在位置1开始停车淌航，同时从驾驶台某一固定位置看港池内预定抛锚点A，设选在码头N红旗与船首在绿旗中间横距80米处，以此两点定一条直线，沿着它的延伸线，寻找前面两个物标，如图中泊位前面的大船的烟囱及码头上的仓库W，组成了临时叠标，保持船位在叠标串视线上，即位置2；引导船驶入泊位外档到达抛锚点A处，即位置3。

选择抛锚点应考虑具体的风、流的强弱、方向，靠拢角度，余速大小等因素。要考虑抛下开锚后拖锚滑行至锚吃力时，船首与码头间尚有15米左右的安全横距，留有开车拖锚的余地。

二是控制余速。余速是指停车淌航时的船速，是相对岸的速度，余速太快容易出事故，原则上要求在能保持舵效的基础上，余速越慢越好。根据当时的风、流的强弱以及本船的舵效，掌握好停车的时机，通常情况下，在扣除顶流影响后，可根据冲程的长短来决定。余速太大，可用倒车控制，也可用早拖锚控制。

三是把握靠拢角。船淌航至泊位的外档，靠向码头时，船的艏艉线与码头之间所摆的角度即为靠拢角。靠拢角的大小取决于船与风、流的角度，原则上使船与风（或流）的夹角越小越好。

靠拢角的大小调整可用车、舵操纵，松紧锚链来实现。大型船舶则需要拖船协助。调整靠拢角度宜早不宜迟，如果等到船已经进入泊位档子才动车增加舵效来调整角度，必将增大冲势而陷入被动。实际上，现在大都靠拖船帮助调整。

靠泊操纵是实践性很强的操作，淌航、余速和靠拢角三者相互联系，在实践中应注意总结分析，积累经验，以提高操船水平。

余船长讲了一个案例：

假定的条件是：驾驶台在船中部的货船，万吨级右旋单车；泊位水深15米。顶流，流速2.5节，左舷靠泊。

（1）客观条件：流速2至3节，风力微风，满载，天气晴，泊位前后已有靠泊船。

（2）步骤如图4-19所示，在位置1，停车淌航，以N与上端绿旗中间横距80米为抛锚点；在位置2，前进一右满舵，以保持船在串视线上为宜，逐渐减小船舶与流的交角；在位置3，船身拉平，保持与下端泊位上的大船的横距不少于60米，倘若余速太大，及早用倒车控制，要保持极微的余速进入泊位档子；在位置4，左满舵，做成约10°的靠拢角，利用流压以及余速使船渐渐横入；在位置5，船首横入至抛锚点，立即抛锚1节，必要时压右满舵以便减少角度；在位置6，在锚吃力前，及时左满舵，必要时前进一以防止船身后缩及锚吃力将船首拉向外；在位置7，略松锚链1节入水，拉平，带缆。这里需要码头人员积极配合，既快又稳地带缆。

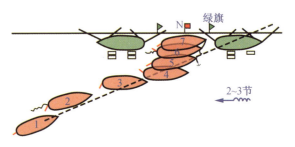

图4-19　左舷顶流靠泊案例示意图

讨论一下：一是控制余速问题。重载船舶惯性大，若余速较大，应在进入泊位前就用倒车控制一下，掌握船在档子前一个船的长度处达到余速接近消失且同时船身已拉平。二是靠拢角问题。若是靠嵌档的码头，这里指泊位前后有船，泊位档子长度比本船长度富余只有20%多点。不能过早向里舷打舵，以防被流压向下端。没有把握时，要靠拖船协助。先带船首的缆绳，以防止船尾过早甩入。三是进入泊位档子后运用倒车问题。在有流的港口，特别是满载时流的影响较大，左舷靠泊，应充分估计靠拢角越大，流水的压力也就越大，倒车侧压力效应相对就越差的问题。当然，有拖船协助，这些问题比较容易解决。

2020年3月12日

今天上午，我与顾院士通电话，交流思想。他是一位很有成就的医学教授、院士。

放下电话后，我简单总结了几句话，不知是否准确。在疫情面前，一个人的生命是脆弱的。一个人的生命需要无数资源补充、滋养和润化，一个医者的合格与成熟需要知识与实践的支撑，也需要与患者及家属人群不断地沟通、互通，秉持医道，建立起共同面对疾病的信心。

我想，操纵船舶也必须细心认真，与各方面有效沟通。操纵船舶也是有"温度"的。

二、离码头

1.准备工作

离码头前，有必要做一些准备工作。一是实地考察港内风、流、码头以及潮汐的情况，了解泊位档子前后余地、缆绳的强度和角度等；二是根据客观实际制定离泊的方案，一切就绪后进行单绑工作；三是凡用拖船协助的，都要与拖船驾驶员沟通操纵方案，做到双方步调一致，行动统一；四是单绑后，应注意港内船舶动态，见有进出船舶，宁等三分，不争一秒，不要急于抢在空档中对遇，以免在操纵过程中增加碰撞概率。

2.操纵要领

根据是船首先离、船尾先离，还是平行离泊，来决定操纵方法。

船首先离码头的方法，称为艏离法。在风流较弱、顶流、吹开风，泊位前方比较清爽，且船首离开码头约15°角时，在车舵不会触及码头的情况下，可采用艏离法。

那什么是吹开风呢？从岸上吹向水里的风就叫吹开风。

船尾先离码头的方法，称为艉离法。船尾先离时车舵机动比较方便，不会受码头的妨碍，大型船舶使用此法较为普遍。

为了保护车舵，一般离码头都将船尾甩出一定角度后再摆出船首。要控制好前冲后缩问题。一般泊位档子内活动余地有限，而船的惯性一经产生又不是一下子能克服的，因此在离泊过程中对船位的前冲后缩应估计到位。一般顶流离泊，后面位置要宽些；顺流离泊，前面位置要宽些。克服前冲后缩的方法有及时滞、溜缆绳和使用车、舵控制，视具体情况选定。如图4-20所示，离码头时，船员正在紧张地收起缆绳。

图4-20　船上系缆，这根缆绳有多重——谁干谁晓得（来源：上海海事大学官网）

什么叫溜缆？离泊时，艏部或者艉部最后一根缆绳，有时用来阻滞船首、尾偏转，或者控制船身的前冲后缩。溜缆多用于中小型船舶。

无论艏离还是艉离，其摆离码头角度的大小应视当时外力影响以及随后的操纵需要而定。

靠离码头时，码头方的协助很重要，比如解缆、带缆以及拖船的使用等。我想起了一张老的宣传画，如图4-21所示，码头的工人师傅们很开心地为船舶提供带缆服务。

图4-21 迎千轮送万船，码头工人满怀喜悦心情迎接归来靠岸的船舶

（来源：上海港务局第九装卸区顾顺元）

小结：船舶靠离码头，就像医生治病一样是有"温度"的。车、缆、舵及拖船都用好，是需要"火候"的。船长和引航员时常把船当成纸糊的，小心翼翼地操纵船靠好码头。

2020年3月13日

　　意大利的恐怖信息接踵而至。单位也发来微信，嘱咐不要去单位。原本小周约我今天要去公园散步，此时看来不行了，只好电话谢绝，还是在家"抛锚"吧。这也是完成"作业"的好时机。

锚泊

什么是锚泊呢?

在航海上，抛锚是船舶驾驶员很平常的操作。

锚泊要求锚抓住海底，抓力能够承受住风、流作用，使船不产生位置移动。

影响锚抓力的因素有：海底地质、地势；松链长度；风、流的强度以及所采用的锚泊方法；操作是否符合当时当地的客观外界规律。

锚泊的准备工作

1.要选择安全的锚地

选择锚地时应当认真研究海图和航行资料，一般应考虑以下四点。

一是水深情况。锚地的实际水深至少为船舶吃水的1.5倍再加上2/3的最大波高；或在低潮时仍然具备20%吃水的富余水深；如果锚泊时间较长，应以低潮时实际水深为准。

二是船的旋转范围。风、流向的改变，使船旋转，旋转范围的半径约为松链长度加上两倍的船长。例如，松锚链4节，船长250米，则旋转范围的半径为27.5×4+250×2=610米。以本船为圆心，以610米为半径，在海图上画一个圆，这个圆称为安全旋转圈。

在这个圆的范围内及其附近应无暗礁、沉船、浅滩等障碍物，应离开附近的锚泊船舶。

三是海底地质的情况。要求锚地海底应比较平坦，倘若坡度太陡，则锚可能滑到低洼处而发生走锚。

锚的抓力随地质的不同而不同。泥、黏土底抓力好；泥沙、泥石等次之；沙或贝壳底抓力差；小石子、岩石底不宜抛锚。

四是避风条件问题。通常讲避风港，是指不受风的影响，可安全抛锚的港口锚地。所以锚地应尽可能符合避风的要求。避台风则宜在四周有陆地或者岛屿的地方，如胶州湾、大连港锚地都是较好的避风锚地。

锚泊导航计划

为了使船能够在预定的抛锚点锚泊，在到达锚地前，应根据本船的操纵性能及客观条件做好锚泊导航计划，导航的方法可因地制宜选用几个物标的方位导航，或者用雷达单物标方位距离导航。当然这是传统经典的方法，现在GPS和差分GPS定位都很准确、方便。另外在许多港口都建立了船舶交通服务系统（VTS），应尽可能选择VTS服务系统中的锚地。VTS可对锚泊船舶的锚位进行监控服务，及时发现走锚等。

下面举例说明传统锚泊导航计划。

如图4-22所示，①灯标方位010°，距离1.5海里，右舵转向；②利用叠标A和B串视方位340°，灯标方位030°，航向340°，慢车航行；③测得灯标方位070°，可以停车淌航；④在030°方向有山峰C，A和B物标的串视方位340°，C和D山峰的水平夹角100°，这时候下锚，适当倒车，松出所需节数的锚链。

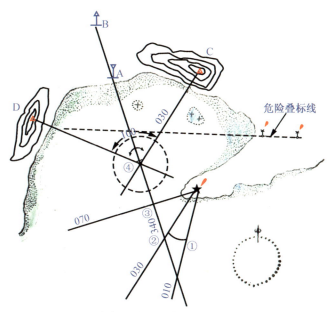

（a）传统锚泊导航计划示意图

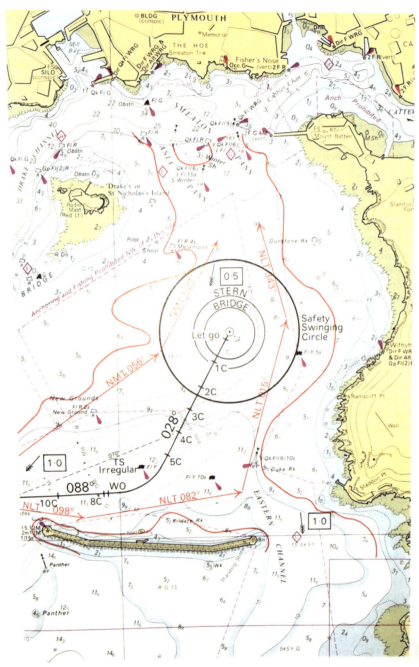

（b）传统锚泊导航计划实际海图作业示意图（英文）

图4-22　锚泊

一位优秀的船长在锚泊时，会认真准备，精心计划，使锚泊操纵更高效，安全性更强，万无一失。

锚泊操纵法

底质、水深、链长等决定后，要得到良好的抓力，就应使锚能够抓住海底，锚杆躺平，锚链在海底铺成一线。因此，松锚链时需要保持船有一微弱的后退或前进的速度，船停止不动时不宜松锚链，以防锚链堆在一起而缠住锚杆或使锚链本身打结。但是，船速又不能太快，以防断链。

1.单锚泊的操纵

船舶使用一只锚进行锚泊称为单锚泊，如图4-23所示。单锚泊一般采用顶流加后退抛锚法。

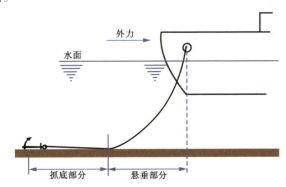

图4-23 一只锚下水就可以拖住万吨轮——单锚泊示意图

锚泊时间不长，例如上午暂时抛锚，下午就靠码头，或锚地宽阔、风浪不大，多用单锚泊。

余船长说，单锚泊一般是顶流或顶风，采用后退抛锚法。当船首接近预定抛锚点时，稍用倒车使船微退。同时转一舵角使船首与流成10°左右交角，抛出上风锚，如图4-24所示。

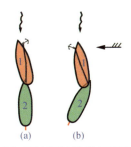

图4-24 顶流抛单锚操作示意图

风、流方向不同，则采用顶流抛下风锚，抛妥后，船首迎向风、流合力的方向。当未明确流向时，可以先抛出锚链1节，待船首顶流后，再继续松锚链。

抛锚应防止余速大，操之过急。余船长回忆自己刚当船长时，曾发生在自己身上的事：第一次当船长，满载后，我打算在退潮时出河口，中途遇到了大雾，与轮机长商量决定暂时抛锚，如图4-25所示。在位置1，倒车后退三，船首急速向右偏转；到位置2，马上停车，由于疏忽了当时船受到压流影响下的实际船速，过早抛锚，一下子出链5节，船仍然未拉住，眼看要有锚链断掉的危险；在位置3，前进三右满舵，将船首转向顶流，稳住后继续前进二，顶流把锚绞上来重新抛锚。

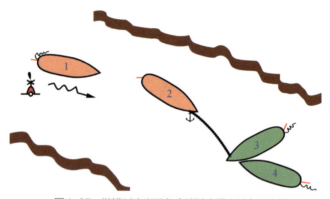

图4-25　抛锚时应当避免余速过大操之过急示意图

2.双锚泊操纵

用不同方法去解决不同的问题。当锚地狭窄或风大流急，单锚泊不宜时，就要采用双锚泊来解决问题。常用的有以下两种方法。

（1）常用的一字锚

一字锚用于狭窄河道内单锚泊安全旋转范围不够时。

在狭窄水域，由于回旋余地较小，可在与潮流涨落方向基本一致的方向抛下左右两只锚，使两只锚成一条直线，船首系在双锚之间，这种抛锚方式称为一字锚。一字锚是双锚泊的一种，一般情况下，两锚松出的锚链长度大致相等。

一字锚的抛锚方法有顶流前进和顶流后退抛锚两种。其步骤大概是，先将船顶流行驶至上风位置，抛出上风锚一只，边松链边凭余速前进，松锚链至所需链长的两倍，刹住锚链，或稍用进车使锚链吃紧后停车，再抛下风锚，同时松链并绞进上风锚链，至两锚出链长度均等为止。一般两锚各抛3节为宜（在甲板），如图4-26所示。

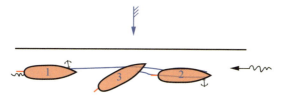

图4-26 抛一字锚示意图

余船长说，一字锚的优点是旋转范围小，缺点是经过几次转流影响后，锚链有可能绞缠，清解费事麻烦，另外也易走锚。

（2）八字锚

八字锚多用于大风、急流等情况，单锚泊抓力不够时也用该锚泊方法。

如图4-27所示，先使船首顶流，抛下一锚，如图中1的位置；松下锚链约2节，船退至位置2；动车迎风驶到第一锚位的下边位置3，抛下另一锚，两锚同时松锚链，船在风和流的推移下后退，调整两锚链到计划的长度。

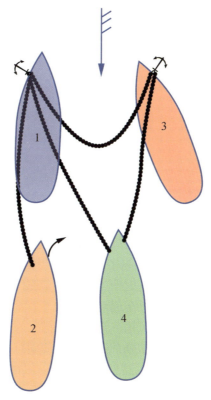

图4-27 抛八字锚示意图

余船长说过，两锚锚位间的直线距离一般为计划锚链长的1/3，两锚链的张角控制在30°~60°为宜，如图4-28所示。两锚链的受力各约为风、流推移力的0.5~0.6倍。若张角大于120°，两锚链的受力各将大于风、流推移力，这种情况下不但会失去八字锚加强抓力的作用，而且也会引起锚链断掉或者走锚的危险情况。

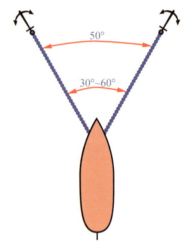

图4-28　抛八字锚张角控制在50°示意图

余船长还说："1999年的夏天，一次在大连港锚地避风，我本人就发生过类似的失误，两锚的张角接近了120°，果然偏荡走锚了。二副发现后及时报告，我尽快赶到驾驶台，果断命令起锚。由于风大，阵风达12级，不能再重新抛锚，只好开车顶风漂浮。后来还得到了公司的表扬，理由是处理得好，没有发生事故。"

3.起锚开航

抛锚是待命，起锚则是要继续航行或靠码头。起锚时，大副在船头，应及时报告船长锚链当时的情况。操纵中应注意，当锚离开海底时，船即失去系留力，开始被风、流影响而推移。这时应当及时用车舵控制船位，待锚出水面且无任何障碍物缠在锚上，方可正式开车起航。

起双锚时，一般先起下风锚，再起上风锚。

船舶锚泊是一项实践性很强的工作，就如同打乒乓球一样，看书本是学不会的，要靠多实践才行。我写的这些内容只是一般性规律，亦是纸上谈兵。但是，从事航运的管理人员，尽管不开船，知道船舶操纵最基本的知识也是有益无害的。

　　无论是靠码头还是讨论抛锚，都没有考虑他船跟我船的关系。我们在路上开车会遇到弯道超车、并线、晚间不打灯等情况，在茫茫大海上，同样也是如此。欲知船舶在海上是如何互相避让的，请看下一讲内容。

　　思考题：船长为什么喜欢左舷靠码头？

　　___月___日　星期___　　　　　　　　　　　　　　　　　　　　　天气___

第五讲

避碰规则——

自由不等于免费

人的最大修养是心中有他人，避让船舶也一样。

2018年11月，《人民日报》评论指出："无论技术怎样进步、社会如何发展，规则都是'基础设施'。"

2020年3月15日 晴

今天我与郑院士通电话，聊了很多，主要还是讲他的专业。其实他讲的内容，有些我是听不懂的，毕竟隔行如隔山，但这并不影响我们愉快交流。在家待着，有人跟我聊天还是很好的。

公路是工程，工程的对象是人和物。把人放在第一位，事情就会变得简单和亲切。其实什么工作都一样，包括海上避碰。

今天的正题是海上避碰。

船舶为了安全、经济地从地球的某一地到达另一地，制定了航线，船员操纵船舶沿着计划航线航行。但随着海上交通迅速发展，来往船舶增多，船舶之间的碰撞等事故时有发生。

海上避碰的相关规则已经存在数百年。为了减少或者避免船舶之间的碰撞事故，人们想让船舶如汽车一样按照交通规则行驶，为此，国际海事组织与各国协商制定了避碰规范，大家共同遵守，这就是《1972年国际海上避碰规则》。

第一个问题，《国际海上避碰规则》概述

"不以规矩，无以成方圆。"规则适用于在公海和连接公海可供海船航行的一切水域中的一切船舶。

规则主要包括有关的定义、号灯及标记、驾驶及航行规则等。规则对船舶悬挂的号灯、号型及发出的号声，在航船舶应悬挂的号灯的位置和颜色，锚泊船舶应悬挂的号灯的位置和颜色，失去控制的船舶必须使用的号灯和号型，船舶在雾中航行以及驾驶规则等，都做了详细的规定。

《1972年国际海上避碰规则》自1977年7月15日生效以来，国际海事组织（MIO）于1981年、1987年、1989年、1993年、2001年、2007年和2013年分别对规则进行了多次修正。我国在1957年接受该规则。

规则意识应从学生开始培养，如图5-1所示。

图5-1　规则意识应从学生开始培养（大连海事大学教学实习船，来源：海大网）

1.规则的主要内容

《国际海上避碰规则》分为6章，共41条和4个附录。其主要内容包括：

第一章为总则，阐明了该规则的适用范围、责任和一般定义。第二章为驾驶和航行规则，分三节规定了船舶在任何能见度情况下的行动规则；船舶在互见中的行动规则；船舶在能见度不良时的行动规则。第三章为号灯和号型，规定了各种船舶在各种动态时应显示的号灯（夜间）和号型（白天），目的是使船舶驾驶员能够根据所见来船的号灯或号型，迅速判明其种类和动态，作为避让操纵的依据，就像汽车晚上行使需要打开行车灯一样。第四章为声响和灯光信号，规定了各种船舶在能见度不良时表示动作、状态的声响，规定了灯光信号。第五章规定了豁免。第六章有三条，主要是强制审核机制，要求成员国对避碰规则的实施进行审核，在国内采取措施，其中包括立法，确保全面和有效地实施公约。另外还有4个附录，规定了各种号灯、号型、声响器具的技术标准的细节要求等。

2.规则的适用范围

总则第一条规定，本规则条款适用于在公海和连接公海而可供海船航行的一切水域中的一切船舶。

但本规则条款不妨碍有关主管机关为连接公海而可供海船航行的任何港外锚地、港口、江河、湖泊或内陆水道所制定的特殊规定的实施。这种特殊规定应尽可能符合本规则条款。

何谓公海呢？根据1982年《联合国海洋法公约》第八十六条规定，公海是指不包括在国家的专属经济区、领海或内水或群岛国的群岛水域以内的全部海域。

泛读

全国人民代表大会常务委员会

关于接受1948年伦敦海上人命安全国际会议制定的海上避碰规则的决定

1957年12月23日，全国人民代表大会常务委员会第八十八次会议根据国务院周恩来提出的议案，审查了1948年伦敦海上人命安全国际会议制定的海上避碰规则，决定予以接受，并做如下保留：属于中华人民共和国的非机动船舶，不受海上避碰规则的约束。

2020年3月16日

上午十点，接到90岁老父亲的电话。我的父亲是个庄稼人，他在电话中大声说："你觉得这种情况会持续下去吗？很显然总有一天会结束的。"他自己并不知道他是高声喊的。"是的，您说得对。"我说。"没听见你说什么！" 他说。

为了完成"作业"，我坐在书桌前，在想制定海上避碰规则的专家是很有智慧的。规则不仅有视觉信号，还有听觉信号，以及适合当时环境的一切有效手段。有时候一种媒体传递信息是很不够的。请看今天的内容。

漫漫长夜，有哪些灯光始终陪伴着船舶航行在茫茫大海和江河中，陪伴着它们从黄昏到黎明呢？下面就学习船舶避碰规则中船舶号灯与号型。

第二个问题，号灯、号型、声响（号）和灯光信号

规则的第三章和第四章的条款，规定了不同种类和不同动态的船舶应显示的

号灯、号型、声响和灯光信号，这些号灯和号型、声响和灯光信号是船舶在海上会遇时相互识别、表达操纵意图和操纵行动的一种重要手段，也是安全避碰的依据。

一、号灯与号型概述

1.船舶号灯与号型的作用

号灯和号型是用来表示船舶种类、大小、动态和活动性质的。例如，船舶显示舷灯和大桅灯表示该船在航行，如图5-2所示。

2.船舶号灯与号型的显示时间

（1）打开号灯的时间

根据规则第二十条第2款和第3款的规定，号灯应当在下列时间内打开：

——从日没到日出；

——能见度不良的日出到日没；

——其他一切被认为必要的情况下，通常是指晨昏蒙影期间和阴云密布、光线较暗的白天。

同时千万不应当显示会被误认的号灯，以及会削弱号灯的能见距离和显著性能、会妨碍正常瞭望的其他灯光。

（2）号型的悬挂显示时间

根据规则第二十条第4款的规定：

——号型在白天都应悬挂；在晨昏蒙影期间应当同时显示号灯和号型。

值班驾驶员对于号灯与号型应当注意，每天打开号灯的时间应记入航海日志；每班都应检查号灯、号型，特别是在夜间发现来船时更应注意。

（3）号灯的定义及其光弧照射的水平角度

① "桅灯"是指安置在艏艉中心线上方的白灯，在225°的水平弧内显示不间断的灯光，其安装要使灯光从船的正前方到每一舷正横后22.5°内显示。

图5-2 迎面驶来的是长于50米的船

通俗说，就是在这个角度范围内要见到灯光。

② "舷灯"是指右舷的绿灯和左舷的红灯，各在112.5°的水平弧内显示不间断的灯光，其装置要使灯光从船的正前方到各自一舷的正横后22.5°内分别显示。

长度小于20米的船舶，其舷灯可以合并成一盏，装设于艏艉中心线上。

③ "艉灯"是指安置在尽可能接近船尾的白灯，在135°的水平弧内显示不间断的灯光，其装置要使灯光从船的正后方到每一舷67.5°内显示。

④ "拖带灯"是指具有与本条3款所述"艉灯"相同特性的黄灯。

⑤ "环照灯"是指在360°的水平弧内显示不间断灯光的号灯。

⑥ "闪光灯"是指每隔一定时间以频率为每分钟闪120次或120次以上的号灯。

（4）号灯的能见距离

什么是号灯的能见距离呢？规则第二十二条规定了号灯的能见距离，是指在能见度良好的黑夜用正常目力所能够看到的最小距离。

①长度为50米或50米以上的船舶：

——桅灯，6海里；

——舷灯，3海里；

——艉灯，3海里；

——拖带灯，3海里；

——白、红、绿或黄色环照灯，3海里。

②长度为12米或12米以上但小于50米的船舶：

——桅灯，5海里；但长度小于20米的船舶，3海里；

——舷灯，2海里；

——艉灯，2海里；

——拖带灯，2海里；

——白、红、绿或黄色环照灯，2海里。

③长度小于12米的船舶：

——桅灯，2海里；

——舷灯，1海里；

——艉灯，2海里；

——拖带灯，2海里；

——白、红、绿或黄色环照灯，2海里。

④不易察觉的、部分淹没的被拖带船舶或物体：

——白色的环照灯，3海里。

以长度不小于50米的机动船为例，其大桅灯、舷灯和艉灯的水平照射弧度角，如图5-3所示。

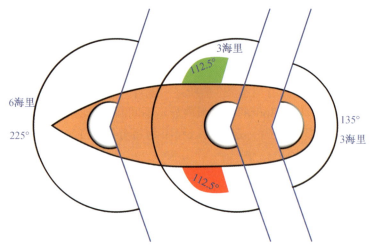

图5-3　船长不小于50米船舶号灯照距及水平光弧度示意图

（5）船舶号型的基本种类

什么是船舶号型呢？号型是在白天表示船舶动态的标识物体。

规则附录1第6条规定：船舶的号型应当是黑色的球体、圆锥体、菱形体及两个圆锥体尖端相对接的鼓形体，如图5-4所示。这些号型体是在白天使用的。

号型	形状	尺寸	颜色
球体		直径应不小于0.6米	黑色

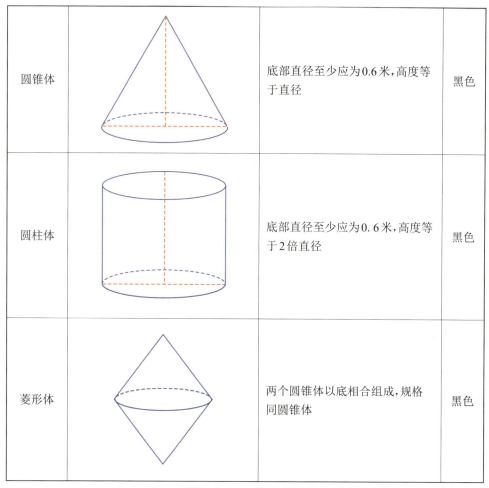

圆锥体		底部直径至少应为0.6米,高度等于直径	黑色
圆柱体		底部直径至少应为0.6米,高度等于2倍直径	黑色
菱形体		两个圆锥体以底相合组成,规格同圆锥体	黑色

图5-4　船舶号型示意图

①号型应是黑色并具有以下尺度:

——球体的直径应不小于0.6米;

——圆锥体的底部直径应不小于0.6米,其高度应与直径相等;

——圆柱体的直径至少为0.6米,其高度应两倍于直径;

——菱形体应由两个所述的圆锥体以底相合组成。

②号型间的垂直距离应至少为1.5米。

用吴船长的话作为小结:"号灯号型看周详,白天实物夜灯光。"

思考题:本船在从上海去往大连的途中,本船向正北,以真航向000°航行,在右前方25°同时看到他船的红灯和绿灯,求他船的航向。请参考图5-5。

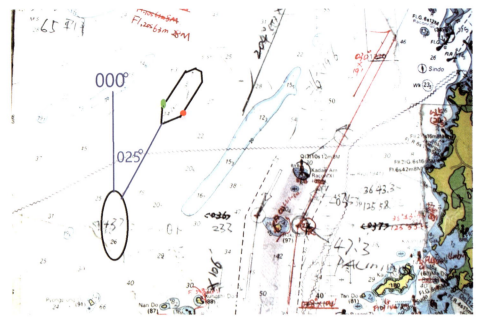

图5-5　思考题参考示意图

2020年3月17日　晴

上午接到了刘院士的一条短信。刘院士所学的专业是系统生物学。系统生物学是全方位、立体化和多角度研究人的健康问题。总体思想是树立人的全局观。我认为，很多工作都应当牢固树立全局观，船舶避碰亦应如此。

二、船舶号灯与号型的显示与识别

（一）在航机动船舶应当打开的号灯

以船长大于等于50米时为例，如图5-6所示：

（1）在前部有一盏前桅灯向前方照射白光，射程6海里。

（2）后桅灯向前照射白光，射程6海里；要求后桅灯要高于前桅灯，垂直距离相差至少为4.5米。

（3）两盏舷灯，左侧红色光，右侧绿色光，射程为3海里。

（4）一盏白色艉灯在船尾。

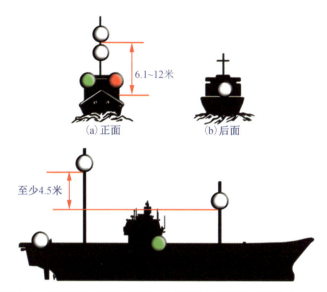

图5-6 船舶长度大于等于50米，夜间机动在航时所要打开的灯

小结：机动船，视大小，前、后桅灯有两盏。船尾一盏叫艉灯，舷灯左红灯右绿灯，一看就知船在航行。

那小于50米的船的情况呢？

当船舶长度小于50米时，在航夜间所打开的灯有桅灯、舷灯，不要求打开第二盏桅灯，但是打开也不反对，如图5-7所示。

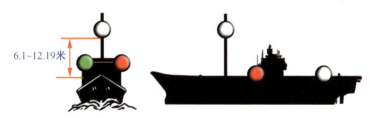

图5-7 长度小于50米的船舶夜间航行显示的灯

注意：开航前，应当检查和试验各号灯是否能够正常显示，并记入航海日志；在航行中，有关打开和关闭航行灯的时间，值班驾驶员都应如实记入航海日志；驾驶员交接班时，应检查号灯的显示情况是否正常。

（二）拖带和顶推船舶应当显示的号灯和号型

1. 夜间显示号灯

（1）在夜间时，当大于等于50米的机动船作为拖带（尾拖）船，拖带的长度大于200米时应打开的灯：

①用垂直三盏白色大桅灯，以取代一盏大桅灯，再加拖带号灯，这样就有四盏白色光向前照射，如图5-8所示。

(a)正视　　　　　　(b)右视　　　　　　(c)后视

图5-8　大于等于50米的拖带船，拖带长度超过200米，夜间应点亮的号灯示意图

②两盏舷灯，左红色，右绿色。

③一盏艉灯，白色光。

④一盏拖带灯位于艉灯垂直上方，黄色。

（2）在夜间时，当船长小于50米，拖带的长度小于等于200米时，用垂直两盏桅灯取代前桅灯或后桅灯，并在垂直于艉灯的上方打开一盏拖带灯，如图5-9所示。

(a)正视　　　　　　　(b)右视　　　　　　　(c)后视

图5-9　船长小于50米，拖带长度小于等于200米时，夜间应点亮的号灯示意图

2. 白天显示号型

在白天时，当拖带船拖带的长度小于200米时，就不用显示号型；当拖带长度大于200米时，在最易看到的位置悬挂一个黑色菱形体号型，如图5-10所示。

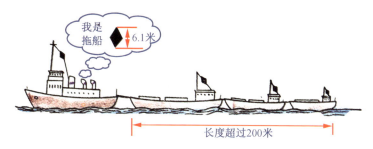

图5-10 拖带长度大于200米时，白天挂黑色菱形体的号型

（三）失去控制的船舶

失去控制的船舶是指因机器故障而失去控制能力或者操纵失灵，因而不能为他船让路的船舶。船舶显示失控的号灯号型，以表示不能让路，而不是船舶遇险的求救信号。

规则规定，失控船应在最易见处，垂直悬挂两盏环照红灯；在最易见处，垂直悬挂两个黑色球体或者类似的号型；当对水移动时，除了显示规定的号灯外，还应当显示两盏舷灯和艉灯。进一步说明如下。

1. 无对水运动时

（1）夜间

不用打开舷灯和艉灯，在最容易看见位置打开垂直两盏环照红灯，如图5-11（a）所示。

（2）在白天

在最容易看见位置垂直悬挂两个黑色球体或类似的号型，如图5-11（b）所示。

2. 有对水运动时

什么是对水运动？就是尽管船舶失控了，但还在运动。

在黑夜：除了垂直显示两盏环照红灯外，还要打开两舷灯、艉灯，但不用打开桅灯，如图5-11（c）所示。

（a）夜间无对水运动失控船打开垂直两盏环照红灯

（b）在容易看到的地方垂直悬挂两个大黑球，当你看到这种船，要给它让路

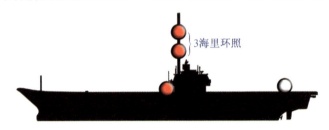

（c）失控船舶有对水运动时，打开两盏环照红灯和舷灯及尾灯，图是船的左侧

图5-11　失控船显示的号灯与号型

简言之，失去控制的船舶，显示两盏环照红灯，（白天）垂直悬挂两黑球或类似号型。对水移动时，打开两盏环照红灯和舷灯加艉灯，桅灯不用开。

2020年3月18日　晴

　　今天早上起床发现赵教授昨天晚上发来的微信，微信内容是他为水产公司代理的渔船被撞案的进展。

（四）关于拖网渔船的号灯和号型

从事捕鱼的船舶，无论在航还是锚泊，只应显示规定的号灯和号型。

船舶从事拖网作业，即在水中拖拽爬网或者其他用作渔具的装置时，应在最容易看见的位置显示出号灯或号型，如图5-12所示。

（1）夜间

①打开上绿下白垂直两盏环照灯。

②船长大于等于50米，打开一盏大桅灯，后于并高于环照绿灯；船长小于

50米，不要求该大桅灯，但也可以这样做。

③对水运动时，还要同时显示左右舷灯和艉灯；如果不对水运动，不用显示舷灯和艉灯。

(a) 前视　　　　　　(b) 侧视　　　　　　(c) 后视

（a）船舶长度大于等于50米的拖网作业的渔船，在航没有对水运动时夜间打开的号灯

(a) 前视　　　　　　(b) 侧视　　　　　　(c) 后视

（b）船舶长度小于50米的拖网作业的渔船，在航没有对水运动时夜间打开的号灯，上绿下白

图5-12　拖网渔船的号灯与号型

（2）白天

从事拖网作业的渔船当有外伸渔具，从船边伸出的水平长度不大于150米时，显示的号型为一个上下垂直、尖端相对的两个圆锥体所构成的号型体，像个非洲鼓，如图5-13所示。

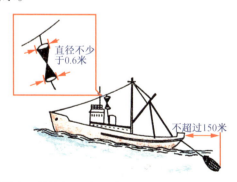

直径不少于0.6米

不超过150米

图5-13　从事拖网作业的渔船，外伸渔具从船边伸出的水平长度不大于150米，白天悬挂一个上下垂直、尖端相对的两个圆锥体所构成的号型体

（五）从事非拖网作业的渔船应当显示的号灯和号型

（1）夜间

①打开上红下白垂直两盏环照灯。

②当有外伸渔具，从船边伸出的水平长度大于150米时，应朝着渔具方向显示一盏环照白灯，白天另加尖端朝上的圆锥体。

③对水移动时，还应当打开左红右绿的舷灯和艉灯；不对水移动时，则不用显示舷灯和艉灯，如图5-14所示。

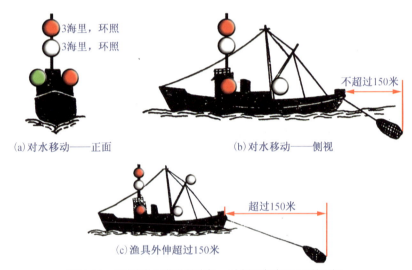

3海里，环照
3海里，环照

不超过150米

（a）对水移动——正面　　　（b）对水移动——侧视

超过150米

（c）渔具外伸超过150米

图5-14　从事非拖网作业的渔船，对水运动时所显示的号灯

（2）白天

那白天的号型呢？从事拖网作业的渔船显示的号型是一个上下垂直、尖端相对的两个圆锥体组成的号型，像个非洲鼓。从事非拖网作业的渔船当使用外伸渔具，从船边伸出的水平长度大于150米时，应朝着渔具方向挂一只尖端朝上的圆锥体号型，如图5-15所示。

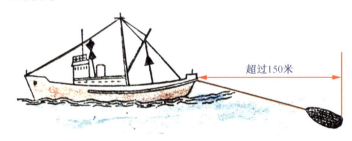

超过150米

图5-15　外伸渔具从船边伸出的水平长度超过150米，白天，号型的悬挂示意图

小结：夜间拖网渔船号灯与号型，上绿下白环照灯，非拖网渔船外伸再加环照白灯。（白天）拖网渔船外伸加挂一个垂直对尖两锥型体，非拖网渔船外伸加挂一个圆锥体。

（六）关于锚泊船舶和搁浅船舶的号灯和号型

1. 锚泊船舶

什么是锚泊船舶呢？锚泊船舶是指在锚的抓力控制下锚位不移动，围绕锚位在锚链长度的极限范围内随风、流漂荡回转的船舶。

对于这类船，规则第三十条规定，在最易见处显示：①在船的前部，悬挂一盏环照白灯或者一个球体；②在船尾或者接近船尾并低于本规定的号灯处，悬挂一盏环照白灯。

（1）夜间

应在最容易看见的位置，即在船首部，打开一盏环照白色光的灯，称为前锚灯；在船尾的附近打开一盏环照白色灯，高度要低于前锚灯，称为后锚灯。后锚灯比前锚灯要低一些。同时船上的工作灯和探照灯等都打开，如图5-16所示。

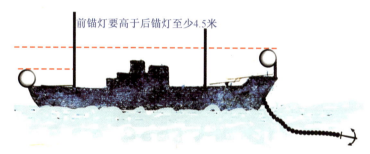

（a）抛锚船舶前后两盏环照白色锚灯

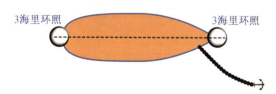

（b）抛锚船舶前后锚灯水平光弧示意图

图5-16　前后锚灯

（2）白天

抛锚船舶在白天只需在船首挂出一个黑球，如图5-17所示。

我抛锚啦！

0.61米

图5-17　抛锚船舶在白天关闭前后锚灯，挂上一个黑球

挂上抛锚球后，值班驾驶员将悬挂锚球的时间，记入航海日志。

2. 搁浅船舶

何谓搁浅船舶？搁浅船舶是指进入水深比本船吃水浅的水域而无法航行的船舶。

对于这类船舶，规则第三十条规定，搁浅船舶应当显示本条1或者2款规定的号灯，并在最易见处外加垂直两盏环照红灯和垂直三个球体。

（1）夜间

搁浅船除应根据船舶尺度显示相应的锚灯外，还应在最容易看到的位置再加垂直两盏环照红灯，如图5-18所示。

3海里，环照

3海里，环照

图5-18　搁浅船舶，除了显示前后各一盏锚灯外，还要再加垂直两盏红色环照灯

（2）白天

应当在最容易见到的位置垂直挂上三个黑球，比锚泊时多加两个，如图5-19所示。

挂上黑球后，值班驾驶员记入航海日志。

图5-19 垂直悬挂三个黑球，每只球的直径不小于0.6米

小结：锚泊船舶，（白天）船首悬挂一个黑球；（黑夜）艏艉各亮一盏环照白色灯。

搁浅船舶：白天要挂三个黑球；黑夜外加两盏环照红灯。

各类船舶号灯和号型内容很丰富，这里只是选择性地做介绍。

思考题：简述船舶号灯和号型的适用范围。

2020年3月19日　晴

三、关于声号（声响）和灯光信号

（一）概述

为了保证船舶航行安全，在较远距离船与船可用无线电传递信息，在近距离可以使用前面介绍的显示号灯、号型的方式表示自己的动向。也可以按规则鸣放声响信号来表明自己的意图，以求得来船或周围船只的注意，协调配合按规定进行避让，从而避免或减少海损事故的发生。声响信号是紧迫局面中其他通信设备不能代替的信息传播工具。

声号（声响信号）是指船舶为表示本船的意图、行动或者需要其他船舶、排筏注意时，使用号笛等发出的特殊声号。鸣放声号（或进行声号通信）的声响器具，规定有号笛、号钟、号锣及其他有效响器。

声号有长声、短声之分，长声是指历时4~6秒钟的笛声，短声是指历时约1秒钟的笛声。航海驾驶人员运用长、短声组成一组组的有规律的信号，形成驾驶人员互相联络的语言。

通常来说，船与船之间相遇时要鸣笛，船舶进港时、出港时也要鸣笛，雾航时更需要鸣笛……鸣笛主要是为了船舶之间、船港之间的交流，也带有一定的警示作用。因此船舶安装声响信号设备是必需的。

关于笛声的频率：

（1）频率为70~200赫兹，用于长度200米或200米以上的船舶；

（2）频率为130~350赫兹，用于长度75米或75米以上但小于200米的船舶；

（3）频率为250~700赫兹，用于长度小于75米的船舶。

从规定的频率可以看到，船舶大，声频低；船舶小，声频高。说通俗些，大船的号笛（气笛）听上去声音粗犷；小船的号笛听上去声音尖。

关于笛声的间隔：

（1）"短声"是指历时约1秒钟的笛声；

（2）"长声"是指历时4~6秒钟的笛声；

（3）一组声号内各笛声的间隔时间约为1秒钟；

（4）组与组声号的间隔时间约为6秒钟。

声响和灯光信号的作用：

声响和灯光信号与船舶号灯和号型的作用相同，可以表明船舶的存在、种类、大小、动态。

某些声响和灯光信号还可以表明船舶的操纵意图和正在进行的操纵行为，或者表示怀疑、发出警告或者引起他船的注意。

（二）在互见中的操纵和警告信号

1.短笛声是什么意思呢？

①一短声——我正在向右转向；当和其他船舶对驶相遇时，表示"要求从我左舷会船"。

②二短声——我正在向左转向；当和其他船舶对驶相遇时，表示"要求从我右舷会船"。

③三短声——我正在倒车或者有后退倾向。

④四短声——不同意你的要求。

⑤五短声——怀疑对方是否已经采取充分避让行动，并警告对方注意。

⑥六短声——遇险求救。

2. 长笛声是什么意思呢？

①一长声——表示"我将要离泊""我将要横越"，以及要求来船或者附近船舶注意。

②二长声——我要靠泊或者我要求通过船闸。

③三长声——有人落水。

3. 笛声先长后短是什么意思呢？

①一长一短声——掉头时，表示"我向右掉头"；进出干、支流或者汊河口时，表示"我将要或者正在向右转弯"。

②一长二短声——掉头时，表示"我向左掉头"；进出干、支流或者汊河口时，表示"我将要或者正在向左转弯"。

③一长三短声——拖船通知被拖船舶、排筏注意。

④二长一短声——追越船要求从前船右舷通过。

⑤二长二短声——追越船要求从前船左舷通过。

⑥一长一短一长声——我希望和你联系。

⑦一长一短一长一短声——同意你的要求。

⑧一长二短一长声——要求来船同意我通过。

4. 船笛声先短后长是什么意思呢？

①一短一长一短声——要求他船减速或者停车。

②一短一长声——我已减速或者停车。

③二短一长声——能见度不良时，表示"我是客渡船"。

5. 船舶相遇应当使用什么声号呢？

（1）两机动船对驶相遇

下行船（潮流河段的顺流船）应当在相距1千米以上处谨慎考虑航道情况和周围环境，及早鸣放会船声号；上行船（潮流河段的逆流船）听到声号后，如无特殊情况，应当立即回答相应的会船声号。

在鸣放会船声号的同时，夜间应当配合使用红、绿闪光灯，白天可以配合使用白色号旗。鸣放声号一短声时，夜间连续显示红色闪光灯，白天在左舷挥动白色号旗，表示要求来船从我左舷会过；鸣放声号二短声时，夜间连续显示绿色闪光灯，白天在右舷挥动白色号旗，表示要求来船从我右舷会过。

（2）机动船发现人力船、帆船有碍本船航行时

要求其让路时，应当鸣放声号一长声以引起注意，并鸣放一短声或者二短声

表示本船动向。

（3）机动船驶经支流或者汊河口时

应当鸣放声号一长声以引起注意；进出干、支流或者汊河口前，向右转弯应当鸣放声号一长一短声，向左转弯应当鸣放声号一长二短声。

（4）机动船与在航施工的工程船对驶相遇时

机动船应当在相距半海里以上处鸣放声号一长声，待工程船发出会船声号后，机动船方可回答相应的会船声号，并小心翼翼通过。

（三）能见度不良时的声号

在能见度不良时，为了表示船舶的存在、动态和类型等，船舶必须使用各种规定的声号，也称雾号。声号是引起他船注意的有效手段。

例如：规则的第三十五条规定了能见度不良时使用的声号。

在能见度不良的水域中，不论白天还是夜间：

——机动船对水移动时，应当以每次不超过 2 分钟的间隔鸣放一长声。

——机动船在航但已停车，并且不对水移动时，应当以每次不超过 2 分钟的间隔连续鸣放二长声，二长声的间隔约 2 秒钟。

——失去控制的船舶、操纵能力受到限制的船舶、限于吃水的船舶、帆船、从事捕鱼的船舶，以及从事拖带或顶推他船的船舶，应以每次不超过 2 分钟的间隔连续鸣放三声，即一长声继以二短声。

——从事捕鱼的船舶锚泊时，以及操纵能力受到限制的船舶在锚泊中执行任务时，应当鸣放本条 3 款规定的声号以取代本条 7 款规定的声号。

——一艘被拖船或者多艘被拖船的最后一艘，如配有船员，应以每次不超过 2 分钟的间隔连续鸣放四声，即一长声继以三短声。当可行时，这种声号应在拖船鸣放声号之后立即鸣放。

——锚泊中的船舶，应以每次不超过 1 分钟的间隔急敲号钟约 5 秒。长度为 100 米或 100 米以上的船舶，应在船的前部敲打号钟，并应在紧接钟声之后，在船的后部急敲号锣约 5 秒钟。此外，锚泊中的船舶，还可以连续鸣放三声，即一短、一长和一短声，以警告驶近的船舶注意本船位置和碰撞的可能性。

关于操纵和警告信号，吴胜顺船长总结：一右二左三后退，无论短闪或短声；两长加短要超越，同意长短长短声。互见相近有疑问，警告急闪急短声。障碍遮蔽他船水道，或者航道弯头段，鸣放应答一长声。

关于能见度不良时使用的声号，吴胜顺船长总结：在航两分一长声，停车停航两长声。失控受限帆渔拖，一长之后二短声。被拖末尾若配员，一长继以三短声。锚泊前钟后敲锣，警告短长再短声。搁浅船舶同锚泊，执行引航四短声。

避碰规则体现了视觉、听觉等媒体的作用，且声响信号和遇险信号还有很多，这里不赘述，可以参阅其他书籍。

2020年3月20日 晴

治理一个国家、一个社会，关键是要立规矩、讲规矩、守规矩。

我坐在书桌前就想，如果船舶驾驶员都能认真遵守《国际海上避碰规则》，那么事故就会大大减少。

第三个问题，船舶驾驶员的驾驶与航行规则

一、驾驶员在任何能见度情况下的行动规则

驾驶员在任何能见度情况下的行动规则：一是，驾驶员为了避免碰撞而必须保持的各种戒备；二是，对驾驶员采取避让行动的一般性指导；三是，船舶在狭水道和分道通航制区域内以及附近航行时的规范。

第一，瞭望

什么是瞭望呢？就是驾驶员认真观察。

规则第五条规定：每一船在任何时候都应使用视觉、听觉以及适合当时环境和情况的一切可用手段保持正规的瞭望，以便对局面和碰撞危险做出充分的估计。

主要是说，对船舶周围环境和情况、来往船舶及其动态进行观察和判断。每一船的驾驶员在任何时候都应使用视觉、听觉以及适合当时环境和情况的一切可用手段保持正规的瞭望，以便对各种局面和碰撞危险做出充分的估计，做到心中有数，决策准确。

驾驶员不能借口自己认为某种瞭望手段可能不好用而不予使用。一种瞭望手段只要可用，驾驶员就应该使用，他既不能也没有任何权利在使用之前判断其是否有效，如图5-20所示。

图5-20　驾驶员要谨慎驾驶认真瞭望

（吴胜顺船长：海上值班须谨慎，事故多半疏瞭望。视觉听觉全方位，早做判断早预防）

第二，安全航速问题

规则第六条规定：每一船在任何时候都应以安全航速行驶，以便能采取适当而有效的避碰行动，并能在适合当时环境和情况的距离以内把船停住。

这里的每一船，应当理解为每一船的驾驶员。船是物，执行的是人，如图5-21所示。值班驾驶员在使用车钟之前，不需要去请示船长再决定，以避免延误而造成严重后果。

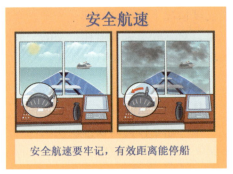

图5-21　驾驶员应把安全航速记心中

在决定安全航速时，考虑的因素包括：

①能见度情况；

②交通密度，包括渔船或者任何其他船舶的密集程度；

③船舶的操纵性能，特别是在当时情况下的冲程和旋回性能；

④夜间出现的背景亮光，诸如来自岸上的灯光或本船灯光的反向散射；

⑤风、浪和流的状况以及靠近航海危险物的情况；

⑥吃水与可用水深的关系；

⑦雷达设备的特性、效率和局限性；

⑧海况、天气和其他干扰源对雷达探测的影响；

⑨雷达探测到的船舶数目、位置和动态等。

在实际工作中安全航速并无固定的限制。通常认为，安全航速的确定适用半距规则，即所使用的航速能使船舶在当时的视觉范围的一半距离以内完全停下来，则可称为安全航速。只要违反了安全航速的规定，则被认为对造成碰撞损害有过失。

吴胜顺船长总结如下：安全航速保安全，有效距离可停航。视线交通船性能，风浪吃水背景光。雷达常用不常赖，设备海况皆影响。定位避碰测动静，回波难免有假象。

第三，碰撞危险

规则第七条规定：

（1）每一船舶应使用适合当时环境和情况的一切可用手段判断是否存在碰撞危险，如有任何怀疑，则应认为存在这种危险。

规则要求船舶，实际是要求每位驾驶员使用一切可供使用手段判断是否存在碰撞危险，而没有给驾驶员事先判断哪种手段有效或无效的权利。

关于碰撞危险并没有确切的定义。驾驶员判断碰撞危险，一般会考虑两船会遇的最近会遇距离（DCPA）和最近会遇时间（TCPA）。

①什么叫最近会遇距离呢？

最近会遇距离表示两船在会遇的过程中相遇最近的距离，是个距离概念，它是衡量两船是否可能发生碰撞的十分重要指标。例如，DCPA=0，这说明两船若保持航速和航向不变，将同时到达某一地点，必将发生碰撞。

②什么叫最近会遇时间呢？

最近会遇时间，是表明两船在会遇过程中的时间概念。TCPA越小，表明船舶到达最近会遇距离处的时间越短，碰撞危险的可能性越大。

③判断碰撞危险的方法有哪些呢？

判断碰撞危险的方法主要有罗经方位判断、舷角和雷达标绘判断等。

④吴船长对判断碰撞危险的总结：使用一切手段判危险，依据当时环境和情况。任何怀疑莫侥幸，宁可当作有碰撞。雷达标绘早预警，系统观测免慌张。方位不变存危险，近距大船更难讲。

（2）什么是罗经方位判断？

罗经方位判断方法是值班驾驶员在能见度良好时，判断是否存在碰撞危险的一种最基本的方法，如图5-22所示。

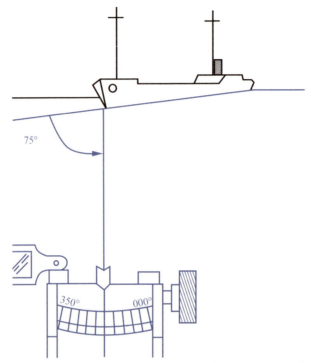

图5-22　用分罗经观测来船的方位示意图（方位不变则有危险）

如果连续观测来船的罗经方位，来船方位若没有明显的变化，则应认为存在碰撞危险。

即使有明显的变化，有时候也可能存在危险，特别是在接近大型或者超大型船舶或者拖带船时，因相距太近，则仍有可能存在危险。

若双方船舶距离较远而来船的罗经方位显著减小或显著增大，则双方按照原航速原航向航行不存在碰撞危险。

（3）什么是雷达标绘判断？

雷达标绘是指驾驶员使用雷达观测来船后进行标绘，求出 DCPA 和 TCPA。雷达观测与标绘是驾驶员的一项基本技能。对于雷达标绘，可以在雷达标绘专用纸上完成，也可以在海图雷达的屏幕上完成。估算来船的 DCPA 和 TCPA，从而对是否存在碰撞危险做出判断。

（4）雷达自动标绘仪（ARPA）判断

ARPA 能够随时提供来船和物标的 DCPA 和 TCPA，以便驾驶员判断碰撞危险，如图5-23所示。

图5-23　自动提供来船及物标动态

第四，避免碰撞的行动

（1）及早采取措施

为了避免碰撞所采取的任何行动，如当时环境许可，驾驶员应积极、及早地进行，并充分运用良好的船艺。

（2）采取大幅度的行动

为了避免碰撞而做出的航向或航速的任何变动，如果环境许可，变动幅度应大到足以使他船用视觉或者雷达观测时容易察觉到；应当避免对航向和航速做一连串小的变动。

（3）早点大转向清爽避让

为防止碰撞事故的发生，首要一条就是避免紧迫局面的形成。规则规定："如有足够的水域，则单用转向可能是避免紧迫局面的最有效行动，只要这种行动是及时的、大幅度的并且不致造成另一紧迫局面。"

（4）避让行动的有效性

规则规定，为避免与他船碰撞而采取的行动，应能导致在安全的距离驶过。应细心查核避让行动的有效性，直到最后驶过让清他船为止。

（5）减速停船很关键

规则规定：如需为避免碰撞而留有更多时间来估计局面，船舶应当减速或者停止或倒转推进器把船停住。

> **2020年3月22日　晴**
>
> 　　我要下楼倒垃圾，这几天整理出那么多废报纸等东西。在楼下遇到的人都戴着口罩，互相点头，自觉靠右侧行走避让开对方。如果平时都如此，就会文明很多。
>
> 　　刚回到家，接到子厚的电话，说他从美团外卖给我买了些水果和菜，一个小时就送到，要我去取。同时也催促我尽快把这两天的讲义稿发给他们。取回东西，坐在书桌旁尽快写吧。

会遇后，各自向右走，就不会碰在一起。这就引出了下面第一个问题，关于两船会遇问题。

二、船舶在互见中的行动

第三条11款规定：只有当两船中的一船能自他船以视觉看到时，才应认为两船是在互见中。

一般情况下，船舶出现的会遇情况有对遇局面、追越局面、交叉相遇局面。

第一，对遇局面——双方都是正面来船的情况

（1）对遇局面规则是如何规定的呢？

当一船看见他船在正前方或接近正前方，在夜间能看见他船的前后桅灯成一直线或接近一直线和（或）两盏舷灯；在白天能看到他船的上述相应形态时，则应认为存在这样的局面。

①根据看到他船显示的号灯予以判断是否是对遇局面：

在夜间，能够看到对面船的前后桅灯成一直线或接近一直线（通常约船首左右各1°~3°），而又同时看到对方的红、绿两舷灯，如图5-24所示；

在白天，双方的前后大桅杆成一直线或接近一直线时，则认为存在对遇局面；或者看到来船的驾驶台正面对着或者接近正面对着本船，即可判断两船将形成对遇局面。

②根据两船之间的相互位置予以判断是否是对遇局面：

当两条机动船相互位于各自的正前方或者接近正前方，以相反的航向或者十

分接近相反的航向航行时，即可认为对遇局面即将形成，如图5-25所示。

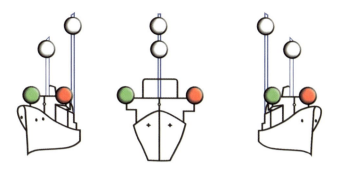

图5-24　看到对遇船的形态示意图（夜间）

正前方是指一船位于另一船船首向的延长线上。什么是接近正前方呢？接近正前方通常是指一船位于另一船船首向左右各3°以内的范围。

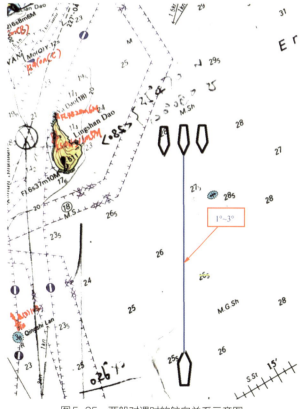

图5-25　两船对遇时的航向关系示意图

（2）对遇局面两船的驾驶员应如何行动呢？

当两艘机动船成对遇局面时，各船应当向右转向，从而各自从他船的左舷驶过。

在这种会遇情况下，在避碰上两船均负有采取相同的避让行动的责任。两船不存在谁给谁让路的义务，如图5-26所示。

图5-26　对遇局面右转向（吴胜顺船长说，一线桅灯双舷灯，两船对遇右转向)

2020年3月23日　晴

有人经常讲弯道超车，我不太认可这种提法。因为今天我要写船舶追越局面，就想到了这个问题。

第二，追越局面——本船要超过他船的局面

1.避让关系

规则第十三条规定：任何船舶在追越任何他船时，均应给被追越船让路，如图5-27所示。

图5-27　本船铆足了劲追越他船

（1）什么叫作追越呢？

规则规定：一船正从他船正横后方大于22.5°的某一方向追赶他船时，即该船对其所追越的船所处位置，在夜间只能看见被追越船的艉灯而不能看见其任何一盏舷灯时，应认为在追越中，如图5-28所示。

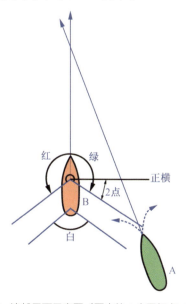

图5-28　追越局面示意图（图中的1个罗经点=11.25°）

（2）任何船在追越任何他船时，均应给被追越船让路。

（3）无论两船间方位如何改变，都不应把追越船作为所指的交叉相遇船，或者免除其让开被追越船的责任，直到最后驶过让请为止。

在这个过程中，无论双方的相互方位有任何变化，追越船都不应当把自己当作交叉船，而应始终负责让路。

（4）当一船对其是否在追越他船有怀疑时，该船应假定是在追越，并采取相应的避让行动。

换句话说，当本船处于他船正横后方向22.5°附近，而又不能确定是否属于追越时，应当把自己船当作是追越船处理。

（5）在追越局面过程中的追越船是让路船，而被追越船则为直航船。

让路船按规则的规定是必须给直航船让路的。

直航船是在追越两船的避让关系中与让路船相对的一个概念，也就是该船保持原有航向和航速继续航行。

2.追越局面的船舶操纵问题

追越情况的特点是相对速度小，持续时间长，两船不易分开。因此，在追越中必须保持足够的横距以防止船吸，同时还要注意被追越船可能存在转向或避让其他船只的情况，如图5-29所示。

图5-29　追越船是让路船

（1）追越船驾驶员应如何做呢？

当水面宽阔时，追越船可在被追越船的任何一侧追过。余船长说，如图5-28

中的情况，图中A船追越，为让路船，可以采取：一是右转向，当两船比较靠近时，这样操纵较合适；二是左转，这样操纵可避免抢越对方船首，较为安全，但应早些采取，太近了容易造成紧张局面。

（2）被追越船驾驶员应如何做呢？

被追越船应保持原航向、航速直至完全让清为止，同时也应注意追越船的行动，以便随时准备采取应急措施。

一言以蔽之，追越船永远负有让路的义务。吴胜顺船长总结为：追越见艉不见舷，无论如何让对方；莫将追越作交叉，直到驶过两清爽。

2020年3月24日　晴

第三，交叉相遇局面——斜对方来船的局面

避碰规则第十五条规定：当两艘机动船交叉相遇致有构成碰撞危险时，有他船在本船右舷的船舶应给他船让路，如当时环境许可，还应避免横越他船的前方。

1.避碰关系

（1）什么是交叉相遇局面？

交叉相遇局面，是指两艘机动船交叉相遇导致有构成碰撞危险的局面情况。

交叉相遇是指两船的航向交叉，或者说一船航向与另一船首向交叉，但不包括接近对遇局面和追越局面的情况。彼此之间可看见对方的一盏舷灯；双方航向交叉而又距离逐渐接近。

（2）那如何让路呢？

有他船在本船右舷的船舶（显示绿色舷灯）为让路船，应给他船（显示红色舷灯）让路，而他船是直航船，直航船则应保持航向和航速继续行驶。

交叉相遇局面中两船的责任是：有他船位于本船右舷的船舶，本船应给他船让路，本船是让路船，他船是直航船；有他船位于本船左舷的船舶，本船是直航船，他船应给本船让路。

直航船的义务是什么？首要就是保持航向和航速不变。

在夜间，当两船交叉相遇时，让路船只可能看到直航船的红色舷灯，看不见其绿色舷灯；直航船只可能看到让路船的绿色舷灯，看不到其红色舷灯。

因此，驾驶员通常称之为"见红灯就让"，即看见他船红色舷灯的我船为让路船，看见他船绿色舷灯的我船为直航船。

即问即答：如图5-30所示，你是值班驾驶员，看见他船的两盏桅灯和红色舷灯，他船是让路船还是你船是让路船？

图5-30　来船是交叉相遇船

2.避碰操纵

讨论一下，交叉相遇的特点是：

①当交角大于90°时，双方相对速度大，接近较快；当交角小于90°时，双方相对速度小，接近较慢，但相持时间相应较长。

②两船中，一方是让路船，另一方是被让路船，二者不是互让关系。

余船长说，在各种不同交角情况下，让路船的避碰操纵一般是这样的，如图5-31所示。

一是交角大于90°时，让路船应采取右转，显示出红色舷灯，从相遇船船尾驶过。

二是交角接近90°时，让路船应采取右舵向右转，从相遇船船尾通过；或者保持原航向，停车减速，等相遇船通过，一般船长不太使用停车的方法。

三是交角小于90°时，让路船可采取左舵，增大双方间的距离，让相遇船先通过；或保持航向，停车减速，等相遇船通过；或者当两船间距较大时，采取右舵转向，从相遇船船尾驶过。

图5-31　交叉相遇右转向显示红灯

小结：交叉局面打右舵，避免横越他船首。

2020年3月25日

　　上午十点，我来到明城墙公园。一群大人带着小孩在散步，大点的小孩在骑滑轮车。广播喇叭里不停地喊着，大家要全程戴好口罩，不要爬城墙。强劲的春日阳光此刻正在燃烧，城墙旁的梅花有的已经盛开，有的含苞欲放。垂杨柳已经是绿油油的。下午，完成今天的任务。

三、在能见度不良时的行动规则

　　船舶航行在能见度不良的水域，驾驶员不容易及早发现和正确识别来往船舶，很容易形成紧迫局面，甚至发生船舶碰撞，许多碰撞事故大都是在能见度不良情况下发生的，如图5-32所示。

图 5-32　能见度不良时避碰戒备（吴胜顺船长：安全航速备车行）

1.在能见度不良时的碰撞戒备

　　每一船舶应当以适合当时能见度不良的环境及情况的安全航速行驶，机动船应将机器做好随时用车操纵的准备，在航海上叫备车。

2.靠雷达测得他船时

　　一船仅凭雷达测到他船时，应判定是否正在形成紧迫局面和（或）存在碰撞危险，若是如此，应尽早地采取避让措施。

　　在能见度不良的开阔水域中，船舶之间的安全会遇距离一般应保持在 2 海里左右；通常认为，对正横及正横以前的来船在相距 4~6 海里的范围内采取措施行动为宜，对正横以后的来船在相距 3 海里左右采取行动为宜。

3.听到他船的雾号时

　　除已断定不存在碰撞危险外，每一船当听到他船的雾号显似在本船正横以前，或者与正横以前的他船不能避免紧迫局面时，应将航速减到能维持其航向的最小速度。必要时，应把船完全停下来。而且，无论如何，应极其谨慎地驾驶。

　　由于雾号的可听距离一般只有 2 海里或者 2 海里以下，所以听到的雾号表示在正横以前时，往往两船可能已经形成紧迫局面。另外，雾号的声音在雾中不完全直线传播，不能简单地就将雾号传来的方向作为来船的方位。

　　能见度不良时航行，驾驶员应详细记录航海日志。如什么时间能见度不良，进入雾区、开始鸣放雾号、备车、降速、派出瞭头的时间，听到他船雾号的方向，以及使用雷达、车及舵的情况等。

　　正如吴胜顺船长所说，雾号显似正横前，或者难免局面僵，减速停船谨慎让，雾中航行莫猖狂。

小结：能见度不良，航行驾驶员谨慎驾驶，安全航速备好车，有备无患才安全，雷达一定要使用。及时派出船头瞭望哨。

船舶避碰规则内容十分丰富，可参阅吴兆麟教授的有关著作。

思考题：请问对遇局面有何特点？两船驾驶员的避让责任是什么？

___月___日　　星期___　　　　　　　　　　　　　　　　　　　　　天气___

　　船舶的操纵知道了，避碰规则也了解了。那么船舶的营运基本技术和法律有哪些呢？请看下一讲。

船舶运营——

从技术到法律是为了降低成本

一个超大的航运公司，拥有几百艘大型船舶的总资产，是很值得骄傲吗？

但与今后的智慧航运，以及拥有大数据、区块链技术的高科技公司相比，它可能只是一个棋子。

只有拥有博大的胸怀、先进的思想，才能跟上时代发展的步伐。

如图6-1所示，计划航线画好了，航向已经确定，船舶操纵以及船舶避碰知识已具备，接下来就是把船开出去。但是我们开船出去不是兜风，而是运输营运。

这一讲我打算主要讲一讲船舶营运的最基本知识。子厚要从事船舶基金的管理业务，子涵要从事交通规划的学习。本节内容对工作会有很大的效力。

船舶运输需要完成两项基本经济任务：一是负责把产品或者原材料从一个生产场所搬运到另一个生产场所；二是运输实现产品从生产领域到消费领域。这样，围绕海上船舶运输，必然发生与船舶所有人的一系列的民事关系。因此，整合这些关系的法律规范就构成了营运的主要内容。我们先了解一下与营运有关的基本技术知识。

图6-1　船舶运营从这里启航

2020年3月27日

　　拿起手机——有新的数字吗？北京疾控中心怎么说的？钟院士怎么说？今天有多少新增病人？今天最好的消息是，全国的疫情得到了有效的控制。

　　我还要完成我"学生"交办的任务呢！

船舶营运技术的性能

船舶尺度包括船长、船宽、船深和船舶吃水。按用途不同，尺度分为型尺度、实际尺度、最大尺度等。型尺度由船体型表面量得，钢质船的型表面是船壳板和甲板的内表面，主要用于船体设计和性能计算。实际尺度是指船舶建造和营运时所用尺度，量至船体外壳板的外表面。最大尺度为包括固定突出于船壳外板各种附属结构在内的一端点量到另一端点的总尺度。尺度主要用作在建造和营运中考虑外界条件限制的依据。

第一个问题，船舶的主要尺度及载重线标志

什么是船舶的主要尺度呢？

船舶主要尺度为长、宽、深，单位有公制或者英制，根据不同的用途分为船型尺度、最大尺度、登记尺度等。

1.船型尺度

船型是船舶在运输中计算干舷、稳性、吃水差等的主要数据，包括型长、型宽和型深，如图6-2所示。

（1）型长也称垂线间长（L），是指船舶在夏季载重线处的长度，由艏柱前缘量到艉柱后缘的水平距离。无艉柱的量至舵杆中心。

（2）型宽（B），是指由一舷的肋骨型线量到另一舷肋骨型线的最大水平距离，一般是从船舶型长的中点处量。

（3）型深（D），是指船舶型长中点处，沿船侧由平板龙骨上缘量到干舷甲板（即上甲板）下缘的垂直距离。

2.最大尺度

船舶最大尺度有什么用呢？

其主要用作船舶确定停靠泊位、进船坞和过船闸、桥梁、航道等的主要参考数据，这里包括全长、全宽和最大高度，如图6-2所示。例如，某船要过吉尔运河的船闸，该船最宽为30米，以此判断能否顺利进闸。

（1）全长，也称船舶总长，是指船首的最前一点量到船尾的最后一点的水平距离。

（2）全宽，是指船壳两舷外缘之间横向的最大宽度。

（3）最大高度，是指从船底龙骨的最下缘量至最高大桅杆顶的垂直距离。

3.登记尺度

船舶的登记尺度有何用呢？或者说什么时间派上用场呢？船舶建造好后，要到政府有关机关登记，需要这些数据证书。

登记尺度主要是根据《1969年国际船舶吨位丈量公约》的规定，表明该船舶的大小，如图6-2所示。

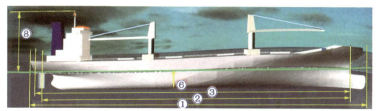

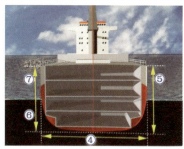

图6-2　船舶尺度示意图

①总长度；②垂线间长度；③船舶浮于水中的水线长；④全宽；⑤型深；⑥船舶吃水；⑦干舷高度；
⑧净空高度=最大高度-吃水

登记尺度主要用来计算船舶的总吨位和净吨位，包括登记长度、登记宽度和登记深度。该尺度载明在船舶吨位证书上，称为主要尺度。

（1）登记长度，是指水线总长度的96%，该水线位于自龙骨上面量得的最小型深的85%处；或者是指该水线从艏柱前面量到上舵杆中心的长度，两者取其较大者，如船舶设计具有倾斜龙骨，作为测量本长度的水线应平行于设计水线（公约规则第二条8款）。

（2）登记宽度，是指船舶的最大宽度。对于金属壳板的船，其宽度是从船长中点处量到两舷的肋骨型线；对于其他材料壳板的船，其宽度是从船长中点处量到船体外面（公约规则第二条3款）。

（3）登记深度，是指从龙骨上面量到船舷处上甲板下面的垂直距离（公约规则第二条2款）。

4.船舶主尺度比

主尺度比的用途是什么？船舶主尺度之比是表示船体几何形状特征的主要参数，从中可以得到船舶阻力、稳性和操纵性等。

（1）长宽比（L/B），一般是指柱线间长与型宽的比值；该比值大，船体瘦长。L/B大小因船舶类型不同而差异很明显。通常设计值为：客船、集装箱船为6~8，普通货船为5~7，拖船为3~5。L/B取值较大有利于船速，但不利于操纵性。

（2）长深比（L/D），一般是指垂线间长与型深的比值；L/D通常在10到15之内取值。长深比在确定干舷及纵向强度时起作用。

（3）型宽吃水比（B/T），一般是指型宽与吃水的比值；其中T代表吃水，取值范围为2.5~4.5。该比值大，船体宽度大，有较大的初稳性；但摇摆周期小，航行阻力大。

（4）宽度型深比（B/D），取值范围为1~2，如果此值增大，则将给稳性和强度带来不利影响，因为船舶横倾时，甲板边缘将沉没水中。

（5）型深吃水比（D/T），一般是指型深与型吃水的比值。该比值大，干舷高，抗沉性能好。但由于船舱容积大，重心高，故初稳性差些。

小结：从事航运领域的工作，船舶的这些主要技术参数还是应当了解的。

2020年3月28日　晴

什么是船舶的吃水与干舷？

1.船舶吃水

船舶吃水是指船舶浸在水中的深度，也可以理解为，实际水线到船底龙骨外缘间的垂直距离。

船舶吃水的大小是指船底龙骨外缘至船舶实际水线的垂直距离。它是一个变量，在不同的载重情况下有不同的吃水，空船吃水就小，满载吃水就大，所以船舶吃水反映着一定的货物重量。

船舶吃水随着船舶载重量和舷外水的密度的变化而不同，量得吃水后经过查阅有关的船舶曲线图与计算，可以求出该船当时的排水量和载重量。

在船舶运输散装货物（如矿石、煤炭等）时，往往可以根据船舶吃水的多少来计算货物的重量。

2.水尺标志

船舶在装载时，由于不均匀，船舶可能处于倾斜或者横倾的状态，船舶四周各处的吃水不相同。实践中，船上大副通常通过观测船舶的水尺标志而获得船舶的实际吃水。

水尺标志绘制在船体的首部、中部、尾部的左右两舷，共有六处，是以阿拉伯数字或罗马数字表示船舶的实际吃水的一种标记。

船舶吃水尺标志有英制和公制两种标记形式，如图6-3所示。通常，公制吃水尺标志的数字高度为10厘米，英制吃水尺标志的数字高度为6英寸。

怎样看水尺呢？水线达到水尺标志上某数字的下边缘，则表示该处的实际吃水为该数字所表示的数值；水线刚好淹没该数字，则表示该处的实际吃水为该数字所表示的数值加上相应的字的高度；水线位于字高的一半时，则表示该处的实际吃水为该数字所表示的数值加上相应字高度的一半。

当水面有波动时，大副通常根据若干次观测所得的数值的平均值来确定实际水线的位置。

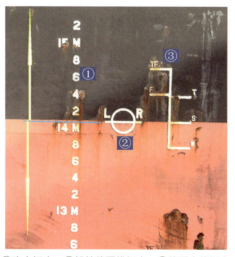

①吃水标志；②船舶载重线标志；③载重水线标志

图6-3　船舶吃水尺标志朝下箭头到夏季最大吃水，朝上箭头到夏季最小干舷（来源：子孟）

3.船舶干舷

干舷是指在船舶中点处，由甲板线向下量到实际水线的垂直距离，又称为干舷高度。

一方面，干舷等于船舶型深减去船舶吃水，型深一定，吃水越大，干舷就越小。为了保证船舶航行安全，最小干舷的高度是由船舶检验机构核定的。干舷的作用就是确保船舶具有必要的保留浮力，即当船舶一旦发生漏水，或者大风大浪中遭到大量海水侵袭甲板时，船舶仍然能够浮于水面上。

另一方面，船舶又需要最大限度地利用载重能力，所以安全干舷高度，也称为最小干舷，即表示最高载重线的位置，也就是船舶最大吃水所反映的最大载重量的限度。

为啥叫安全干舷呢？船舶最小干舷是保证船舶安全浮于水面的限度。如果船舶超载，干舷减小到小于规定的限度时，船舶就不能安全浮于水面，故最小干舷也被叫作安全干舷。

这就引出了法定载重线标志问题。

2020年3月29日　阴 有风

我在家中的小书房里踱步，发现了十几年前在潘家园购买的船上测量淡水水舱的水尺子。它是船上木匠用来测量压载水和淡水的工具，把它拴在长长的绳子上，从水孔中伸下去，提上来查看水舱中水的深度，把数字报告给大副。

船舶营运性能

船舶为了完成客、货运输的任务，就必须具备载重性能、舱容积性能，这是船舶营运的基本条件。

一、船舶载重线与标志

由于海上风浪的大小在不同季节和不同海区是不相同的，而且在有规律地变化着，所以对于每艘海船航行在不同的航区和季节都规定了相应的安全干舷，从而确定了船舶在各航区和季节的最大吃水，即满载载重量。用什么来表示呢？那就是船舶载重线标志，它勘绘于船中部两舷船壳，如图6-4所示。

（1）甲板线——标志在船舶的两舷中部以表明干舷甲板位置。它是长度为300毫米、宽度为25毫米的水平线段。

通常该甲板线上缘正好在露天甲板的水平面上，但是万一露天甲板并非干舷甲板时（如滚装船等），则在干舷甲板的水平面上。当甲板线和载重线标志之间的距离大得不切实际时，参考线定位在较低一层甲板的水平面上。

（2）载重线标志——由一个外直径为300毫米（1英尺）、线宽25毫米的圆环和一条上边缘横贯圆环中心的450毫米长、25毫米宽的水平线组成。该圆环的中心划在中部甲板线的正下方。从该圆环的中心到甲板线上缘的距离与船在夏季海水中的干舷是相等的。

在租船业务中，期租船的租金习惯上按照船舶的夏季载重线时的载重吨来计算。

载重线标志和甲板线将永久性标志在船中的左右两舷处，船舶载重线证书上有载明。

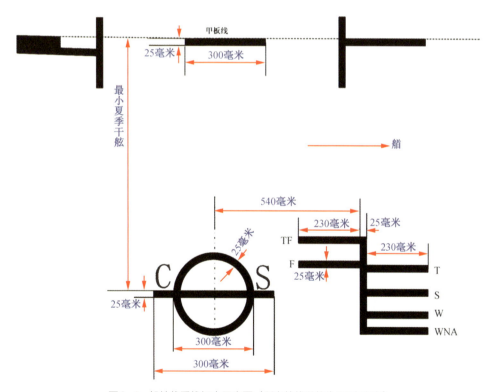

图6-4　船舶载重线标志示意图（所有的线段均为25毫米宽）

在圆环两侧勘绘的字母"C"和"S"表示认证机构是中华人民共和国船级社。

字母表明的是认证机构的缩写。例如，中国船级社是"CS"；英国劳氏船级社为"LR"；美国为"AB"；日本为"JG"；德国为"GL"等。

载重线标志除了圆环外，还包括若干如上所述的指示最小干舷的水平线。所有载重线均与一条直线相连。船舶可以装载货物直至相应的载重线上缘达到水面为止，这条线称为载重线。

（3）载重线——表示一艘船在当时所处的区带、区域和季节期的情况下，可以装载的最大吃水。

载重线段勘绘在载重线标志圆环中心前方的540毫米处，由25毫米宽的垂线及与之相垂直、向前或向后延伸的每条长230毫米、宽25毫米的水平线段所组成。各条载重线的含义分别是：

①TF（Tropical Fresh Water Load Line）表示热带淡水载重线，即船舶在热带地区淡水中航行时，总载重量不得超过此线；

②F（Fresh Water Load Line）表示淡水载重线，即船舶在淡水中航行时，总载重量不得超过此线；

③T（Tropical Load Line）表示热带海水载重线，即船舶在热带地区航行时，总载重量不得超过此线；

④S（Summer Load Line）表示夏季海水载重线，即船舶在夏季航行时，总载重量不得超过此线。此线在水平方向要与通过载重线标志圆环中心的线段相一致；

⑤W（Winter Load Line）表示冬季海水载重线，即船舶在冬季航行时，总载重量不得超过此线。

⑥WNA（Winter North Atlantic Load Line）表示北大西洋冬季载重线，即船舶在冬季季节期航行经过北大西洋（北纬36°以北）时，总载重量不得超过此线。只针对船长不超过100米的船舶；若船长超过100米，则该载重线与冬季海水载重线相同。

另外说明，当船舶装运木材甲板货时，需满足特殊要求。此时的船舶允许有更大的吃水（更小的干舷）。这与甲板货物提供的附加储备浮力有关。装运木材甲板货的船舶标记有特殊的干舷标志，即所谓的木材载重线标志。

载重线证书的签发——根据国际载重线公约的规定，由政府授权的机构签发，如中国是中国船级社，英国是劳氏船级社等。

泛读

　　1957年10月23日，全国人民代表大会常务委员会第八十二次会议根据国务院周恩来总理提出的议案，审查了1930年7月5日在伦敦签订的并且以中国政府名义加入的国际船舶载重线公约，决定予以承认；并且审查了对于1930年国际船舶载重线公约附件二的澳大利亚联邦政府修正建议，决定予以接受。

2020年3月30日　晴

　　这几天北京的春天来了，五颜六色的花盛开了。待在家里的人开始少了，都到公园去了。上午十点钟，接到小朋友的微信，说给爷爷奶奶买了吃的东西，接到电话后下楼取。

　　我今天的任务是写船舶载重吨位。

二、船舶排水量和吨位

1.船舶排水量

　　所谓船舶排水量，是指船体在水中部分所排开同体积水的重量，即整个船的重量，以吨计算。（热带海水的密度为1.025吨/立方米）

　　（1）空船排水量

　　空船排水量是指船舶出厂时空船的排水量，它包括船体、机器及设备、机器中燃料等重量的总和。

　　空船排水量等于空船的重量，是一个定值，可以在船舶资料中查到。

　　（2）满载排水量

　　满载排水量是指船舶满载时，即吃水达到某一规定载重时的排水量，它包括空船排水量、燃料、淡水、货物及船舶常数的总重量。

　　在海运业务中，海水中夏季载重线吃水处的满载排水量是通常引用的船舶数据。

　　（3）船舶常数

　　由于船舶在运营中，经过船厂的修理或改装后剩余的部分重量，又如污水沟、压载舱的残留的重量，这些统称为船舶常数。故应尽量使船舶常数值减小，以充分发挥船舶载货能力。

　　常数测定公式为：

船舶常数=现在的空船重量-建造出厂时空船重量

2.载重量

船舶在运营中更关注的是载重能力，即船舶的载重量。载重量又分为总载重量和净载重量两种。

（1）总载重量

总载重量，是指船舶根据载重线标志的要求，所能最大限度装载的重量，以吨计量，也称为船舶最大载重量、满载载重量。它等于夏季满载排水量与空船排水量之差。一般认为：

总载重量=满载排水量-空船排水量

（2）净载重量

净载重量是指船舶具体航次所能装载的最大重量，以吨表示。

净载重量=总载重量-（燃料+淡水+常数+其他供应品等）

由此可见，当总载重量确定后，为了能够使船得到最大的净载重量，就要求按照所走的计划航线，计算出合理的燃料等储备物资，以达到更多的净载重量。

2020年3月31日 庚子年三月初八 晴

写这部分内容时，资料不全。通过微信，跟中国船级社科技处崔处长进行了交流，很感谢他的帮助。

三、船舶货舱容积、容积系数与积载因数

什么是船舶容积性能呢？

船舶所具有的容纳各类货物体积的性能，通常由船舶的货舱容积、登记吨位和舱容系数来反映。

货舱容积

货舱容积表示船舶货舱能够容纳货物空间的大小，简称容积，单位为立方米（或立方英尺）。船舶资料所提供的舱容分两类：

（1）散装舱容——货舱内实际能够装载散装货物的空间。当装载散装货物（谷物、煤炭等）时能装满全舱，可作为计算散装货物的容积标准。

（2）包装容积——舱内实际能够装载包装或成件货物的空间。由于货舱内有

梁、柱、肋骨等构件，当装载成件货物时，货舱容积不可能完全被利用。一般包装舱容比散装舱容小5%~10%。

（3）舱容系数表示船舶每净载重吨货物重量所占的最大舱容数，以立方米/吨为单位。

$$船舶舱容系数 = \frac{货舱容积}{净载重量}$$

讨论一下：某船货舱总容积为15800立方米，某航次净载重量为13000吨，求船舶舱容系数。

$$舱容系数 = \frac{15800}{13000} = 1.215 立方米/吨$$

（4）货物积载因数

在杂货船中，船舶装载的货物是五花八门的，各种重量相等的货物，体积相差甚远，如钢材与棉花。对于一艘杂货船来说，如果全部装钢材，当载重量已经满载时，则舱容会有很多空余，这样不但浪费了舱容，而且由于重量太集中也可能影响船体的结构。相反，如果全部装海绵，虽然舱装满了，但载重量还大大不够，也同样造成浪费运力。因此，在实践中，应当把握货物重量与体积的关系。

货物的积载因数用以表示货物的重量与容积之比，以1吨货物重量所占的体积为单位，这个数值在船舶积载时经常用到。

$$货物积载因数 = \frac{货物体积}{货物重量}$$

以上问题是指散货船和杂货船而言的。实际上，船舶的大小可以采用能够描述其特性的术语来表达。

船舶类型决定了所要使用的术语。

例如，集装箱船舶的大小采用所能装载的20英尺集装箱的数量来表达，如某集装箱船，最大吃水14.6米，集装箱载重量8750TEU，航速25节；滚装船的大小由车道总长度得到；而客船则采用运载的旅客数量来表达。

船舶登记吨位

凡是商船建造完成，行驶前均须向政府有关机关登记，凭此收取各种费用。它是统计船舶吨位，表示船舶大小，计算船舶建造、买卖、租船费用，以及处理海事赔偿的依据等。根据不同的用途分为总吨位、净吨位。

人们认识到，为国际航行的船舶建立一套国际通用的丈量制度，对于海上运输来说，将十分重要。因此，1969年6月IMO制定了吨位丈量国际公约，该公约于1982年7月18日生效。

此公约适用于长度大于24米的国际航行的船舶，于1994年7月生效。我国船级社颁发的国际航行吨位证书跟公约是一致的。

1. 国际公约吨位：

"总吨位GT"是指根据本公约各项规定丈量确定的船舶总容积。（公约第2条4款）

"净吨位(NT)"是指根据本公约各项规定丈量确定的船舶有效容积。（公约第2条5款）

（1）船舶总吨位（GT）的计算公式：

$$GT = K_1 V$$

其中：V——船舶所有围蔽处所的总容积（m^3）；

K_1 —— $0.2 + 0.02 \lg V_c$

（2）船舶净吨位（NT）公式：

$$NT = K_2 V_c (4d/3D)^2 + K_3(N_1 + N_2/10)$$

例如，某船的所有围蔽处所的总容积是100000 m^3，根据总吨位公式，或者从公约附录2查到，K_1=0.30，那么该船的"总吨位为30000"。

在国际吨位证书（1969）中，关于总吨位和净吨位数字下面标注：兹证明该船的吨位是根据《1969年国际船舶吨位丈量公约》的规定所测定的。

总吨位和净吨位数据，根据公约给出的计算公式计算出来的总吨位和净吨位只是数字，是无量纲，"吨"这个词不是计量单位。

举例说，一船将被说成具有"总吨位为51806"和"净吨位为22276"。

以上是按照吨位丈量国际公约的丈量规则来丈量的登记吨位。计算中所采用的所有测量值均为型尺寸。为了减少每日的费用，船东将总吨位保持尽可能低些。其中一种方法是保持较小的型深，这样更多的货物可放在甲板上。结果是，由于储备浮力的丧失而导致稳性的丧失，所以出现危险。

公约规定，净吨位不能小于总吨位的30%。例如某船的总吨位为24872，净吨位为12717。

净吨位一般用来计算各种港口使费，如引航费、灯塔费、停泊费等。

2. 英国吨位

现在还经常见到的总吨位的另一种表述是：丈量船上能够避风雨的容积为若干立方英尺，再除以100立方英尺（2.83立方米），所得商为该船的总吨位。这是一个无量纲的数字。

这个方法是1854年在英国召开的世界各国验船协会会议上议定的计算标准。

尽管有了国际公约，但是有的教科书还仍然沿用英国这种表述和计算方法。这种方法也很简单，如图6-5所示。

总吨位（GT）——船舶主甲板以下（单位：立方米）和主甲板以上围蔽处的体积，其计算公式如下：

$$总吨位（GT）=\frac{全船所有围蔽处体积立方米总数}{2.83立方米}（总吨位）$$

净吨位（NT）——各装载货物处的总容积，是按照丈量公约测算公式求出的船舶容积吨位。

实践中，从总吨位容积中减去不装营利货物的容积，如船员室、导航设备室、压载舱等。

剩下的这个容积，如果用立方米计算，就除以2.83，如果按立方英尺计算，就除以100，从而得到净吨位。

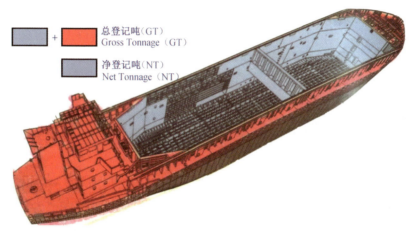

图6-5　总吨位与净吨位区别示意图（图中浅红色加灰色为总吨位，其中灰色为净吨位）来源：船舶知识，孙丽萍译，哈尔滨工业大学出版社）

这里需要说明一下，按照公约计算的总吨位和净吨位与沿用英国吨位的计算公式，两者之间有差距。

3. 运河吨位

在航运实践中，还有一个苏伊士运河吨位和巴拿马运河吨位。运河吨位是指巴拿马和苏伊士运河当局，按照各自制定的丈量办法计算船舶的总吨位。它是船舶过运河时，运河当局收取船舶过运河费的收费依据。

> **小结**：登记吨位是以容积来表示船舶的大小。国际间统一以国际吨位丈量公约的标准，过去使用的标准是以2.83立方米或者100立方英尺作为一个登记吨位。总吨位是表示商船的大小，一般作为海事赔偿的基础，净吨位不能小于总吨位的30%，净吨位主要用于码头使费、拖带费等的依据。

> **2020年4月1日　晴**
>
> 　　今天一大早，我就坐在书桌边，能听到楼下家的孩子在蹦蹦跳跳，没个消停。他们的尖叫声，丝毫不打扰我，相反，我喜欢。继续进行自己的"工作"。

船舶入级的事儿

记得有一次，一位刚入职船舶基金公司的职员问我，船舶入级是什么意思？那么，今天简单聊聊船舶入级的事儿。

船舶的建造应该符合相应的建造规范和技术标准。那谁来管理呢？由船级社管理和认可。船级社的选择由船东来决定。

船舶设计完，由船级社审查批准相关的图纸，并在造船现场，检验实际的造船结构。船级社按照船舶的等级来控制船舶的有关材料和质量，以及相关的造船工艺及其程序。

检验符合相关的规范和国家的行业标准，船级社就颁发船体、轮机设备等若干证书。船机证书是给保险公司和船舶管理部门的文件基础。一般证书的有效期为五年，到期后按照年度检验结果进行重新颁发证书。

入级船舶的年度检验的项目包括船级、结构安全、载重线、设备质量、无线电设备等。通常这些项目的检验都在同一个停靠港完成。如果在船舶证书到期的三个月结束后，某个法定证书还没有由船旗国或者船级社颁发，则船级证书便不再有效，海事部门拒绝船舶离港。

1968年开始，世界主要的几个船级社联合成立了"国际船级社协会（IACS）"。IACS的成员是（按字母顺序）：美国船级社（ABS）、法国船级社（BV）、挪威船级社（DNV）、中国船级社（CCS）、德国劳氏船级社（GL）、印度船级社（IRS）、韩国船级社（KR）、英国劳氏船级社（LR）、日本船级社（NKK）、意大利船级社（RINA）、俄罗斯船级社（RS）。DNV与GL合并为DNV-GL。

许多船旗国都将船舶检验授权给船级社代为执行，因此许多法定证书都由船级社进行颁发，但船级社仅仅是代表船旗国执行检验权力。

根据国际海事组织（IMO）的要求，所有的船舶证书有效期为五年，但船舶的出厂日期不变。

图6-6　船舶需要每五年两次进入干船坞进行检验

在各种证书签发前，船舶必须注册到某个国家，即船旗国。这就意味着船旗国允许该船悬挂该国的国旗，拥有该国国籍。

通过缴纳一定的费用以及所得税，船旗国有关部门当局便允许船舶在其管辖下运行。船舶的注册港口必须标记在船尾。

2020年4月2日　晴

努力实现没有摇摆的船舶——谈船舶稳性

船舶漂浮于水面上，一方面船体本身及所载货物的重量使船向下沉，另一方面水的浮力又将其向上托，或许人们会认为，船舶只要有足够的浮力就行了。其实不然，船舶还必须做到不能倾翻才行。

船要浮在水面，浮力固然是必备条件，而船的稳性也是不容忽视的大问题。一艘船有无稳性，取决于浮力中心与船的重心的辩证关系，一旦搞错浮力的作用情况，船会很容易倾覆。

最近在网上看到这样的消息，在太平洋上一艘满载木材的货船在台风中心地带，载重在甲板的木材失散，于是货舱失去稳性开始倾斜，而后海水浸入甲板以下的货舱，最终沉没。

这就引出了船舶重心问题。

我们再讨论一下船舶在水中的沉浮性能问题。

第一，关于重力与浮力

船舶在一定装载情况下的漂浮能力就叫作船舶浮性。

物体的沉浮规律是：浸在液体里的物体受到液体向上的托力，称为浮力。浮力的大小是多少呢？浮力的大小等于物体所排开同体积液体的重量。

因此，船舶在水面上平衡的条件是，重力（船舶重量）和浮力（船体排开水的重量）大小相等，方向相反，并且两个力作用在同一垂线上，如图6-7所示。

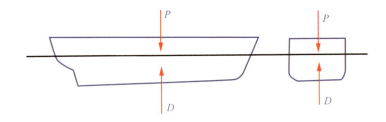

图6-7　船舶重力与浮力之间平衡示意图

图6-7中：P为船舶重力（船体重量与货物重量的总和）；

D为水的浮力，大小为船体排开水的重量；$D=V \cdot \gamma$，称为排水量。

其中：V——船体入水体积；

　　　γ——水的比重（标准海水的比重为1.025，表示每立方米的海水为1.025吨。我国沿海各港口，水的比重一般为1.003~1.023，如大连港海水比重为1.023；上海吴淞口江水比重为1.005）。

当船舶重力等于浮力时，船平衡地浮于水面；

船舶重力大于浮力，船舶下沉；

船舶重力小于浮力，船舶上浮。

小结：水对船舶向上的托力的大小取决于船舶在水中的体积。由船舶排水而引起的向上的力称作浮力。如果船舶在水线以上没有储备浮力的话，哪怕船舶重量的轻微增加，也将引起沉没。所以，船舶拥有一定的储备浮力是十分重要的，如图6-8所示。

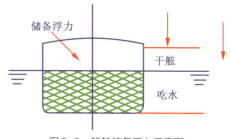

图6-8　船舶储备浮力示意图

储备浮力包括船体水线以上的体积，还包括起居舱室、甲板室等甲板以上建筑物。所有能够提供储备浮力的部分必须是水密的或者能够水密的。

第二，重心与浮心

船舶周围的水给船施加一个力，其方向垂直于水面，恰好使船处于漂浮状态，这个力大小就等于船所排开水的重量，方向与船舶重力方向相反。

这就是著名的阿基米德定律，这说明物体淹没在液体中，将承受一个大小等于物体排开液体的重量。

船舶可看成由许多物体所组成，如船体、主机、燃料、淡水、货物等。众所周知，由于地心对物体产生引力，就成为各个物体的重力。

各重力的中心就是重心，用G表示，也就是船舶所有物体重力的总作用点。重力是从重心垂直向下的。

船体排开同体积水的重心，称为浮心，用B表示。浮力是从浮心垂直向上的。

2020年4月3日　晴

船舶吃水与水的密度有关系吗？

第三，水的比重

同一艘船舶，在同样排水量下，在海水和淡水里的吃水是不相同的，这是因为同样体积的海水和淡水的重量是不同的，海水要比淡水重。为了计算方便，在水运中我们把1立方米物质的吨数，称为该物质的比重。如淡水比重为1，就表示每立方米的淡水为1吨；标准的比重为1.025，表示每立方米标准海水的重量为1.025吨。这就是说，给定1立方米体积的海水比同样体积的蒸馏水（4℃）重0.025吨。

海水的比重取决于温度、盐度和压力。在温度降低、盐度增加和压力（深度）加大的情况下，海水的密度就增大。我国沿海港口，水的比重一般为1.003~1.023。通常认为波罗的海的盐度最低，海水比重也最低；红海盐度最高，海水比重也最大，一般为1.041。在大河出海口处，海水的比重甚至接近淡水，密度较小，但也可能因为河水裹挟泥沙的原因使得海水密度增大。大连港海水比重一般为1.023；上海长江口的水比重一般为1.005。水的比重可以用比重计来测量。

第四，船舶吃水与水的比重的关系

前面已经介绍过，船舶之所以能够浮于水面，是因为作用于船上的重力和水的浮力大小相等，方向相反。当船舶由海水进入淡水时其重力是不变的（假设淡水、燃料等消耗不变），但浮力是变化的，因为浮力的大小等于船体入水部分所排开同体积水的重量，即

$$D = V \cdot \gamma$$

式中：D——浮力；

      V——船体入水体积；

      γ——水的比重。

当船舶由海水驶进淡水时，水的比重变小了，假设这时船舶入水的体积是不变的，必然导致浮力的减少。浮力减少就打破了原来船舶在海水里的平衡条件，船将下沉，一直到船舶的浮力和重力重新相等，这时船舶在水面上又取得新的平衡。

因此，船舶由比重大的海水进入比重小的淡水中，船舶就会相应下沉，即增加船的吃水；反之，由淡水进入海水时则船舶吃水减少。这个海水、淡水的吃水变化，在船舶航行和船舶装载时，要加以修正，其计算公式如下：

船的原装货地的排水量为：

$$D_1 = V_1 \cdot \gamma_1$$

其中：D_1——原地排水量；

      V_1——原地的船入水的体积；

      γ_1——原地海水的比重。

到达新地的排水量为：

$$D_2 = V_2 \cdot \gamma_2$$

其中：D_2——新地排水量；

　　　　V_2——新地船入水的体积；

　　　　γ_2——新地海水的比重。

　　由于

$$D_1 = D_2 = v_1 \cdot \gamma_1 = v_2 \cdot \gamma_2$$

$$v_1 \cdot \gamma_1 = S \cdot T_1 \cdot \gamma_1 ; \quad v_2 \cdot \gamma_2 = S \cdot T_2 \cdot \gamma_2$$

其中：S——船体的水平截面积；

　　　　T_1——原地船吃水；

　　　　T_2——新地船吃水。

于是

$$S \cdot T_1 \cdot \gamma_1 = S \cdot T_2 \cdot \gamma_2$$

　　得到

$$T_1 \cdot \gamma_1 = T_2 \cdot \gamma_2$$

则

$$T_2 = \frac{T_1 \cdot \gamma_1}{\gamma_2}$$

即得到求新地船吃水的近似公式：

$$新地船吃水 = \frac{原地船吃水 \times 原水比重}{新地水比重}$$

图6-9　一艘集装箱班轮进港（来源：网络）

　　例题：某船在澳大利亚装载后的满载吃水（当地海水比重为1.030）为：艏吃水15.03米，艉吃水15.63米。通过长江口铜沙浅滩，已知该浅滩处水的比重为

1.005，求过浅滩时艏、艉吃水增加多少米。

原平均吃水为：$\dfrac{15.03+15.63}{2}=15.33$（米）

代入公式，新平均吃水 $=\dfrac{原地船吃水\times原比重}{新地比重}=\dfrac{15.33\times1.030}{1.005}=15.71$（米）

两地的吃水差为 15.71−15.33=0.38（米）

过铜沙浅滩时艏、艉吃水为：

艏吃水：15.03+0.38=15.41（米）

艉吃水：15.63+0.38=16.01（米）

过铜沙浅滩时，加上船的富余水深0.7米，要求实际水深16.7米以上才能过该浅滩。

2020年4月5日　晴

第五，散装货物水尺计量重量

有一次，一个小朋友问我，几十万吨船装的矿砂怎样过磅呢？在航运实际中，散装货物运输按照原来、原转和原交的原则。对整船散装货物，用船舶水尺计量的吨位，作为发货和收货的重量。

散装大宗货物如煤炭、盐、矿石等，大都是整船装运的，通常可由船舶水尺计量来确定散装货物的载重量。

散装货物水尺计量计算如下：

设船舶净载重量为 $D_净$

$$D_净 = D_总 - G$$

其中：$D_总$——装货后的总重量；

G——测算时船舶实际存在燃料、淡水、压载水、常数等的重量，即装货前后的储备品数量，按实际测量记录确定。

图6-10所示是测量压载水和淡水的工具。

例题：某船于某年5月16日，由巴西装运铁矿石赴国内上海宝钢码头，试以水尺计量确定本航次的净载重量 $D_净$（巴西某港海水比重1.030，上海宝钢码头水比重1.005）。

第一步：装载前，查看空载时的六面水尺，算出平均吃水为6.3米，换算成海水标准比重吃水为6.2米，记入水尺计量鉴定表。

通过测量淡水存量、剩余的压载水，船舶常数为1560吨。

装载后，大副再去观看满载的六面水尺，得到平均吃水为15.1米，换算成标准海水吃水为15.2米，查得当时的总载重量为156850吨，然后减去当时船存的燃料、淡水、压载水和船舶常数共1560吨。

图6-10　一件常用的测量压载水和淡水的工具（从一端的系绳孔系上一根长长的细绳，从甲板的测量孔中伸下去测量。）

156850-1560=155290（吨），即为本航次的净载重量。经大副和理货机构共同签字，即证明该船本航次承运了155290吨铁矿石。

抵达上海宝钢码头后，大副首先查看当时的六面水尺，得到船的平均吃水为15.5米，换算成标准海水吃水为15.2米，查得载重量为156850吨，减去当时船存的燃料、淡水、常数等1550吨。

则到港后净载重量为155290吨，与装货时吨位相等，经目的港理货机构与船方共同签字，证明该船本航次装载155290吨铁矿石，全数安全运抵目的港，即开始卸货。

小结：根据船舶在装、卸货港的吃水，计算出运载货物的重量，是目前国际通用的简便方法。

2020年4月6日　晴

　　上午十点，我戴好了口罩，沿着北京明城墙公园走了两圈。我是很放松地散步，差点耽误这个春天，北京已经桃红柳绿了。两个多月了，第二次出门，尽管我一整天什么也没做。

船舶稳性——从不倒翁说起

第一个问题，稳性的基本概念——漂力带来的礼物

　　稳性是全部或者部分淹没于水中竖直漂浮的物体的一种能力。什么能力呢？当它在外力矩作用下，发生了倾斜，当外力矩消失后，使它能够回到平衡位置而不再继续横倾的能力。

　　换句话说，所谓的稳性就是指船舶浮于水面上，当受到的外力作用停止后，能否有恢复到原来平衡位置的本领。

　　现在让我们看一下生活实际的例子，如图6-11所示。

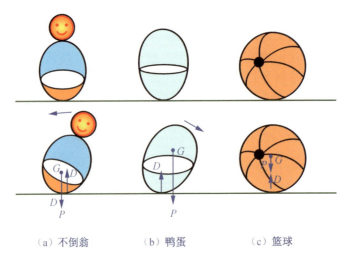

　　（a）不倒翁　　　　（b）鸭蛋　　　　（c）篮球

图6-11　不倒翁等物体的平衡现象示意图

　　图6-14（a）所示是个不倒翁，当把它掀倒后，一松手，不倒翁就很快地恢

复过来，结果还是静止于D点。这说明不倒翁的G点重心很低，当外力把它掀倒时，由于不倒翁的重力与地板支撑力形成了一个力偶的作用，使其恢复到原来正直的位置，这种情况称为稳定平衡。

再看图6-11（b），它是一个鸭蛋，用手扶着它直立，但一松手就会倒下去，这是由于鸭蛋的重心G很高，重力P与支撑力D所形成的力偶，促使鸭蛋的倾侧，故无法直立于地板上，这种情况称为不稳定平衡。

如图6-11（c）所示，是个篮球，把它转到任何位置，篮球都能静止下来，这说明篮球的重心和托力始终在同一垂线上，它能进行就地平衡，这种情况称为中性平衡，也称随遇平衡。

根据以上现象分析，我们再来讨论船舶的情况。船舶被设计成竖直漂浮，所以它一定具有稳性，如图6-12所示。

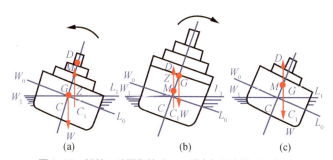

图6-12　船舶三种平衡情况——重心与浮心关系示意图

这里要区分开纵稳性和横稳性。纵稳性都能满足，所以不用讨论。当提到船舶稳性的时候，就是指横稳性。初稳性是指横倾角小于6°的稳性。

讨论问题的假设，船舶的重量不因为船舶倾斜而移动，其重心G将固定不动；而浮心C随着水线船体形状的变化而移动了，如图6-12（a）所示，从C点移动到了C_1，这时候重力与浮力将不在一条直线上了，就形成了力偶，这个力偶使得船舶恢复到初始平衡位置。与不倒翁的例子雷同，说明该船具有稳性，该力偶就称为稳性力矩。

如果力偶促使船舶沿着倾斜方向倾斜，如图6-12（b）所示，M点到了G以下时，雷同竖立的鸭蛋的例子，这说明该船没有稳性，该力偶称为倾覆力矩。

C点水面垂直线与船舶中心线的交点M，M点在航海中称为稳心。当M在G以下时，船舶的复原性就很差了。在这种情况下，作用于船的浮力和重力组成的力偶加剧船的倾斜。

若船舶倾斜后浮力与重力仍然在同一作用线上，如图6-12（c）所示，同排球的例子，则力偶为零，GM为零，此时船舶处于随遇平衡。

小结：船舶必须具有稳性力矩才行。

2020年4月7日 晴

今天有人在微信朋友圈中发来了一句话，我认真读了一下："天下事，没有绝对的正负，有所得必有所失。"

第二个问题，衡量稳性大小的标志——有所得有所失的稳心高度

从不倒翁的启示，船舶被设计成竖直漂物，所以它具有稳性。当浮体发生倾斜并且质量没有发生变化时，将形成满浮力楔形，并充满船体低的一侧，较高一侧的楔形消失。左右两个楔形有相同的排水体积。

如图6-13所示，船舶在外力矩——波浪或者风的作用下，倾斜了一个θ角，当倾斜后的浮力与重力构成稳性力矩时，该稳性力矩用M_B表示。

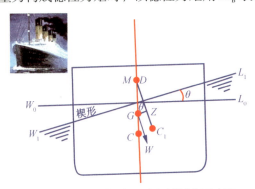

图6-13　船舶在横倾角θ时求稳性力矩示意图

$$M_B = D \cdot \overline{GZ}$$

M_B为稳性力矩；D为船的排水量；$\overline{GZ}$为稳性力臂，也叫复原力臂，是重心至倾斜后浮力作用线的垂直距离，单位为米。

小倾角时的稳性称为初稳性，实际中取倾角$\theta < 10°\sim 15°$时，在图6-13中可见

$$\sin \theta = \frac{\overline{GZ}}{\overline{GM}}, \quad \overline{GZ} = GM \sin \theta$$

所以

$$M_B = D \cdot \overline{GZ} = D \cdot \overline{GM} \sin \theta$$

其中：$\overline{GM}$——初稳性高度；

    θ——横倾角。

以上公式称为初稳性力矩公式。

讨论一下，船舶在一定装载、一定倾角的情况下，稳性力矩的大小决定于重心和浮心的相对位置。在小倾角的情况下，重心和浮心的相对位置可用重心 G 与稳心 M 之间的距离 $\overline{GM}$ 来表示，如图6-14所示。

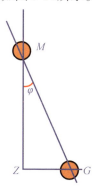

图6-14 M、G和Z三点构成直角三角形

当 θ 较小时，当 M 点在 G 点之上时，$\overline{GM}$ 为正值，此时船舶有稳性力矩；当 M 点在 G 点之下时，$\overline{GM}$ 为负值，此时船舶有了倾覆力矩；当 M 点和 G 点重合时，$\overline{GM}$ 为零，此时船舶为随遇平衡状态，像个篮球，对船舶来说也极不安全。

结论：初稳性高度 $\overline{GM}$ 有三种情况，$\overline{GM}$ 为正值，M 在 G 的上方；$\overline{GM}$ 为负值，M 在 G 的下方；$\overline{GM}$ 为零，M 与 G 重合。稳心 M，这个点在船舶运动过程中基本保持不动。M 点的高度对初稳性很重要。

继续讨论一下，衡量初稳性大小的基本标志为稳性高度 $\overline{GM}$。要使船舶具有稳性，则必须使 $\overline{GM} > 0$，即 G 点必须在 M 点之下；在排水量一定时，M 点的位置是由船体形状所决定的，船舶造完后，就基本确定，可在船性能曲线图上查询。

对于营运船来讲，船体形状已定，而 G 点的高度取决于货物重量的上下分配，所以驾驶员配载时，就必须注意货物重心 G 的高度。

计算船舶初稳性的主要目的是要知道船舶在倾斜后所能产生的稳性力矩值，并且使该稳性力矩的大小有足够的能力，去抵御大风大浪等外力矩的作用，以保证航行安全。

对于每艘船舶来讲，初稳性太小，则有倾覆的危险；而初稳性太大，则船舶处于剧烈摇摆状态，对人、货物、船体结构等产生不利影响。另外，摇摆剧烈会使货物移动，同样也有危险。所以要求各营运船舶具有一个最佳的稳性，十分重要。

通常各类船舶 GM 有个参考范围。GM_0 初稳性的最小值和最大值在很大程度上取决于船型。例如万吨的客船满载 GM_{max} 为 0.4~1.0 米；10 万吨级油船 GM_{max} 为 0.9~1.5 米。

思考题：船舶稳性可用 GM 值来衡量，GM 的值（　　）。

A.为正值时稳定性好 　　　　　　　B.为负值时稳定性好

C.为0时稳定性好 　　　　　　　　D.以上均不对

2020年4月8日　晴

　　今天一大早，我就坐在书桌边，依旧能听到楼下家的孩子蹦蹦跳跳，没个消停。他们的尖叫声，依然丝毫不打扰我，相反，我仍旧喜欢。今天武汉解封了，是天大的好消息。

第三个问题，稳性 GM 值的计算

通过以上讨论，稳性高度 GM 只能是正值，不能为负值，具体计算如图6-15所示。

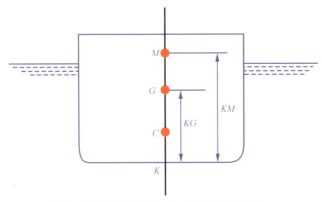

图6-15　重心 G 与初稳心 M 的位置关系示意图

$\overline{GM}$ 是稳心（M）和重心（G）对于龙骨基线 K 的高度差。$\overline{GM}$ 的值由以下公式得出：

$$\overline{GM} = \overline{KM} - \overline{KG}$$

其中：$\overline{GM}$ ——稳性高度；

$\quad\quad\overline{KM}$ ——稳心至龙骨基线的距离，称为稳心高度；

$\quad\quad KG$ ——重心至龙骨基线的距离，称为重心高度。

上述公式只能在横倾角小于6°的初稳性情况下使用。

稳性高度的调整：

在实际配载中，当大副检验稳性高度 $\overline{GM}$ 不符合要求时，都要对 $\overline{GM}$ 进行调整，以求得适当的稳性高度，调整方法是上下移动货物，或者打压载水。大副一般是打压载水来调整。

调整货物的一般公式为：

$$P \times Z = D \times GG', \quad P = \frac{D \times GG'}{Z}$$

其中：GG'——重心高度变化值，即 GM 的调整值；

$\quad\quad Z$——货物上下移动的距离；

$\quad\quad P$——货物移动的重量；

$\quad\quad D$——装货后的总排水量。

例题：新海轮装载后总排水量为60000吨，计算稳性高度 GM 为1.2米，船长认为偏大，要求降到1米，现拟从底舱向上移动货物，移动距离5米，求货物需要调整多少吨，如图6-16所示。

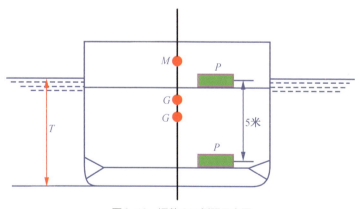

图6-16　调整GM例题示意图

$$P = \frac{D \times GG'}{Z} = \frac{60000 \times (1.2 - 1)}{5} = 2400 \text{吨}$$

答：该船从舱底上移货物2400吨，才能取得*GM*=1米的要求。

另外，在航行中由于燃料、淡水等的消耗相当于货物重量的减少，这些情况均会使得稳心高度发生变化。

通常微调时，打进或打出压载水调整更方便。

讲到这里，我想起最简单的力矩的例子的启示。

力矩大小取决于力的大小和力臂的长短。公园里孩子（30千克）和妈妈（60千克）坐在跷跷板上，与支点的距离分别是2米和1米。虽然体重不同，但孩子与妈妈对于支点有相同的力矩，跷跷板处于平衡状态。

如果船上1000吨的货物在船上移动1米，想得到相同的效果需要将10吨货物移动100米，力矩都是1000吨·米。

这说明如果在300米长的大型船舶上，任意移动有限的液体也会造成很大的力矩，这就引出下一个问题。在目前实际工作中，这种工作已经不用人完成了，全部是计算机辅助设计完成。

抗沉性

所谓抗沉性，是指船舶在一个舱或者几个舱进水的情况下，仍然能够保持不致沉没或倾覆的能力。

为了保证抗沉性，船舶除了具备足够的储备浮力外，一般有效的措施是设置双层底和一定数量的水密舱壁。一旦发生碰撞或者搁浅等，使某一舱进水而失去浮力时，水密舱壁可将进水限制在最小的范围内，阻止进水向其他船舱漫延。这样就仍能以储备浮力来补偿进水所失去的浮力，保证船舶不沉没。

对于不同用途、不同大小和不同航区的船舶，抗沉性的要求不同。它分为一舱制船舶、二舱制船舶、三舱制船舶等。

一舱制船舶是指该种船舶上任何一舱破损进水而不致造成沉没的船舶。通常远洋运输船都属于一舱制船舶。

二舱制船舶是指该船任何相邻的两个船舱破损进水而不致造成沉没的船舶。三舱制船舶以此类比。一般化学品船舶和液体散装船舶都属于二舱制船舶或者三舱制船舶。按照抗沉性规范设计舱室时，是按照船舱室在平均渗透率下的进水量来设计的。

什么是渗透率呢？

所谓渗透率，是指某船舱的进水容积与该船舱的容积的比值。进水给稳性带来影响，渗透率最大。当舱室是空的，渗透率等于1；当某舱室完全被液体或者泡沫塑料充满时，渗透率等于0；机舱的渗透率约为0.85。舱室的渗透率越高，因泄漏所占的容积越大，剩余浮力越小。

思考题：

1.某船的所有围蔽处的总容积为V=10000 m³，请用公式 $GT=K_1V$（K_1=0.2+0.02lg$V$），求出该船的总吨位GT；再用英国吨位公式计算总吨位GT是多少？

2.什么是船舶稳性？如图6-16所示，请分析几个点的关系。

2020年4月9日　晴

上午，我翻阅《经济学基础》，书中讲到经济学十大原理，原理之五是贸易可以使每个人的状况变得更好。大到国家，小到个人，都能从相互贸易中获益，而贸易离不开航运。

有关的远洋运输知识

如图6-17所示，远洋运输作为一种国际贸易成交后的货物运输方式，主要是在世界范围内进行的，具有明显的国际性。远洋运输情况特殊，与之相适应的法律关系复杂，不同特点的风险相随。为了维护海上航行安全，发展远洋运输，促进国际贸易，国际上制定了一系列公约，世界各国也制定了自己的法律，用以处理远洋运输中发生的各种关系。其内容十分繁杂，这里只是选择性地进行讲解。

图6-17　贸易可以使每个人的状况都变得更好

一、贸易的行话——国际贸易术语

远洋运输是国际贸易中的一个环节，在从事国际贸易中，经常使用的通用语言术语，也就是俗话讲的行话。因此，先介绍一下国际贸易基本术语。

贸易术语，又称价格术语，是指在国际贸易的长期实践中逐渐形成的行话，表明在买卖过程中货物的单价构成和买卖双方各自承担的费用、责任与风险的划分界限的术语。习惯上用英文缩写字母来表示。

贸易术语的作用是什么呢？

贸易术语的主要作用在于明确买卖双方各自承担的费用、风险和责任。具体如下：

（1）确定实际交货地点；

（2）明确买方还是卖方负责办理货物的运输和投保货物运输保险；

（3）确定货物风险转移的时间与地点；

（4）确定买卖双方的费用负担；

（5）由买方还是卖方负责办理并提交各种装运单据以及领取货物进出口所需的其他单据等。

只要选择某种贸易术语，就可确定双方的责任与义务。因此，贸易术语的使用，可以缩短交易时间，简化买卖双方的洽商过程。

二、国际贸易术语的主要内容

贸易双方的当事人对于不同国家之间的贸易习惯，往往不甚了解，为避免在使用贸易术语时产生误解、争议和诉讼，国际商会（ICC）公布了一套解释贸易术语的国际通则。

将13种贸易术语按不同类型分为四组。

1. E组（起运）卖方在自己的地点将货物交给买方

EXW——Ex WORKS 工厂交货

在E组贸易术语中，卖方的责任是：

（1）在其所在地（工厂或仓库）将货物交给买方履行交货义务；

（2）承担交货前的风险。

买方的责任是：

（1）自备运输工具将货物运至目的地；

（2）承担卖方交货后的风险和费用；

（3）自费办理货物出口及结关手续等。

采用这一组行话术语，卖方责任是最小的。它适用于各种方式的运输。

2. F组（主要运费未付）卖方须将货物交至买方指定的承运人

FCA——FREE CARRIER　货交承运人

FAS——FREE ALONGSIDE SHIP　船边交货

FOB——FREE ON BOARD　船上交货

在F组贸易术语中，卖方的责任是：

（1）在出口承运人所在地（包括港口）将货物交给承运人履行交货义务；

（2）除FAS外，自费办理货物的出口结关手续；

（3）自费向买方提交与货物有关的单据或相应的电子单证。

买方的责任是：

（1）自费办理货物的运输和保险手续并支付费用；

（2）自费办理货物进口及结关手续等。

这三种贸易术语中，风险和费用的划分是不同的：FAS是以指定装运港买方指定装货地点的指定船边作为界限；FOB是以装运港货物越过船舷作为界限；而在FCA中则是以货交承运人的时间和地点作为界限。此外，在FAS术语中，买方需要自费办理出口结关手续。FAS、FOB适用于海运和内河船运；FCA可适用于任何运输方式。

3. C组（主要运费已付）　卖方负责订立运输合同，但对货物灭失或损坏的风险，以及货物发运后产生的费用，卖方不承担责任

CFR——COST AND FREIGHT　成本加运费

CIF——COST INSURANCE AND FREIGHT　成本、保险费加运费

CPT——CARRIAGE PAID TO　运费到付

CIP——CARRIAGE AND INSURANCE PAID TO　运费、保险费到付

在C组贸易术语中，卖方的责任是：

（1）自费办理货物的运输手续并交纳运输费用；在CIF和CIP行话术语中，还要自费办理投保手续并交纳保险费；

（2）除运费、保险费外，在CFR和CIF术语中，承担货物在装运港越过船舷以前的风险和费用；在CPT和CIP中，承担将货交到承运人以前的风险和费用；

（3）自费办理货物出口及结关手续；

（4）向买方提交与货物有关的单据或相应的电子单证。

买方的责任是：

（1）在CFR和CPT中自费投保并支付保险费用；

（2）在CFR和CIF中，承担货物在装运港越过船舷以后的风险和费用；

（3）在CPT和CIP中，承担将货交到承运人以后的风险和费用；

（4）自费办理货物进口及结关手续。

在C组中，CFR和CIF术语适用于海上或内河运输：CPT和CIP适用于任何的运输方式。

4. D组（到达）卖方承担货物运交至目的地国家所需的费用和风险

DAF——DELIVERD AT FRONTIER 边境交货

DES——DELIVERED EX SHIP 目的港船上交货

DEQ——DELIVERED EX QUAY 目的港码头交货

DDU——DELIVERED DUTY UNPAID 未完税交货

DDP——DELIVERED DUTY PAID 完税后交货

在D组贸易术语中，卖方的责任是：

（1）将货物运到约定的地点或目的地交货；

（2）承担货物运到目的地前的风险和费用；

（3）在DEQ和DDP行话术语中，自费办理货物的出、进口结关手续并交纳出、进口关税及其他税、费。

买方的责任是：

（1）承担货物在目的地交付后的一切风险和费用；

（2）在DAF、DES和DDU术语中自费办理货物进口及结关手续。

DES和DEQ主要用于海上和内河航运：DAF可用于任何运输方式，但主要是公路和铁路运输；DDU和DDP可用于任何方式的运输，如图6-18所示。

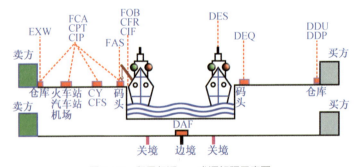

图6-18 贸易行话——术语解释示意图

另外，在DDP术语中，卖方承担的责任最大。习惯上，将EXW、FAS和D组贸易术语称作实际交货，而FOB、FCA和C组术语称为象征性交货。

三、装运港交货术语的解释

在这13种贸易术语中，被国际贸易双方经常使用且与海上运输紧密联系的有：FAS、FOB、CIF、CFR，下面分别进行简要解释与说明。

1. 船边交货术语（FAS——Free Alongside Ship）

船边交货是指采用FAS条件成交时，卖方的主要义务是根据买卖合同的规定，将货物运送至约定的装运港码头的船边，卖方即履行了他的交货义务，并负责在船边有效交货前的一切费用和风险；买方的主要义务是租船或者订舱，自卖方在装运港船边有效交货起，承担货物灭失或损坏的一切风险，承担货物的一切费用，并按合同规定支付货款。

2. 船上交货术语（FOB——Free on Board）（…Named Port of Shipment）

装运港船上交货术语，是指卖方在指定的装运港将货物装上船越过船舷后，即履行了其交货义务；买方必须从那时起承担货物灭失或损坏的一切风险。

我国通常称之为"离岸价格"或"船上交货价格"。该术语仅适用于海运或内河运输。

买卖双方的主要责任是：

（1）卖方的责任

①提供符合买卖合同规定的货物；

②办理货物出口手续并负担所需费用；

③在规定的日期或期间内，按港口习惯的方式在指定的装货港将货物交到买方指定的船舶上，并通知买方；

④承担货物在越过装货港船舷之前货物灭失或损坏的一切风险；

⑤负担货物在越过装货港船舷之前的一切费用；

⑥提供通常的运输单证并负担所需费用；

⑦支付交货所需的货物检查费用。

（2）买方的责任

①订立货物运输合同（订舱或租船），支付运费，并将船名、装货地点和所要求的装货时间通知卖方；

②支付贷款；

③办理货物进口手续并负担费用；

④承担货物在越过装货港船舷之后货物灭失或损坏的一切风险；

⑤负担货物在越过装货港船舷之后的一切费用。

（3）使用FOB贸易术语应注意的问题

一是与运输合同的关系。

根据贸易术语FOB的解释，买方应负责租船或订舱，签订运输合同，并支付运费。因此，在运输合同中，买方是托运人或航次租船承租人，同时又是收货人；卖方在提单运输下也是托运人。

在买方与船舶所有人之间，双方的权利、义务受到运输合同的约束；买卖双方之间的权利、义务关系仍受到贸易合同调整；而在卖方与船舶所有人之间，后者向前者签发的提单或其他运输单据是双方运输合同关系的证明，当提单转让至收货人买方手中时，买方与船方的关系亦受提单或航次租船合同的约束。

二是费用负担问题。

在F组贸易术语中，关键是分清装货费用的负担问题。根据FOB的解释，卖方须将货物装到买方指定的船上，负担货物越过船舷前的费用和风险。由于国际上对"装船"的概念理解不同，有的认为在装运港将货物吊起并越过船舷之时，就应算作货物已被装上船；有的认为将货物装到船甲板上才算装船；也有的认为须将货物装到舱底才算装船。因而买卖双方对装船有关费用（包括舱内的平舱费等）如何划分时常发生纠纷。为了说明有关装船费用的负担问题，买卖双方有时在FOB贸易术语后加了一些附加条件，形成了FOB贸易术语的变形问题。

例如，船上交货并平舱（FOB Trimmed，FOB T），这意味着，卖方负责将货物装入舱内并支付包括平舱费在内的装船费用。

三是关于贸易合同中的价格条件与运输合同中的装卸费用条款的衔接问题。

贸易合同与海上货物运输合同是两个彼此独立的合同，但海上货物运输合同的货方通常又是贸易合同中买卖双方中的一方，即海上货物运输合同是买方或卖方向船方订舱或租船而达成的。在签订贸易合同的同时，还需考虑运输合同的条件。同样，在签订海上货物运输合同时，也要考虑贸易合同的条件，使两者衔接。

四是有关通知问题。

FOB术语中涉及两个充分通知：一个是买方租船后，应将船名、装货时间、装货地点给予卖方以充分通知；另一个是卖方在货物装船后要给买方以充分通知。在第一种情况下，如买方未给予充分通知，指定的船舶未按时到达或未能按时受载货物，或比规定的时间提前停止装货，由此产生的货物灭失或损失应由买方承担。在第二种情况下，由于货物风险在越过船舷时由卖方转移给买方，因此卖方在货物装船时必须通知买方，以便买方投保，否则由此造成买方受到的损失，卖方应当负责。

五是关于各国对FOB的不同解释问题。

要注意世界各国对FOB的不同解释。典型的是美国1941年修订的《对外贸易定义》，该定义把FOB术语分为六种，其中只有FOB VESSEL（Named Port of Shipment）——装运港船上交货，与国际商会规定的FOB术语含义相类似。在对美贸易中，如用FOB术语成交，则要注明是采用国际商会制定的《国际贸易术语解释通则》还是适用美国全国对外贸易协会的《美国对外贸易定义1941年修订本》。如采用后者，则需要在FOB后面加上"VESSEL"（船舶）字样，以免引起误解。

3. 成本加保险费和运费（Cost Insurance and Freight，CIF）（…Named Port of Destination）

成本加保险费和运费是指卖方负责签订运输合同，支付货物运至指定的目的港所需的成本和运费，并办理货物保险，支付保险费。在我国通常称之为"到岸价格"或"保险费、运费在内价"。该术语适用于海运与内河运输。

（1）卖方责任

①提供符合买卖合同的货物、单证或相应的电子单证；

②自负风险和费用办理出口许可证及其他货物出口手续，交纳出口税、费；

③自费订立货物运输合同（订舱或租船），支付运费，在合同规定的日期或期间内，在装货港将货物交付至船上后通知买方，并将货物按习惯航线用船舶运至规定的目的港；

④承担货物在装货港越过船舷之前灭失或损坏的一切风险；

⑤办理货物运输保险并支付保险费；

⑥负担货物在装货港交付至船上为止的一切费用。如果在订立货物运输合同时，货物装卸费用已由班轮收取，则卖方负担货物装卸费用；

⑦及时向买方提供目的港所需的运输单证；

⑧支付交货所需的货物检查费用。

（2）买方责任

①支付货款并接受卖方提供的交货凭证或相等的电子单证；

②自负风险和费用取得进口许可证，办理货物进口手续并负担费用；

③在规定的目的港从承运人那里收取货物；

④承担货物在越过装货港船舷之后灭失或损坏的一切风险；

⑤负担自货物在装货港卖方交付至船上时起一切有关货物的费用，买方还应支付包括过驳费和码头费在内的卸货费用，除非这些费用在卖方订立货物运输合同时已由班轮收取。

（3）使用CIF贸易术语应注意的问题

一是与运输合同的关系。

在CIF条件下，卖方负责租船订舱，成为航次租船的承租人，或提单运输的托运人，买方是收货人。

在航次租船合同下，货物装船后，船舶所有人应向承租人（卖方）签发租船合同下的提单，该提单此时仅是货物收据和货物所有权的凭证，卖方与船舶所有人之间的权利、义务仍受航次租船合同调整；买卖双方的权利、义务受其买卖合同约束；当提单转让到收货人买方手中时，成为船舶所有人与买方之间存在运输合同关系的证明。

二是关于费用负担问题。

在使用CIF术语时，虽然《2000年通则》解释应由买方负担卸货费，但是各国港口往往有不同的惯例。有的港口规定由船方负担在该港口卸货的费用；有的港口规定船方不仅需支付卸货费，还需支付货物在码头入库的搬运费和从码头仓库装上接运车辆的装车费；有的港口规定由收货人负担卸货费等。为明确卸货费用的负担问题，以免日后发生纠纷，买卖双方有时在CIF贸易术语后加列一些附加条件，形成了CIF贸易术语的变形。

例如，CIF班轮条件（CIF Liner Terms），是指货物到达目的港后的卸货费用由船方或者卖方负担，这种方式在欧洲很多港被广泛采用。

三是有关保险问题。

在CIF术语中，替买方投保并支付保险费是卖方的一项义务，除非另有协议，否则卖方只负责投保海上运输的最低险别。如果买方要求，卖方可同时投保战争险、罢工险、内乱险等，但费用应由买方负担。

四是对"I"和"F"的解释问题。

缩略语后的港口名称是目的港名称，指明运输费和保险费的计算是从装运港至目的港全程的运输费和保险费，而不是指至卖方的交货地点。

4. 成本加运费术语（Cost and Freight, CFR）(...Named Port of Destination)

成本加运费术语是指卖方负责签订海上运输合同，在合同规定的日期或期限内将货物装上船运往指定目的港，并支付运费，负担货物在装运港越过船舷时为止的一切费用和风险。该术语要求卖方办理出口清关手续，仅适用于海运或内河运输。

CFR与CIF的不同仅在保险费一项。在CFR条件下，货物的投保和支付保险费由买方负担。除此之外，买卖双方的责任、费用与风险划分完全相同，CIF贸易术语的变形也完全适用于CFR条件。但应注意的是，在CFR合同中，因为买方要自行投保，所以和FOB合同的情况一样，卖方在货物装船后应迅速通知买方，以便买方能够及时投保。否则，由此造成买方漏保货运险引起的损失应由卖方负责。

我跟余船长打电话，请教问题。他说，我国远洋船舶在国外港口装卸货物时，如果已知按照贸易合同的规定装卸费用由货方负担，当港口有关部门向我船方提出支付装卸费用的签认时，应拒绝签署。

最后应注意，在我国外贸业务中，习惯把FOB称为离岸价格，把CIF称为到岸价格，仅从价格构成的角度而言，这种称呼是可以的，但是从法律角度出发，CIF到岸价格不能代表CIF这种贸易术语所包含的全部法律内容。

2020年4月10日　晴

我的一位学生发微信给我，说他的物流智能交易平台公司发展有好的势头，要招聘两个学外贸专业的人才，从事国际贸易结算。

国际贸易的支付方式

在国际贸易中，除确定使用的贸易术语外，有关合同的其他条款，如支付货款的货币种类、支付地点、支付时间和支付方式等也非常重要。我国对外贸易中，除了对部分国家采用记账结算方式外，大都采用国际市场上习惯用的支付方式结算。

一、汇款

汇款（Remittance）是指买方（进口人）通过银行以汇款方式将货款支付给卖方。通常可分为以下几种方式：

1. 订货付现方式

该方式是指卖方要求买方在订货时预付全部或部分货款。这对卖方最有利，一般在卖方按照买方提出的特殊规格制造商品时，采用这种付款条件。我国从外国进口重要仪器设备时，有时也采用预付部分货款的办法。

2. 见单付款方式

该方式是指卖方发运货物之后，将有关装运单据寄交买方，买方收到单据后将货款经银行汇付。通常买方汇付时有三种方式：信汇（Mail Transfer，M/T）、电汇（Telegraphic Transfer，T/T）和票汇（Demand Draft，D/D）。

该方式常用于预付货款和定金，以及汇交和退还履约金、佣金、代垫费用、索赔款和欠款等业务的结算。所谓见单付款方式，是指在卖方把货物装运单交给买方之后，买方才付款。一旦买方收到单据后拒不付款或拖延付款，卖方可能遭受货款落空损失或迟收利息损失。因此，除非买方信誉可靠，卖方一般不轻易采用这种方式。

3. 交单付现方式

交单付款是以买方付款为卖方交单的条件。在工厂交货或铁路交货合同中，可采用此法。

汇款方式不是国际贸易中的主要支付方式。特别是在CIF、FOB、CER条件下，主要采用托收和信用证。

二、托收

托收（Collection）是指由卖方（出口人）于货物装船后，开立以买方（进口人）为付款人的汇票，连同提单、发票和保险单等单据委托银行向买方收取货款的一种结算方式。

托收的业务程序如下：

第一步，卖方根据发票金额开立以买方为付款人的汇票（Draft；Bill of Exchange）；

第二步，卖方向当地银行提出托收申请；

第三步，卖方所在地银行接受申请后，委托其在买方所在地的代理行或往来银行收取货款；

第四步，买方所在地银行向买方交单，买方付款赎单。

在托收方式下，银行不负责保证付款，其责任只是及时提示，并在遭拒绝时及时通知卖方。卖方能否收回货款，全凭买方信誉，银行不提供保证。因此，从性质上说，托收是商业信用。采用托收方式，对卖方风险较大，而承兑交单比付款交单的风险更大。但由于它对买方比较有利，一般对于促进出口成交有一定的作用。我国出口贸易中，一般采用付款交单方式。

三、信用证方式

1. 什么是信用证（Letter of Credit，L/C）呢？

信用证是指银行根据开证申请人（买方）的请求，向受益人（卖方）开立的在一定金额和一定期限内凭规定的单据承诺付款的书面文件。

它以银行信用代替商业信用，解决了国际贸易中买卖双方互不信任而又都想占用资金的矛盾。在信用证结算方式中，银行成为买卖双方都信任的第三人，起到担保的作用，信用证就是银行保证付款的工具，并且采用信用证对卖方有利，只要卖方按照双方买卖合同的约定交付货物，通常就能够在银行信用的保证下收到货款。因此，信用证已经成为当今国际贸易中主要的支付方式。

2. 信用证有哪些种类呢？

信用证的种类较多，包括：可撤销信用证和不可撤销信用证；光票信用证和跟单信用证；即期信用证和远期信用证；可转让信用证和不可转让信用证；保兑信用证和不保兑信用证；以及循环信用证、对开信用证、背对背信用证、议付信用证、承兑信用证、预支信用证等。

3. 信用证的支付一般程序

（1）开证申请人向银行提出开证申请，并交纳若干押金和开证手续费；

（2）开证行接受申请，开出信用证寄交出口地的通知银行；

（3）通知银行将信用证转交受益人；

（4）受益人审查信用证无误后，装运货物，备齐货运单据并开出汇票，向议付行交单；

（5）议付行按信用证审核单据无误后向受益人付款；

（6）议付行将单据等寄交开证行要求付款；

（7）开证行审单无误后向议付行付款；

（8）开证银行通知开证申请人付款；

（9）开证申请人付款赎单，凭以向承运人提货。

4. 信用证业务中的单据

（1）金融单据

金融单据主要是指汇票。汇票是由出票人向受票人开出的由出票人签名的，要求受票人于见票时或规定的某一时间或可以确定的将来时间，对某人或某人指定的人或持票人无条件支付一定金额的命令。

汇票是一种支付凭证。以信用证方式进行贸易结算，不一定都要求出具汇票，但如果是承兑信用证，必须用汇票。汇票不应以开证申请人为付款人，否则，将被视为一种附属单据。汇票的内容既要跟信用证一致，又要与货运单据一致。

（2）商业单据

以信用证方式进行国际贸易结算，一切都是围绕单据的。信用证的主要商业单据包括商业发票、保险单据和运输单据。其中，运输单据又包括提单、海运单、多式联运单据、空运单、铁路运单、承运货物收据及自邮包收据等。

（3）其他附属单据

发票、保险单据和运输单据是信用证业务中的主要单据，但是信用证项下的单据远不止这些。进口商为了遵循当地政府的法令和规定或为了其他需要，往往还要求出口商提供其他单据，如产地证、出口许可证、检验证、船公司证明、集装箱的装箱单、电抄副本等，这些均属于附属单据。

远洋运输虽然不受信用证规定的约束，但其会影响国际贸易工作能否顺利完成。例如，信用证中均有装船期限的规定，如果船舶各方面的准备工作不做好，就会延误货物装船时间，以至超过信用证规定的装船日期，使外贸出口商不能顺利到银行结汇。

2020年4月11日　晴

今天上午九点多，水运研究院院长跟我通电话，关心问候之余，提醒我要少出门，出门一定要戴口罩。

自然也聊到专业，三句话不离本行。海运是贸易之本，是成本最低的物流。无海运就不会有发达的经济——全球所有的发达国家都有优良的港口。

班轮运输的概念与特点

一、什么是班轮运输呢？

班轮运输也称为定期船运输，就是定期航班。它与不定期租船运输是相对应的，是船舶运营的一种方式。班轮运输是指船舶按预定的船期表，在一定的航线上，以既定的挂港顺序，经常性地从事该航线上各港之间的货物运输。

在班轮运输情况下，下列几项是确定的：（1）船期，即船舶按预先公布的船期表运行；（2）航线；（3）挂靠港口；（4）挂港顺序。另外，从事某一具体航线上班轮运输的船舶通常也是相对固定的。

二、班轮运输有哪些特点？

为了使班轮运输能够做到严格按照预先制定的船期表运行，班轮运输的货运程序的特点有：

（1）货物批量小，货种较多。从事班轮运输的船舶通常每一航次运输众多托运的小批量不同种类的杂货。

（2）托运人通过向承运人订舱建立海上货物运输合同关系。船方接管货物或将货物装船后，签发提单作为海上货物运输合同的证明，用以明确船货双方的权利义务关系。

（3）在码头仓库或船边交接货物。托运人根据与承运人达成的协议，将货物运至船边或承运人指定的码头仓库，交由承运人接管或装船。收货人在船边或承运人指定的码头仓库提取货物。

（4）承运人负责货物装卸并承担费用。承运人负责货物装卸、积载和卸载作业，其费用计入运费之中。

（5）通常，按班轮公司费率本或运价表计收运费。班轮公司都有费率本或运价表，规定不同航线、不同种类货物的运费率以及各种附加运费。托运人或收货人按费率本或运价表的规定，支付运费。

（6）通常不计算装卸时间和滞期/速遣费。承运人与托运人通常还约定或在提单中规定，托运人或收货人按船舶所能装卸货物的速度，提交或收取货物。

否则，因延误而给承运人造成的损失，由托运人或收货人负责赔偿。

林船长概括为："四定一负责"，即定航线、定码头、定船期、定运费率，由承运人负责装卸货物。

三、班轮运输必须具备的条件有哪些？

船公司在组织班轮运输时，为了使船舶能够按照船期表的规定运行并满足各种货物对运输的要求，船公司在开展班轮运输业务时，需具备以下条件：

（1）要求技术性能较高、设备齐全的船舶。为了保证船期，就需要船舶状况较好、船速较快的船舶；为了满足不同货物对运输的要求，如冷藏货、危险货、重大件货等，就需要配备比较齐全的设备，以满足各种货物对运输的需求。

（2）要有技术和业务水平过硬的船员。这不仅是为了航行安全的需要，而且也是适应船舶所装载货物的需要。班轮载运的货物品种多，对货物在舱内的配载和保管都有不同的要求。为了安全地配载、保管和照料货物，也需要为船舶配备技术和业务水平较高的船员。

（3）要有一套适应小批量货物运送的货运管理程序。班轮运输主要适用于小批量杂货的运输，由于货物种类多、批量小，而且分属于不同的货主，所以需要建立一套不同于其他船舶营运方式的货运程序。

（4）要有较稳定的货源。这是班轮运输的前提，因此，班轮公司往往应有一个庞大的物流网络系统。

四、班轮运输的优点是什么呢?

（1）能够适合小批量件杂货的运输；

（2）能够较好地保证货物及时运至目的港；

（3）能够较好地保证货物运输质量；

（4）能够方便货主，免除其货物装卸、转运等手续。

泛读

班轮船期表是反映船舶在空间与时间上运行的一种表格。其主要内容包括：航线、船名、航次编号、始发港和中途港及目的港的港名、到达和驶离各港口的时间。班轮营运需要先制定出运行船期表。

2020年4月13日　晴

　　我看着书架上的杂书，虽然不值钱，但对它们有感情，一直不舍得处理掉。而今可以花很多时间去翻阅。这时候子涵来电话了，问我上次买的酒精用没用，我说没有使用，他说买了不用留着下小崽吗? 还要我继续给他们发讲义。

关于班轮运费问题

　　所谓运费，是指海上承运人根据运输合同完成货物运输后从托运人那里取得的报酬。所谓运价，是承运人为完成货物运输所提供的运输劳务的价格，即运价是指承运人完成某一计量单位货物运输所收取的运费。

　　根据国际海运船舶营运方式的不同，海运货物运价可分为班轮运价和不定期船运价，随着国际海上集装箱运输的出现，还相应地制定了海运集装箱运价。

　　班轮运价的高低主要受船舶营运成本、所承运货物对运费的负担能力及市场竞争等因素的影响。

一、运费的支付方式有哪些?

按照支付运费的时间划分,运费分为预付运费和到付运费。

预付运费是指货物运抵目的港之前需支付的全部运费,根据合同的规定,可以在签发提单前支付,也可以在签发提单后支付。

1. 预付运费

虽然从理论上讲,运费的支付应以到付为原则,但是运输实务中普遍采用预付运费的办法。不少班轮公司的提单条款中或航次租船合同条款中也都订明运费预付。这主要是因为在国际贸易中,一般都采用CIF或CFR价格条件,在签发提单时由卖方根据合同约定在装货港支付运费,可以使交易双方尽早结汇,更为方便。

通常保险公司不会单独接受货主对运费的投保,通常做法是货主将已付的运费追加到货物的货价中一并向保险公司投保货物运输保险。

2. 到付运费

因为到付运费有风险,为了防止收不到运费而蒙受损失,承运人除了可以将应收的到付运费作为可保利益向保险公司投保外,通常还可以在提单条款或航次租船合同条款中附加诸如"收货人拒付运费或其他费用时,应由托运人支付"的条款。此外,根据提单条款和航次租船合同条款中关于留置权的规定,承运人也可保护自己的利益。

二、班轮运价有哪几种?

(1)按运价的主导者划分,可分为:

①班轮公会运价,是由班轮公会制定的,供参加公会会员船公司使用的运价。这种运价的调整或修改都由班轮公会制定,任何一家会员船公司都无权单独进行调整或修改,具有垄断性质。

②班轮公司运价,是由经营班轮运输的船公司自行制定并负责调整和修改的运价。如中国远洋海运运输(集团)总公司制定的"中国远洋运输公司运价表"。

③双边运价,是由船、货双方共同商议制定并共同遵守的运价。

④货方运价,是由货方制定,船方接受采用的运价。对运价的调整和修改,虽然货方应与船方协商,但货方享有较大的决定权。

(2)按运价制定的形式划分,可分为:

①单项费率运价,是一种分别对各种不同的商品在不同的航线上逐一制定的运价。如中国远洋海运运输(集团)总公司制定的"中国远洋运输公司美国航线的运价表"。

②等级运价，首先将全部商品划分为若干等级，然后为不同等级的商品在不同航线或港口间运输制定某一运价。属于同一等级的商品在同一航线上运输，运价是一样的，如中国远洋海运运输（集团）公司采用的运价表即属于等级运价表（或称等级费率表）。

③航线运价，是不分运输距离的长短，只按航线、商品名称或等级制定的运价。对于某一商品，只要其起运港和目的港是同一航线上规定挂靠的基本港口，就不论运输距离的远近，都按同一运价计收运费。

三、班轮运费的构成

班轮运费包括基本运费和附加运费两部分。基本运费是任何一种商品在运输中应收取的费用，附加运费要视不同情况加收。附加运费可按基本运费的一定比例收取，也可按每一计费吨加收若干费用。班轮运费结构如图6-19所示。

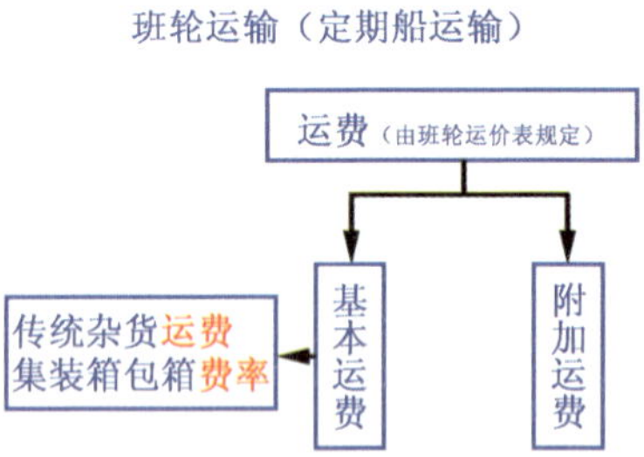

图6-19　班轮运费结构示意图

1. 基本运费

班轮运输中航线上船舶定期或经常挂靠的港口称作"基本港口"（Base Port），综合这些港口的基本情况，为在航线上基本港口间的运输而制定的运价称作基本运价或称基本费率。

基本运费由基本费率与一定数量的运费吨的乘积得出。影响基本费率的主要因素是船舶的各种成本支出，如船舶的折旧费、燃油费、修理费、港口使费、船员工资等。市场供求关系也是重要的因素之一。运费吨是计算运费的一种特殊单位，通常以重量和（或）容积为最基本的计费单位。一般取重量和容积中绝对值大的为标准。例如某一票货物，重量9吨，体积为8.6立方米，它的运费吨应为9吨。以"W"表示该商品按毛重计算运费；以"M"表示该商品按容积（体积）计算运费；以"W/M"表示分别按毛重和体积计算，择其较高者收取费用；以"Ad.Val"表示该商品应按FOB价格的一定百分比计算运费，一般用于较贵重的货物，又称从价运价。

2. 附加运费

（1）超重附加费

超重附加费是指由于货物的重量超过规定标准所增加的额外费用。货物重量超过规定后，会增加装卸和运输的难度。如需特别的捆绑和垫舱、增加亏舱、影响船期、增加支出等。按国际标准，凡单件货物重量超过40吨为超重货物；我国规定，在远洋运输中凡单件货物重量超过5吨、在沿海运输中凡单件货物重量超过3吨的为超重货物。

（2）超长附加费

超长附加费是指由于货物外部尺寸超过规定的标准需特别支付的额外费用。货物长度超出规定标准时，会增加装卸货的难度和积载运输的难度，需特别捆绑、铺垫等。按国际标准，凡单件货物长度超过12米、高度或宽度超过3米的为超长超宽超高货物；我国规定，在远洋运输中凡单件货物长度超过9米、在沿海运输中凡单件货物长度超过3米的为超长件货物。

（3）直航附加费

直航附加费是船公司应托运人要求，将其托运的货物装船后，不经过转船而直接运抵航线上某一非基本港口而增收的费用。虽然船公司可加收一定的直航附加费，由于抵达的是某一非基本港口，可能会影响整个船期正常运行，并增加一些港口费用和营运成本，因此通常船公司会要求托运的货物数量达到一定数值时，才肯同意采用这种方式。

（4）转船附加费

转船附加费是指货物必须在中途挂靠港口换装另一船舶才能运至目的港时，承运人为此而增收的附加费。转船附加费通常包括在中途港转船时发生的换装费、仓储费等。

（5）港口附加费

港口附加费是针对某些港口情况比较复杂，如进出港口需要通过船闸等，装卸效率低或港口收费较高的情况下，承运人增收的附加费。

（6）其他附加费

除上述几种主要的附加费外，承运人根据某些特殊情况的出现，临时采用增收附加费的办法补偿因特殊情况的发生而增加的开支。当这些特殊情况产生的原因消除后，该项临时增加的附加费一般也应取消。

> 泛读：最低运费＝实际货物全部运费＋亏箱运费；
>
> $$亏箱运费 = \frac{亏箱吨 \times 实际货物全部运费}{计费吨}$$

2020年4月14日　阴

　　我不知道别人做什么，而我也不知道自己该做什么，看书吧！继续写我的讲义。病原体不会通过微信传播吧？今明两天我打算把提单这一节写完。

关于提单的性质与种类

一、何谓提单（B/L)？

提单，俗话就叫提货单，是提取货物的凭据。

我国《海商法》第71条规定："提单，是指用以证明海上货物运输合同和货物已经由承运人接收或者装船，以及承运人保证据以交付货物的单证。"

提单既是重要的航运单证，又是重要的贸易单证。提单在托运人按事先与承运人达成的货物运输协议，将货物交给承运人接管或由承运人装上船后，应托运人要求，由承运人、船长或承运人的代理商签发。提单在班轮运输中被广泛使用。

二、提单的性质

1.提单是海上货物运输合同的证明

通常在提单内规定着承运人与货物关系人的权利与义务，所以在法律上它具有运输合同的作用。但是，提单不论是在托运人手中，还是转移至收货人或提单受让人，它只是海上货物运输合同的证明，而不是合同本身。因为，在提单签发之前，托运人向承运人订舱，承运人同意承运，双方达成海上货物运输的意思表示一致，海上货物运输合同即告成立。签发提单只是承运人履行合同的一个环节。

2.提单是承运人接管货物或将货物装船的证明

提单表明承运人已接管其上所记载的货物，因此提单具有货物收据的作用。

当提单在托运人手中时，它是承运人已按其上所记载情况，收到货物的初步证据，即如承运人实际收到的货物与提单上记载的内容不符，承运人可以提出反证。但提单转让至善意的第三者收货人或提单受让人，除提单上订有有效的"不知条款"外，提单成为承运人按其上记载的内容收到货物的绝对证据，承运人不得提出相反的证据，证明其实际收到的货物与提单上记载的内容不符。即使提单记载的内容与事实不符系托运人错误申报所致，承运人亦不得以此对抗善意的第三者收货人或提单受让人，而只能就货物的短少或损害，在向收货人或提单受让人做出赔偿后，再向托运人赔偿，以保护善意的第三者的利益。

所谓善意，是指收货人或提单受让人不知道提单记载的内容与事实不符。例如，提单上载明装运80箱食品，卸船时实卸76箱，4箱短少。托运人向承运人提出4箱短少的赔偿，则如果承运人能提供证据，证明实际装船的只有76箱，就可免予赔偿。但如善意的第三者收货人或提单受让人向承运人提出此种赔偿，则即使承运人能够证明实际装船的只有76箱，承运人仍应赔偿4箱的短少损失。

"不知情条款"是指表明承运人对所收到的货物的数量或重量等不知的条款。在海上货物运输过程中，承运人对托运人申报的货物情况，有适当核对的义务。在实务中，特别是在承运大宗散货的情况下，由于计量等方面的困难和出于减轻责任的意图，通常在提单上做相应记载。例如，在承运散装货物时，提单上记载货物重量系以"托运人提供的重量""据说"等。"不知情条款"只有当承运人对托运人申报的货物情况有合理的怀疑根据或无合理的方法进行核对时才有效。

我国《海商法》第75条对提单上的批注做了严格的限制，"承运人或者代其签发提单的人，知道或者有合理的根据怀疑提单记载的货物的品名、标志、包数或者件数、重量或者体积与实际接收的货物不符，在签发已装船提单的情况下怀疑与已装船的货物不符，或者没有适当的方法核对提单记载的，可以在提单上批注，说明不符之处、怀疑的根据或者无法核对。"根据法律规定，"不知情条款"只有当承运人有合理的根据怀疑提单记载的货物情况与实际接受或已装船的货物不符，或无适当的方法核对时，并且在提单上批注不符之处、怀疑的根据或者无法核对时才发生效力。提单上定有有效的"不知情条款"时，即使提单转移至善意的第三者，在该条款明确规定的范围内，也不能作为承运人已按其上记载的内容收到货物的证据。

例如，在承运大宗散货时，一般是通过水尺检量来计算船舶的装货量。在进行水尺检量时要通过读取船舶吃水来实现，在读取吃水时，船舶的水尺标志字体高度是10厘米，小于10厘米的部分是估算得来的，加上海面上总会有一些波浪，根据误差理论，存在2~3厘米的读数误差是正常的。所以，因为承运人无合理手段来核对实际准确装货量，通过水尺测量所得出的装卸货的数量与实际装卸货的数量有2~3倍的 *TPC*（厘米吃水吨数）的误差是正常的；但若提单记载的数量与实际装卸货的数量存在1000吨的误差，此时的"不知情条款"是无效的，因为这样大的误差是承运人通过观测船舶的吃水就可以很容易发现的（以万吨轮为例，船舶吃水相差可达40厘米）。

3. 提单是货物所有权的证明

提单是物权凭证，表明在法律上，拥有提单就如同拥有其上记载的货物。提单的这一作用，使得它可用以结汇、流通、抵押等。提单持有人虽然不直接占有货物，但在目的港可凭提单请求船方交付货物，或者用背书或交付提单的方式处理货物。提单的转让，可实现货物所有权的转移。承运人在目的港将货物交给第一个出示提单请求提货的人后，只要承运人并不知道该提单持有人不具有对货物的所有权，即视为履行合同规定的义务，即承运人不负有保证将货物交给真正拥有货物所有权的提单持有人这样一种绝对义务。我国《海商法》及其他法律尚未明确规定提单的这一作用。

同时，提单还是承运人保证据以交付货物的凭证。承运人在卸货港（或目的地）交付货物时，应当将货物交付给凭提单请求提货的人。对此，我国《海商法》第71条规定："提单中载明的向记名人交付货物，或者按照指示人的指示交付货物，或者说向提单持有人交付货物的条款，构成承运人据以交付货物的保证。"如果承运人未将货物交与提单持有者，则应对根据提单有权提货的人因此造成的损失负赔偿责任。上述规定同时表明，收货人应凭提单提取货物。

三、提单有哪些种类？

1. 按提单上收货人的抬头区分

（1）记名提单（Straight B/L）

记名提单是指提单正面收货人一栏内载明特定的收货人（或公司）的提单。承运人在目的港应向该特定的收货人（或公司）交付货物。记名提单除可从托运人转移至其上载明的收货人外不得用以流通转让。记名提单不能被转让，因而可以避免在转让过程中可能带来的风险，但也失去了它代表货物可转让流通的便利，商业银行也不愿意接受这种提单作为议付的单证。因此，国际上使用较少，一般仅在贵重物品、展品及援外物资的运输时使用。

（2）指示提单（Order B/L）

指示提单是指在提单正面收货人一栏内只写明"指示"字样，从而按照约定指示人的指示来确定收货人的提单。实践中一般有"托运人指示""银行指示"和"收货人指示"等几种形式。指示提单是一种可流通证券，采取简单的背书形式便可以转让。

指示提单经指示人背书后可发生转让，实现了提单的流通，在当今国际货物买卖中得到普遍采用。如指示人不做背书，则意味着指示人保留对货物的所有权，有权提货的仍是指示人本人。

（3）不记名提单（Bearer B/L）

不记名提单又称空白提单（Blank B/L，Open B/L），是指提单正面收货人一栏内，不记载具体的收货人或由某人指示，通常只注明"持有人"或"交与持有人"字样的提单。这种提单不需要任何背书手续即可转让或提取货物，很简便。这种提单具有很强的流通性，但容易因遗失或被盗而给买卖双方带来风险，因而实践中很少被采用。

2. 按货物是否已装船区分

（1）已装船提单（Shipped B/L，On Board B/L）

已装船提单是指在货物装船后签发的提单。这种提单上注有船名，通常还注明装船日期，表明货物已在该日期装上该船舶。国际货物买卖合同和信用证一般都规定，卖方结汇时，须提供已装船提单。

（2）收货待运提单（Received for Shipment B/L）

收货待运提单是指承运人接管货物后，在装船之前，因托运人要求签发的提单。在这种提单上，没有关于载运货物的船名和装船日期的记载。

在国际贸易中，买方一般不接受此种提单。但在集装箱运输中，尤其是承运人在内陆货运站接受货物，这种提单的应用较为普遍。货物装船后，托运人凭这种提单向承运人换取已装船提单。通常的做法是，承运人在收获待运提单上加注船名和装船日期，使之转成已装船提单。

3. 按提单上有无批注区分

（1）清洁提单（Clean B/L）

清洁提单是指提单上没有关于货物外表状态不良批注的提单。它表明承运人在收到货物时，货物的外表状态良好。所谓外表状态，通常是指承运人凭目力所能观察到的货物状况。外表状态良好，并不排除货物内部存在缺陷或其他通常目力不能及的不足。

国际贸易合同和信用证一般都规定卖方必须凭清洁提单向银行结汇。

（2）不清洁提单（Unclean B/L，Foul B/L）

不清洁提单是指承运人在提单上加注了有关货物及包装状态不良或存在缺陷等批注的提单。在收到托运人提供的货物时，如货物外表状态不良，大副签发大副收据时，做相应批注。在签发提单时，如把大副收据上的批注转移至提单上，提单便成为不清洁提单。承运人在目的港交货时，对于货物的损害，只要不超过批注的范围，即可免除责任。

　　载有下列批注的提单，不构成不清洁提单：a.不明显地指出货品或包装不能令人满意，例如旧箱、旧桶等；b.强调对于货物性质或包装所引起的风险，承运人不予承担，例如"易腐烂货物，承运人对货物腐烂不负责任"；c.否认承运人对货物内容、数量、尺码、质量或技术规格的确知，即"不知条款"。

　　银行在办理结汇时，原则上不接受不清洁提单。那怎么办呢？习惯上托运人为了取得清洁提单结汇，往往向承运人出具保函，请求签发清洁提单，如图6-20所示。

图6-20　我只能给你签发甲板货提单（On Deck）

4. 按货物运输方式区分

（1）直达提单（Direct B/L）

　　直达提单是指规定货物在装货港装船后，中途不经过换船，直接运至目的港卸船交货的提单。只要提单上没有说明货物在中途换船，或改换其他运输方式运至目的港，这种提单即为直达提单。

（2）海上联运订单（Ocean Through B/L）

　　海上联运订单是指规定货物在装货港装船后，在中途卸船，交给其他承运人用船舶接运至目的港的提单。

（3）多式联运提单（Combined Transport B/L）

　　多式联运提单是指承运人将货物以包括海上运输在内的两种或两种以上的运输方式，从一地运至另一地而签发的提单。这种提单多用于国际集装箱运输。

5. 特殊提单

（1）倒签提单（Anti-dated B/L）

　　所谓的倒签提单，是指在时间上倒签，在货物装上船后，以早于货物实际装船日期为签发日期的提单。当货物实际装船日期晚于信用证规定的装船日期时，托运人往往要求签发此种提单，使其能顺利结汇。

问题是，承运人签发倒签提单的做法，掩盖了提单签发时的真实情况，将面临着要承担由此而产生的风险。特别是当市场上货价下跌时，收货人可以以"伪造提单"为由拒绝收货，尤其是当倒签的时间过长时，有可能构成承运人与托运人合谋，对善意的第三者收货人或提单持有人进行欺诈。虽然托运人在要求签发此种提单时，常常出具保函，但承运人签发此种提单仍冒一定的风险。

（2）预借提单（Advanced B/L）

所谓预借提单，是指在货物尚未装船或尚未装船完毕的情况下而签发的已装船提单。这种提单通常是在信用证规定的装船日期和交单结汇日期行将届满时，应托运人要求签发的，即托运人为了能及时结汇而从承运人那里借用的已装船清洁提单。签发此种提单，亦有可能构成承运人与托运人合谋，对善意的第三者收货人或提单受让人进行欺诈。因此，即使托运人出具保函，承运人仍需承担较大的风险。

（3）舱面货提单（On Deck B/L）

舱面货提单又称甲板货提单，是指对合法装于舱面的货物签发的，并注明"舱面"（On Deck）或"装于舱面上"（Stowed On Deck）字样的提单。

（4）包裹提单（Parcel B/L）

包裹提单是指对承运的礼品、样品、行李等货物签发的提单。

（5）交换提单（Switch B/L）

交换提单是指在装货港签发的、承运人在中途港收回，并重新签发以该中途港为装货港的提单。此种提单通常是托运人（卖方）因不能在国际货物买卖合同和信用证中规定的装货港提供货物装船而要求签发的。

（6）最低运费提单（Minimum Freight B/L）

最低运费提单是指对按照船公司费率本中规定的最低运费额收取运费的货物签发的提单。如货物按其重量或体积计算的运费额达不到费率本中规定的最低限额，即签发此种提单。它多用于集装箱运输。

（7）合并提单（Omnibus B/L）和分提单（Separate B/L）

合并提单是指对装货港、卸货港和收货人相同的两票或多票货物合并签发的提单。此种提单通常是当某一票货物的运费低于费率本中规定的最低限额，托运人为了节省运费，请求将该票货物与其他货物合并在一张提单上面签发的。

分提单是指根据托运人的要求，对同一票货物分签的两套或两套以上的提单。

（8）并装提单（Combined B/L）

并装提单是指对品质、装货港和卸货港相同，并且装在同一舱内的两票或多票液体货物中的每一票货物签发的提单。此种提单上一般附加并装条款，规定货物的底脚耗损与自然耗损由各收货人分摊，并由主要收货人确定每一收货人应分摊的数额。

（9）过期提单（Stale B/L）

过期提单是指签发日期晚于信用证规定的结汇日期的提单。

2020年4月15日　晴

上海海事大学胡正良教授跟我说，小小的提单，存在许多复杂的法律关系！

关于提单的签发问题

一、提单的签发人

有权签发提单的人只有承运人本人、船长或承运人的代理人，我国《海商法》第42条规定承运人"是指本人或者委托他人以本人名义与托运人订立海上货物运输合同的人"。因此，作为海上货物运输合同当事人一方并承担运输责任的承运人，当然有权签发提单。

我国《海商法》第72条第2款规定，船长是承运人的法定代理人，因此不必经过授权，船长有权签发提单，而且与承运人本人签发的提单具有同样的法律效力。实践中，签发提单的通常是承运人在装货港的代理人，但代理人必须经承运人或船长的委托授权，且必须以承运人的名义签发。未经授权，代理人是无权签发提单的。

二、提单的签发地点

提单的签发地点通常是装货港，但也可能是船公司或其代理人所在地。

三、提单的签发日期

提单的签发日期是货物由承运人接管或装船日期的证明。通常，收货待运提单的签发日期为船方接管货物的日期；已装船提单的签发日期为货物装船完毕的日期。

这是因为：第一，在国际贸易中，买卖双方对货物的装运期限事先都有约定，并且都把签发提单的日期看作货物装船的日期，也就是卖方向买方交货的日期；第二，只有当货物装船后，承运人才能辨别所装货物外表状态是否良好，数量是否与申报的数量一致。

四、提单签发的份数

提单有正本提单与副本提单之分。副本提单只用于日常业务，不具有法律效力。正本提单签发的份数按托运人要求而确定，通常为一套正本提单，一式三份，每一份具有同等的效力，每一份提单上注明全套正本提单的份数。

在提单上注明签发正本提单份数的原因是，使提单的合法受让人了解全套正本提单的份数，防止流失在外而引起的纠纷，保护提单受让人的权益。信用证通常规定必须以全套正本提单向银行办理结汇，在变更卸货港提货时、以提单作抵押时、重新签发提单时都需要提交全套提单。在卸货港，承运人回收一份正本提单，向提单上注明的收货人或提单受让人交付货物后，其交付货物的责任即告终，其余的提单自动失效。如两个或两个以上提单持有人同时凭提单要求提取同一货物，承运人应将货物交给有权提货的人。倘若不能确定谁有权提货，应暂时不交付货物，待通过司法途径确定有权提货的人后，再行交货。

在签发正本提单给托运人的同时，船方也准备若干份副本提单（副本提单一般不用签发）。副本提单上一般注有"副本"（Copy）、"不可流通"（Non-negotiable）的字样，而且一般无背面条款。副本提单一般是为船公司内部营运如营运统计、安排泊位、计收运费等需要，由承运人根据自身需要，准备若干份副本提单。

五、提单的转让

提单是物权凭证，提单所代表的物权可以随提单的转让而转移，提单中所规定的权利和义务也随着提单的转让而转移。提单的转让是有一定条件的，不同的提单转让的方式也不一样，我国《海商法》第79条规定："记名提单不得转让"；"指示提单经过记名背书或者空白背书转让"；"不记名提单无须背书，即可转让"。即只有指示提单和不记名提单才可以转让，同时提单的转让受时间上的限制，即在办理提货手续前转让才有效，并必须办理"背书"手续。所谓"背书"是指转让人在提单的背面写明受让人，并签名的转让手续。记名背书是指背书人（转让人）在提单的背面写明被背书人（受让人）的姓名，并由背书人签名的背书形式；空白背书则是指在提单背书中不记载任何受让人，只由背书人签名的背书形式。

关于提单的基本内容

目前从事国际货物运输的各大航运公司，几乎都有自己的提单，但在格式和内容上相同，包括正面记载事项和背面条款两个部分。

为保证提单的作用，保障收货人或提单受让人的利益，有关的国际公约和各国海商法都对提单记载的事项做出规定。根据《海牙规则》的规定，提单上的记载事项包括：货物的主要标志；货物的包数或者件数、重量或数量；货物的表现状况。我国《海商法》第73条规定提单的内容，包括下列各项：

（1）货物的品名、标志、包数或者件数、重量或者体积，以及运输危险货物时对危险性质的说明；

（2）承运人的名称和主要营业场所；

（3）船舶名称；

（4）托运人名称；

（5）收货人名称；

（6）装货港和在装货港接收货物的日期；

（7）卸货港；

（8）多式联运提单增列接收货物地点和交付货物地点；

（9）提单的签发日期、地点和份数；

（10）运费的支付；

（11）承运人或者其代表的签字。

同时还规定，提单缺少上述规定的一项或几项，不影响提单的性质；但是应符合法律关于提单定义的规定。

2020年4月16日　晴

保函的法律性质问题

保函是由托运人出具的，用以承担因签发清洁提单而产生的一切责任的担保文书。

由于银行往往拒绝接受不清洁提单的结汇，有时因贸易上的需要，即便是在货物装船时已经发现货物受损或短缺，而且大副已在大副收据上做了批准，托运人仍要求承运人签发没有任何批准的清洁提单。

作为签发条件，托运人向承运人提供保函，保证对由此产生的一切索赔负责，如图6-21所示。

图6-21 为签发清洁提单而来的保函

一、保函的形式

在海运实践中，保函通常有装货港使用的保函和卸货港使用的保函两种形式。

1. 装货港使用的保函

装货港使用的保函，是一种在船舶大副已将货物的外表状态批注于货物收货单上的情况下，托运人为了不影响银行结汇，而向承运人提交一份以承担因签发清洁提单而发生的一切责任为内容的保函。因而请求承运人在签发提单时，不将收货单上的大副批注内容转移到提单上，而采用由承运人签发不带任何批注的清洁提单，使托运人能以清洁提单向银行顺利结汇的变通做法，承运人在赔偿收货人或提单受让人的损失后，可向托运人追偿。

2.卸货港使用的保函

卸货港使用的保函也称提货保证书，是指船舶抵达卸货港，船方做好交货准备时，收货人因各种原因而没取得正本提单，因而不能凭正本提单向承运人或承运人的代理行换取提货单时，收货人向承运人或承运人的代理行提供的书面保证，凭以换取提货单提货。通常，收货人出具保函后，连同副本提单换取提货单提货。

二、保函的法律效力

装货港使用的保函具有法律效力。在实践中，货物出口时，货物的外部包装破损或存在其他不良状态时常难以避免，托运人又无法及时更换货物包装，或对货物包装加以修复。如签发不清洁提单，托运人（卖方）无法结汇，国际货物买卖合同就无法履行。随着货物包装不断完善，外部包装状态不良，一般不会损及货物本身。此时托运人提供保函，承运人凭已签发清洁提单，使托运人（卖方）能顺利结汇，这是保函积极的一面。

但是，对善意的第三者收货人或提单受让人（买方）而言，虽然他可以就货物的损坏向承运人索赔，但他所希望的是购买到完好的货物。从保护善意的第三者收货人或提单受让人利益考虑，一些国家的法院常以这种保函构成托运人与承运人联合对善意的第三者收货人或提单受让人进行欺诈为由，判决保函不具有法律效力。

关于保函的法律效力，目前，在理论界和司法实践中持有这样的观点：

（1）保函在托运人与承运人之间有效，即承运人在赔偿第三者收货人或提单受让人的损失后可以凭保函向托运人追偿。

（2）保函在善意的第三者收货人或提单受让人与承运人之间无效，即对善意的第三者收货人或提单持有人依据提单提出的索赔，承运人不能根据保函拒绝，而应负赔偿责任，即承运人不能用保函对抗善意的第三者。

（3）如承运人、船长或承运人的代理人接受保函而签发清洁提单，构成对善意的第三者收货人或提单受让人进行欺诈，即承运人与托运人共同有意侵犯善意的第三者收货人或提单受让人的利益，则保函在托运人与承运人之间亦无效，且承运人在赔付善意的第三者收货人或提单受让人的损害时，丧失责任限制的权利。

2020年4月17日 晴

班轮运输中承运人和托运人的权利与义务问题

一、关于承运人的义务

1. 承运人的责任期间

所谓责任期间，是指承运人承担海上货物运输法规定的强制性最低责任的地域和时间范围。在承运人的责任期间，货物发生灭失或者损坏，除承运人可以免责的原因外，承运人应当负赔偿责任。

我国《海商法》第46条对承运人的责任期间进行了规定：对集装箱货物，是指从装货港接收货物时起至卸货港交付货物时止，货物处于承运人掌管之下的全部期间。对非集装箱货物，是指从货物装上船时起至卸下船时止，货物处于承运人掌管之下的全部期间。同时我国《海商法》允许承运人对非集装箱货物在装船前和卸船后所承担的责任达成任何协议。

2. 承运人的义务

（1）谨慎处理使船舶适航

我国《海商法》第47条规定："承运人在船舶开航前和开航当时，应当谨慎处理，使船舶处于适航状态，妥善配备船员、装备船舶和配备供应品，并使货舱、冷藏舱和其他载货处所适于并能安全收受、载运和保管货物。"

有人将"谨慎处理"理解为"尽适当的谨慎""恪尽职责""适当注意"等。要求承运人谨慎处理使船舶适航，是指承运人应作为一名具有通常要求的技能并谨慎行事的船舶所有人，采取各种为航次特定的情况所合理要求的措施。如果船舶存在通过采取这种措施仍不能发现的潜在缺陷，则不视为承运人违反谨慎处理使船舶适航的义务。因此，承运人使船舶适航的义务是相对的，即承运人只需做到谨慎处理，而不负有使船舶绝对适航的义务。对于适航义务的举证，船上具有经船舶检验机关或人员签发的船舶适航证书，通常是船舶适航的初步证据。承运人需要先证明造成货物损失的原因，然后再针对该项原因证明已经在开航前和开航时做到了谨慎处理，从而达到举证的目的。

（2）妥善和谨慎地管理货物

我国《海商法》第48条规定："承运人应当妥善地、谨慎地装载、搬移、积载、运输、保管、照料和卸载所运货物。"这七个承运人管理货物的环节，包括货物从装船至卸船的整个过程。

承运人的管货义务分为装载、搬移、积载、运输、保管、照料和卸载七个环节，基本上涵盖了整个运输过程，它们之间并没有严格的界限。这七个环节中，各个环节之间是相互联系又相互重叠的，同时也不意味着这七个环节存在时间上的先后，因为现在随着运输模式的变化，承运人对货物的责任期间是货物处于承运人掌管之下的全部期间，承运人都要对货物的上述七个环节做到"妥善和谨慎"。

货物运输是商品流通中的一个重要环节，在货物海上运输过程中，货物是在承运人的监管之下，保证货物在运输途中数量和质量上的完好是承运人的一项基本义务，否则运输将失去其意义。在《海牙规则》中有同样的规定，在《汉堡规则》中虽没有相关的规定，但一旦由于承运人的原因而造成货损和货差，货方可以向承运人索赔其遭受的损失。所谓"妥善"，通常指技术上的要求，它要求承运人、船员或其他受雇人员在管理货物的每一个环节中，都应建立起一个良好的工作系统，必须针对特定的货物在运输七个环节上适应安全管理货物的需要；"谨慎"，通常指责任心上的要求，是指承运人及其受雇人、代理人在管理货物的各个环节上，发挥作为一名能胜任此工作的人可预期表现出来的合理谨慎程度。与适航方面的"谨慎处理"相比，"妥善和谨慎"属于较为严格的要求，承运人必须尽合格承运人应尽的注意，以诚实勤勉并且具有经验的承运人的身份行事，如欠缺此项注意，应承担相应的责任。

（3）船舶不进行不合理绕航

绕航是指船舶在海上航行途中驶离了正常的计划航线。我国《海商法》第49条规定："承运人应当按照约定的或者习惯的或者地理上的航线将货物运往卸货港。"

正常航线是指：运输合同有约定的，从其约定；没有约定或约定不明的部分，循习惯航线；没有习惯航线的，则依地理上的航线，即在保证海上航行安全的前提下，装卸两港之间可航水域最近的航线。船舶绕航可能延长航行时间和增加海上风险，因此法律规定禁止不合理绕航。

合理绕航的标准："是一种考虑了同一航次所有各方利益的绕航，而不应当是为了单方的利益，置他方于不顾。"合理绕航，是基于善意和考虑到利益的平衡。合理的绕航，并不要求必须产生成功的后果。通常下列情况属于合理绕航：躲避海上风险；为救助或企图救助海上人命或者财产；到中途港紧急补给；原定的卸货港发生了罢工、港口拥挤；当局限制等。

对合理绕航所引起货物的灭失或者损害，承运人不承担赔偿责任；不合理绕航属于承运人违约行为，对此引起的灭失或者损害，承运人应承担赔偿责任。如《海牙规则》第4条第4款规定："为救助或企图救助人命或财产而发生的绕航，或任何合理绕航，都不能作为破坏或违反本公约或运输合同的行为；承运人对由此而引起的任何灭失或者损害，都不负责。"

如果为了在海上救助或者企图救助人命或者财产，船舶可以驶离计划航线。对此，我国《海商法》第49条第2款规定："船舶在海上救助或者企图救助人命或者财产而发生的绕航或者其他合理绕航，不属于违反前款规定的行为，即不属于不合理绕航的行为。"

（4）船舶合理速遣

货物装船后，船舶应及时开航，并尽快完成航次，将货物运至目的港，交给收货人，不应有不合理的延误。承运人违反合理速遣的义务，应当对延迟交付货物承担责任。

我国《海商法》第50条第1款规定，如果承运人未能在其与托运人明确约定的时间内，在约定的卸货港交付货物，为延迟交付。根据我国《海商法》规定，除承运人不负赔偿责任的情形外，由于承运人的过失，致使货物因迟延交付而遭受经济损失的，即使货物没有灭失或者损坏，承运人仍然应当负赔偿责任。同时规定，对于承运人未能在明确约定的时间届满60日内交付货物，有权对货物灭失提出赔偿请求的人可以认为货物已经灭失。

但是，如果承运人与托运人没有明确约定货物交付期限，即使承运人未能在合理时间内，在约定的卸货港口交付货物，也不构成我国海商法规定的延迟交付，但根据《汉堡规则》，这种情况亦构成延迟交付。

二、关于承运人的权利

1. 承运人的免责权利

（1）承运人享有的12项免责事项权利

在《海牙规则》第4条中，承运人享有17项的免责事项，我国《海商法》第51条对《海牙规则》的17项免责事项加以合并，归为12项，并进一步明确了举证责任的分担。我国《海商法》第51条规定，承运人对下列原因造成的灭失或者损失，不负赔偿责任：

①船长、船员、引航员或承运人的其他受雇人在驾驶船舶或管理船舶中的过失

驾驶船舶过失是指船长、船员、引航员或承运人的受雇人员在船舶航行或停泊操纵上的过失，管理船舶过失是指上述人员在维持船舶的性能和有效状态上的

过失，两者又合称为航海技术过失。航海技术过失免责仅适用于船长、船员、引航员或承运人的其他受雇人员，而不适用于承运人本人。

在实践中，有时不易分清是属于管理船舶的行为，还是属于管理货物的行为。通常，以行为的对象和目的作为区分标准，例如某一行为针对货物，其目的是管理货物，则该行为属于管理货物的行为；反之，属于管理船舶的行为。

②火灾，但是由于承运人本人的过失所造成的除外

火灾造成的货物灭失或者损坏，除直接被烧坏或烟熏造成的损坏外，还包括救火过程中造成的损坏，如货物的湿损，或因践踏而造成的损坏。

但是，若火灾是由于承运人本人的过失所造成的，则不可免责。

③天灾，海上或者其他可航水域的危险或者意外事故

即通常所说的天灾和海难。天灾和海难都属于不可抗力，都是不可预见的自然因素，但二者又是有所区别的，海难强调必须与海有关，如海啸等；而天灾则在任何地方都可能发生，如地震、龙卷风等。

④战争或者武装冲突

战争或者武装冲突是指两国或多国间武力解决争端的行为或主权国家之间的武装冲突或公开的敌对行为。

⑤政府或者主管部门的行为、检疫限制或者司法扣押

政府或者主管部门的行为或司法扣押，是指一国政府或有关部门所采取的禁止装货或卸货、禁运、封港、扣押、没收充公等行为。例如，两国政府突然关系恶化，一国下令扣押其境内的另一国商船。但是不包括因商务纠纷或因当事船的违法行为所引起的扣押。

检疫限制，是指一国根据检疫法规定，当发现来本国港口的船舶上有疫情，或船舶来自有疫情的港口时，禁止船舶进港装卸货物，或对船货进行熏蒸等消毒处理。

⑥罢工、停工或者劳动受到限制

罢工、停工或者劳动受到限制是指因劳资纠纷或工潮等原因引起罢工，或出现上述其他情况时，不论其严重程度如何，也不论是局部的还是全面的，使船舶无法进出港或无法及时装卸货物等情况。船员发生罢工，承运人亦可援引此免责，但如果罢工是由于承运人的不法行为，或其他应负责的原因，例如承运人违反与船员之间的雇佣合同、拒不按时支付或非法克扣船员工资、明知港口发生罢工仍命令驶入等原因造成时除外。

⑦在海上救助或者企图救助人命或者财产

救助是指对海上人命或者财产事实上实施了救助。企图救助是指为救助海

上人命或财产已付出救助行动，但客观上未能实施救助的情况，如某船收到求救信号后赶到出事地点，但遇难船员已为他船所救。

⑧托运人、货物所有人或者他们的代理人的行为

如托运人所提供的货物的品名、标志、数量、重量或体积等不正确，承运人按提单记载向收货人负责，但事后可向托运人追偿。

⑨货物的自然特性或固有缺陷

自然特性是指货物自然的或正常的品质，如因货物本身性质、自然条件、运输技术手段所引起的自然损耗。固有缺陷是指存在于货物当中的某种隐藏的和有缺陷的东西。如谷物中因含有虫卵而易受虫害、活动物在运输途中的生病和胆怯等。

⑩货物包装不良或标志欠缺、不清

包装不良是指货物包装的方式、强度或状态不能承受货物装卸和运输过程中的正常风险。标志欠缺、不清的后果往往使承运人对货物无法加以辨认，易造成货物混票、交付错误，以及在缺乏指示性标志的情况下，造成装卸、积载、操作过程中的损害。

但是，如果货物包装不良或标志欠缺、不清，属于货物表面状态不良，而承运人对此在提单中未加批注，则不能援引此项免责对抗善意的第三者收货人提出的索赔。

⑪经谨慎处理仍未发现的船舶潜在缺陷

潜在缺陷一般认为仅指船舶存在的潜在缺陷，是指船舶结构存在的基本缺点，一般不包括正常的腐蚀和自然磨损。只要该缺陷是谨慎处理所不能发现的，承运人就可援引此项免责。船舶存在缺陷，虽然承运人事实上没有做到谨慎处理，但如承运人事后能证明，即使他做到了谨慎处理，也不能发现，则仍可援引此项免责。

⑫非由于承运人或者承运人的受雇人、代理人的过失造成的其他原因

其他原因是指前面11项没包括的，但又与前面11项事由属于相同或相似性质的。

应注意的是，虽然承运人可以援引免责条款来免除他对货损的责任，但是他应采取合理措施防止货损的扩大。例如，码头工人罢工引起货损，承运人可以免责。但在此期间，船方仍应适当和谨慎地照管货物。又如船舶因驾驶船舶过失而搁浅，对此承运人是可以免责的，但如果船方没有采取合理措施把舱内积水排出，则承运人仍对货损负责。

承运人欲援引上述免责事项时，必须证明货物的灭失或者损坏系某项免责原

因所致。但是，当因为火灾造成货物灭失或者损害时，采用举证责任倒置原则，即应由索赔方举证证明火灾是由于承运人本人过失所造成的，否则承运人免责，同时承运人在援用本条免责事项时，还应注意承运人应首先履行其法定的义务。

（2）活动物运输特殊风险免责

我国《海商法》第52条规定，承运人对因活动物运输的固有的特殊风险所造成的活动物灭失或者损害，不负赔偿责任，但是承运人必须证明已经履行了托运人关于运输活动物的特殊要求，以及根据实际情况，损失是由这种风险所造成的。

（3）甲板货运输特殊风险免责

根据我国海商法第53条规定，承运人对舱面货物运输由于装载的特殊风险所造成的货物灭失或者损坏，可以免责，但承运人在舱面上装载货物，必须同托运人达成协议；或者符合航运惯例，如木材船甲板装木材，专用集装箱船甲板装载集装箱；或者符合有关法律、行政法规的规定。如擅自将货物装于舱面，致使货物灭失或者损坏的，应当承担赔偿责任。

因此，承运人援引甲板货运输免责事项时，必须证明：①存在允许甲板货运输的航运惯例，或法律法规，或双方协议并且已经在提单上载明；②货损是由甲板装载运输方式的特殊风险造成的；③承运人已经尽到了适航和管理货物的义务。

2. 承运人的赔偿责任限制

承运人的赔偿责任限制又称承运人单位责任限制，是指对承运人不能免责的原因所造成货物的灭失或者损坏，将其赔偿责任限制在一定的范围内。因此，承运人赔偿责任限制，实质上是承运人对货物灭失或者损坏的赔偿责任的部分免除，其目的是对承运人和船舶所有人进行保护。

我国《海商法》第56条规定，承运人对货物的灭失或者损坏的赔偿限额，按照货物件数或者其他货运单位计算，每件或者每个其他货运单位为666.67计算单位，或者按照毛重计算，每千克为2计算单位，以两者中赔偿限额较高的为准。

3. 运费、亏舱费、滞期费等的请求权

承运人或出租人因提供船舶全部或部分舱室，完成货物运输，有请求运费的权利，即运费请求权。运费可分为预付运费和到付运费两种。对于预付运费，通常合同中都定明其具体支付时间。如"货物装船后，签发提单之前"，或"运费应在提单签发后××个银行工作日内支付"。国际上通行的原则是，即使货物在运送过程中灭失或者损坏，不论造成这种灭失或者损坏的原因是什么，预付运费都不退还。如系到付运费，只有在货物安全运抵目的港卸下交付时，承运人才有权收取。

亏舱费(Dead Freight)，又称空舱费，是指托运人或航次租船的承租人对未能按约定数量提供货物，致使船舶舱位发生剩余，给承运人带来的运费损失所给予的赔偿。亏舱费中应扣除因亏舱使承运人节省的费用，以及另外装货所赚取的运费。

滞期费(Demurrage)，通常是指航次租船情况下，承租人因未能在合同规定的装卸时间内完成货物装卸，而按照双方约定的费率向出租人支付的费用。

4. 货物留置权

当托运人或收货人不支付运费、亏舱费、滞期费、共同海损分摊费用及其他应付的费用时，又没有提供适当担保的，承运人有权依照法律的规定或合同的约定，对处于其占有之下并属于应付上述费用的托运人或收货人的货物，在合理的限度内进行留置，以担保其请求权的实现。

2020年4月18日　晴

今天与陆船长通过微信交流，得知道裕科技公司的物流消息平台正式开通。这种"线上线下"物流服务为货主、收货人提供了极大的方便。

三、托运人（收货人）的主要义务

1. 提供约定的货物

除非合同另有约定或事先征得承运人同意，托运人不得擅自更换约定的货物。因为未提供约定的货物致使承运人或出租人遭受损失的，托运人应负赔偿责任。

2. 妥善包装和正确申报货物

我国《海商法》第66条规定，托运人对于所托运的货物，应按运输要求妥善包装，并向承运人保证所提供的货物的品名、标志、包数或者件数、重量或者体积的正确性。由于包装不良或上述资料不正确，对承运人造成损失时，托运人应当负赔偿责任。但是承运人享有的这一权利，不影响其根据货物运输合同对托运人以外的人所承担的责任。

3. 及时办理货物运输手续

我国《海商法》第67条规定，托运人应当及时向港口、海关、检疫、检验和其他主管机关办理货物运输所需要的各项手续，并将已办理各项手续的单证送交承运人。因办理各项手续的有关单证送交不及时、不完备或者不正确，使承运人的利益受到损害时，托运人应当负赔偿责任。

4. 妥善托运危险货物

我国《海商法》第68条规定，托运人托运危险货物，应当依照有关海上危险货物运输的规定，妥善包装，做出危险品标志和标签，并将其正式名称和性质以及应当采取的预防危害措施书面通知承运人；托运人未通知或者通知有误的，承运人可以在任何时间、任何地点根据情况需要将货物卸下、销毁或者使之不能为害，而不负赔偿责任。托运人对承运人因运输此类货物所受到的损害，应当负赔偿责任。承运人知道危险货物的性质并已同意装运的，仍然可以在该项货物对于船舶、人员或者其他货物构成实际危险时，将货物卸下、销毁或者使之不能为害，而不负赔偿责任。

但是如果承运人采取上述措施构成共同海损行为，则仍应参加共同海损的分摊。

5. 支付运费和其他费用

我国《海商法》第69条规定，托运人应当按照约定向承运人支付运费、亏舱费、滞期费、共同海损分摊费用、承运人为货物垫付的必要费用和其他应当由其支付的费用。托运人与承运人也可以约定运费由收货人支付，但应在运输单证中载明。

6. 及时收受货物

货物运抵目的港后，收货人应及时在船边或承运人指定的码头仓库提取货物。我国《海商法》第86条规定，如果在卸货港无人提取货物或者收货人迟延、拒绝提取货物，船长可以将货物卸在仓库或其他适当场所，由此产生的费用和风险由收货人承担。

即问即答：某货物外部状态不良，大副签发大副收据时做了相应批准，在签发提单时，如把大副收据上的批准移至提单上，此提单便成为（　　　）。

A.不清洁提单　　　　B.污秽提单　　　　C.转移批准提单　　　　D.批准提单

2020年4月19日　晴

今天上午与大连海事大学王教授通电话，交流了一下关于海上集装箱运输业务与发展问题。王教授对集装箱的发展充满信心。

集装箱运输实务与法律

一个个冷冰冰的铝制或钢制大箱子，却堆积出了中国一年3万多亿美元的进出口总值。在正常情况下，全球集装箱运输量的增长率是经济增长率的2倍以上。可以预见，未来数年，集装箱海运需求仍将保持5%左右的稳步增长。全球集装箱海运需求仍处于中度兴旺期。了解一下集装箱运输的知识很有意义，如图6-22所示。

图6-22　集装箱运输改变世界

一、集装箱的定义

集装箱的英文单词系"container"，原义是一种容器，具有一定的强度，且可反复使用。由于它的外形像一只大铁盒子，故而又称货柜或货箱。国际标准化组织对集装箱具备的基本条件做了下列规定：

（1）能够长期反复使用，具有足够的强度；

（2）运输途中转运时，可以不移动箱内货物而直接换装；

（3）可以进行快速装卸，并可以从一种运输工具直接方便地换装到另一种运输工具；

（4）便于货物的装满和卸空；

（5）具有1立方米（35.32立方英尺）以上的容积。

根据上述基本条件，国际标准化组织将货集装箱定义为："用于运输和储存若干单元货物、包装货或散货的风雨密型方形集装箱；它可以限制和防止发生货损货差；可脱离运输工具，作为单元货物进行装卸和运输，无须倒装箱内货物。"

由于集装箱运输是一种高效率的运输方式，它的优越性主要是因运输现代化的生产方式和海陆联运相结合而产生的。与普通的杂货船运输相比较，集装箱运输具有显著的优越性：提高装卸效率，减轻劳动强度；加速船舶周转，提高运输能力；减少货损货差，提高货运质量；减少中转环节，便于货物联运；节省包装费用，简化理货手续；减少营运费用，大大降低了运输成本。

二、集装箱货物的装箱交接有哪些方式？

1.集装箱货物的交接方式

在集装箱运输过程中，货方（发、收货人）与承运方的交接方式有两种：整箱交接与拼箱交接。

（1）整箱交接（FCL），是指托运人、收货人与承运人交接的货物是一个（或多个）装载货物的集装箱。这意味着发货人一次托运的货物能装满一个（或多个）集装箱。发货人自行装箱并办好加封等手续，承运人接收的货物是外表状态良好、铅封完整的集装箱；货物运抵目的地时，承运人将同样的集装箱交付收货人，收货人自行将货物从箱中掏出。整箱交接的每个集装箱中的货物，通常都只有一个发货人和一个收货人。

（2）拼箱交接（LCL），一般是指发货人一次托运的货物数量较少，不足以托运一个集装箱，而针对这些货物的贸易合同又要求使用集装箱运输，为了减少运费，承运人根据流向相同的原则，将一个或多个发货人的少量货物装入同一个集装箱进行运输。这意味着承运人从各发货人手中接收货物，并由承运人组织装箱运输，运到合适的地点时，承运人（或其代理人）将货物从箱中掏出后，以原来的形态向各收货人交付。在这种交接方式下，每个集装箱的货物一般有几个发货人及几个收货人。

在集装箱运输中，有时也会出现这两种交接方式结合的情况。

2. 集装箱货物的交接地点

在集装箱运输中，集装箱货物的交接地点通常有三种，即集装箱堆场（CY）、集装箱货运站（CFS）和集装箱"门"。

（1）集装箱堆场（CY）

集装箱堆场，包括码头堆场和内陆地区的集装箱内陆货站堆场、中转站或办理站的堆场。CY交接，意味着发货人应自行负责装箱及把集装箱运输到堆场；承运人或其代表在堆场接收货物，开始承担其责任。

货物运达目的港后，承运人在堆场上向收货人交付货物，责任终止。由收货人自行负责集装箱货物到最终目的地的运输和拆箱。在CY交接的货物都是整箱交接。

（2）集装箱货运站（CFS）

集装箱货运站，一般包括集装箱码头的货运站、集装箱内陆货运站及中转站。在货运站进行的货物交接一般是拼箱货的交接。因此，CFS的交接，意味着发货人自行负责将货物送到集装箱货运站，承运人或其代理人在CFS接收货物并负责安排装箱，然后组织海上运输或陆海联运。货物运到目的地货运站后，承运人或其代理人负责拆箱并以货物原来形态向收货人交付。收货人自行负责提货后的事宜。

（3）集装箱"门"

集装箱的"门"，是指由发货人的工厂或仓库交付。"门"交接的集装箱货物都是整箱交接。这意味着发货人或收货人自行装（拆）箱。运输经营人负责自接收货物地点到交付货物地点的全程的运输。

3. 集装箱运输中货物的交接方式

（1）整箱接，整箱交（FCL/FCL）

①门到门（Door to Door）交接方式

门到门交接方式是指运输经营人由发货人的工厂或仓库接收货物，负责将货物运至收货人的工厂或仓库交付。在这种交付方式下，货物的交接形态都是整箱交接。

②场到场（CY to CY）交接方式

该方式是指运输经营人在装货港的码头堆场或其内陆堆场接收货物（整箱货），并负责运至卸货港码头堆场或其内陆堆场，在堆场向收货人交付（整箱货）。

③门到场（Door to CY）交接方式

该方式是指运输经营人在发货人的工厂或仓库接收货物，并负责将货物运至卸货港码头堆场或其内陆堆场，在CY处向收货人交付。在这种交接方式下，货物也都是整箱交接。

④场到门（CY to Door）交接方式

该交接方式是指运输经营人在码头堆场或其内陆堆场接收发货人的货物（整箱货），并负责把货物运至收货人的工厂或仓库向收货人交付。

（2）整箱接，拆箱交

①门到站（Door to CFS）交接方式

该方式是指运输经营人在发货人的工厂或仓库接收货物，并负责将货物运至卸货港码头的集装箱货运站或其在内陆地区的货运站，经拆箱后向各收货人交付。在这种交接方式下，运输经营人一般是以整箱形态接收货物，以拼箱形态交付货物。

②场到站（CY to CFS）交接方式

该方式是指运输经营人在装货港的码头堆场或其内陆堆场接收货物（整箱），并负责运至卸货港码头集装箱货运站或其在内陆地区的集装箱货运站，经拆箱后向收货人交付。

（3）拼箱接，整箱交

①站到门（CFS to Door）交接方式

该方式是指运输经营人在装货港码头的集装箱货运站及其内陆的集装箱货运站接收货物（经拼箱后），负责运至收货人的工厂或仓库交付。在这种交接方式下，运输经营人一般是以拼箱形态接收货物，以整箱形态交付货物。

②站到场（CFS to CY）交接方式

该方式是指运输经营人在装货港码头或其内陆的集装箱货运站接收货物（经拼箱后），负责运至卸货港码头或内陆地区的堆场交付。在这种方式下，货物的交接方式同上。

（4）拼箱接，拆箱交

拼箱接，拆箱交，即站到站（CFS to CFS）交接方式：运输经营人在装货港码头或内陆地区的集装箱货运站接收货物（经拼箱后），负责运至卸货港码头或其内陆地区的集装箱货运站，（经拆箱后）向收货人交付。在这种方式下，货物的交接形态一般都是拼箱交接。

集装箱的上述交接方式，往往与多式联运结合在一起。

三、集装箱运输中的主要单证

集装箱运输中使用的单证主要有：设备交接单、装箱单、场站收据、交货记录和集装箱提单。

1. 场站收据（Dock Receipt——D/R）

场站收据又称港站收据或码头收据，是指船公司委托集装箱堆场、集装箱货运站或内陆站在收到整箱货或拼箱货后，签发给托运人证明已收到货物，托运人可凭场站收据换取提单或其他多式联运单证的收据。

场站收据一般是由托运人口头或书面订舱，与船公司或船代达成货物运输的协议。该收据在船代确认订舱后由船代交托运人或货代填制，在承运人委托码头堆场、集装箱货运站或内陆货站收到整箱货或拼箱货后签发生效。托运人或其代理人可凭场站收据向船代换取已装船或待装船提单。

场站收据的作用相当于传统的装货单和收货单。

2. 设备交接单（Equipment Interchange Receipt）

设备交接单是指集装箱进出港口、场站时用箱人或运箱人与管箱人或其代理人之间交接集装箱及设备（底盘车、台车、冷藏装置、电机等）的凭证。它既是管箱人发放/回收集装箱或用箱人提取/还回集装箱的凭证，也是证明双方交接时集装箱状态的凭证和划分双方责任、义务和权利的依据。

3. 装箱单（Container Load Plan, CLP）

装箱单是指详细地记载每一集装箱内所装货物的名称、数量、包装种类、标志等货运资料和积载情况的单证，是集装箱运输中记载箱内货物详细情况的唯一单证。此单以箱为单位制作，由装箱人填制并经装箱人签署后生效。装箱单的主要作用有以下方面：

（1）是向承运人、收货人提供箱内货物明细的清单；

（2）是集装箱货物向海关申报的主要单证之一；

（3）是货方、港方、船方之间货、箱交接的凭证；

（4）是船方编制船舶积载计划的依据，是辅助货物舱单；

（5）是办理集装箱货物保税运输、安排拆箱作业的资料；

（6）是集装箱运输货物商务索赔的依据。

四、关于集装箱提单

1. 集装箱提单概述

集装箱提单是指集装箱运输下的主要运输单证。适用于集装箱运输的提单有两类，一类是港到港运输或联运的提单；另一类是多式联运提单。不论哪一类提单，其法律效力和作用与传统提单都是相同的。为了适应集装箱运输的需要，其正面内容除了与传统海运提单相同外，还增加了收货地点、交货地点、交接方式、集装箱号、封志号等内容。

它与一般海运提单一样，正面和背面都印有提单条款，而且相当多的内容和格式与一般海运提单相同，只是为了适应集装箱运输的实际需要，对某些条款的内容做了修改，增加了一些新的条款。

2. 集装箱提单与海运提单背面条款的主要区别有哪些？

（1）承运人的责任期限

在集装箱运输下，承运人接货、交货可以在货主仓库、内陆场站和码头堆场完成。这与传统运输货物交接在船边或港口有很大差别，因而承运人的责任期间也与传统运输有很大差别。

我国《海商法》第46条规定："承运人对集装箱装运的货物的责任期间，是指从装货港接收货物起至卸货港交付货物为止，货物处于承运人掌管之下的全部期间。"因而集装箱提单将承运人的责任期限规定为：从接收货物起至交付货物为止，或采用前后条款形式表述为：承运人对收货前、交货后的货物不负责任。普通提单对承运人规定的责任期限是从货物装上船起至卸下船止，货物处于承运人掌管之下的全部期间。

（2）甲板货选择权条款

根据现行海上运输法规定，只有在根据航海习惯或法律规定或事先与货主协商同意并在提单上加注"ON DECK"字样的情况下，承运人可将货物装在甲板运输。否则将构成违反合同行为，各种法规、合同中给予承运人的一切抗辩理由、责任限制、免责事项等均无效，承运人必须承担由此造成的一切损失的赔偿责任。

在集装箱货物运输中，由于船舶构造的特殊性及经济性等要求，一般有相当一部分集装箱需要舱面积载，全集装箱船满载时约有40%的货箱需装在甲板上，而各集装箱在船上装载的具体位置，一般是根据船舶配载及其港口作业程序的要求来确定的。

承运人在为船舶做配载和装卸时无法确定哪些箱会装在舱内或甲板上，因此集装箱提单中规定了舱面（甲板）货选择权条款。尽管各公司提单中表述方式不同，但该条款包含的内容是：承运人有权将集装箱货物装载在甲板下（舱内）或甲板上（舱面）运输，而无须征得货方同意和通知货方。货物不论装载在甲板上或甲板下（舱面或舱内），对包括共同海损在内的所有情况，都视为舱内积载。

换句话说，就是在传统的转载时，把货主的货物装在甲板上，要经货主同意，集装箱运输由船方决定，如图6-23所示的甲板集装箱。

图6-23　五彩缤纷的集装箱装在甲板上（来源：网络）

（3）承运人（集装箱运输经营人）的赔偿责任限制

承运人的赔偿责任限制是指"承运人对每一件或每一货损单位负责赔偿的最高限额"。在集装箱运输下，如货物由承运人或其代理人负责装箱，即拼箱货运输，承运人的责任与普通货提单规定的责任一样，按件或单位数负责赔偿，或按照货物毛重计算。但在整箱货运输下，有时承运人收到的仅仅是外表状况良好、铅封完整的集装箱，至于内装什么货、多少件、包装如何等，承运人只能从有关单证上知悉。

针对集装箱运输的特点，集装箱提单的该条款一般根据《维斯比规则》对集装箱、托盘或类似的装运工具或包装做如下规定：如在提单中已载明这种工具内的货物件数或单位数，则按载明的件数或单位数赔偿；如这种工具为货主所有，赔偿时也作为一件。

（4）一些制约托运人的责任条款

①发货人装箱、计数条款（或不知条款）

在整箱交接情况下，承运人接受的是外表状况良好、铅封完整的集装箱，对箱内所装货物数量、标志等只能根据装箱单得知，即使对其有适当理由怀疑，也无适当方式进行检验。根据《海牙规则》的规定，在这种情况下承运人可以拒绝在提单上载明箱内货物详细情况。这种做法势必会影响提单的流通性。但如果默认了货主提供的箱内货物件数，发生货损有可能对承运人赔偿方面带来不利。为了便于提单的流通和最大限度地达到免责目的，集装箱提单中在如实记载箱内货物详情的同时，背面条款中又保留了发货人装箱、计数条款（或不知条款）。其内容一般为：

如本公司承运的集装箱是由发货人或其代理人装箱并加封的，则对本提单正面所列内容（有关货物的重量、尺码、件数、标志、数量等）本公司均不知悉。

②铅封完整交货条款

提单中这一规定是指承运人在集装箱外表状况良好、铅封完整的情况下收货、交货，就可认为承运人已完成货物运输并解除其所有责任，因而承运人对交付货物时查出的任何灭失或短少不负责任。

③货物检查权条款

集装箱提单上订有货物检查权条款，是为了承运人在对箱内的实际状态怀疑时，或在积载不正常时启封检查，且承运人在行使这一权利时，无须征得托运人同意。该条款内容一般是：承运人有权但没有义务，在任何时候将集装箱开箱检验，核对其所装载的货物。如经过核查，发现所装载的货物全部或部分不适于运输，承运人有权对该货物放弃运输或由托运人支付附加费用后继续完成运输，或存放在岸上或水上遮蔽或露天场所，而且这种存放可视为按提单交货，承运人责任终止。但在操作中，对货主自装的集装箱启封检查时一般需征求货主同意并由货主支付费用。

④海关启封检查条款

根据《国际集装箱海关公约》的规定，海关有权对集装箱货物开箱检查。海关打开集装箱检查箱内货物并重新施封而引起的任何货物灭失、损害及其他后果，承运人概不负责。

在实际业务中，尽管提单条款做了这样的规定，承运人对这种情况应做详细记录，并保留证据，以免除责任。

⑤发货人对货物内容正确性负责条款

集装箱提单中所记载的内容，通常由发货人填写，或由负责集装箱运输的承运人或其代表根据发货人提供的托运文件（装箱单等）填写。提单一般规定承运人接收货物即可视为发货人已向承运人保证其在集装箱提单中提供的货物内容（种类、标志、件数、重量、数量等）准确无误。

如属于危险货物，还应说明其危险性。如发货人提供的内容不准确或不当造成货损或其他损害，发货人应对承运人负责。即使已发生提单转让也不例外。

集装箱货物由货主自行负责装箱时，在以下几种情况下，对承运人造成的损害货主应负责赔偿：集装箱的装载或填装的方式不当；该货物不适用以集装箱运输；装箱之前未对集装箱做合理的检验等。

⑥承运人运价本的说明

由于集装箱运输的特点，涉及集装箱运输的术语、交接办法、计费方法、费率、禁运规定等内容应全部列出。各公司一般以承运人运价本形式将这些条款装订成册对外提供。集装箱提单条款规定，有关的承运人运价本是提单的组成部分，运价本与提单内容发生矛盾时，以提单为准。

五、我国现行集装箱提单的主要内容

1. 集装箱提单正面条款

集装箱提单除了正面内容外，通常还订有正面条款，这是集装箱货物运输的特点所要求的。

（1）具有确认性质的条款——确认集装箱承运人已经收到外表状况和条件良好的集装箱货物。同时声明集装箱提单是收货待运提单，集装箱提单一经签发，即表明集装箱货物已经在承运人掌管下，收讫待运。

（2）具有承诺性质的条款——表明经正式签发的正本提单具有运输合同的效力，对提单持有人和集装箱承运人都有约束力。

2. 集装箱提单背面条款

有别于普通提单的集装箱提单的背面条款。

（1）原提单条款订有 PARAMOUNT CLAUSE，规定提单适用1924年《海牙规则》。新提单规定除从美国出运或驶往美国的货物适用《美国海上货物运输法》（COGSA）以外，提单受我国法律即主要是我国《海商法》管辖。

（2）原提单条款很少涉及多式联运的内容。新提单对多式联运中承运人的权利、义务、责任期间、责任划分原则等做了比较详细的规定，可满足多式联运的需要。

（3）新提单第4条第1款和第22条第4款都提到将货物交付给提单的合法持有人以外的港口当局的情况，该规定是考虑到某些地区如南美部分国家由国家负责放货的惯例。

本条确定了9个月的索赔时效，即索赔必须在交货后9个月内提出，否则承运人被免除任何有关货物的责任。尽管本条在司法实践中可能不完全被认可，但考虑到有关单证及其证据材料在代理处只保存一年，因此该规定有助于提醒货主尽早提出索赔。

（4）第5条对索赔通知及诉讼时效的规定与我国《海商法》的规定一致。

（5）第23条有关共同海损和救助将原条款中理算规则适用我国《贸促会规则》改为《1990年约克——安特卫普规则》，理算地由承运人选择。

（6）在第25条中，增加了无船承运人和在第27条中的契约的变更条款。

（7）删除了原提单条款第26条地区条款，突出了中国管辖权，但考虑到美国法律的规定，保留了美国法作为准据法。

从事海运管理和物流的人员对集装箱船通常是这样分类的：

——支线集装箱船

此类为小型集装箱，专门用于小型港口、集散港等的集装箱运输。对于那些不适合于较大集装箱船的服务用途也选择采用支线集装箱船。支线集装箱船有时配有货物装卸设备。此类集装箱船的运力约为200TEU至2000TEU。

——巴拿马型集装箱船

此类集装箱船的最大尺寸受限于巴拿马运河的通航能力。船舶的尺寸为294米×33米，其运力一般为5000TEU。此类船舶有的也装备货物装卸设备。

——超巴拿马型集装箱船

此类集装箱船的尺寸超过了巴拿马运河的通航能力。一般运力约为8000TEU。

——大型集装箱船

此类集装箱船，船长大都超过300米。通常运力为8000TEU至10000TEU。

——超大型集装箱船舶

此类集装箱船舶运输能力，一般超过10000TEU以上的集装箱船。目前，其船长和船宽为400米×60米，运输能力20000TEU的集装箱船已经运营，甚至还会更多些。其船速一般在23节左右，一般认为18~21节为经济航速。

对集装箱的尺寸，ISO标准规定了两种集装箱TEU和FEU，它们在高度上有差别。TEU，即20英尺（6.1米），但实际上长度要短1.5英寸（38.1毫米），以便在两个集装箱之间留下一点空隙。FEU，即40英尺标准箱，其长度为40英尺（12.2米）。

结论：集装箱船舶运输方便，可以运输干货、液货和冷藏货，所以它的发展仍然是持续的。

2020年4月20日 晴

收拾废杂志和报纸，看到了一篇讲租船确认书的短文。

先看一份航次租船确认书：

加拿大到中国的"V-C"（轮船）50000吨，5%，散装小麦，仓库交货，每吨36.5美元，直达大连港，到上海另加0.5美元，10月16日到12月10日。

对此确认书应特别注意的要点是，由于小麦是散装的而且是仓库交货，承租人应自负风险和费用将小麦运到船边，而从船边到船舱的所有费用则由船方承担。

租船运输及其法律问题

国际航运的基本营运方式有定期船运输和不定期船运输。定期船运输，又称为班轮运输；不定期船运输，又称为租船运输。

租船运输与班轮运输不同，它是指没有既定的船期表，也没有固定的航线及挂靠港，而是根据货源情况，安排船舶航线，组织货物运输，特别是整船运输的船舶营运方式。也就是说，租船运输是通过船舶出租人和承租人之间签订运输合同或租船合同进行货物运输的基本营运方式。

租船运输具有如下特点：

（1）没有既定的船期表，也没有固定的航线，而是按照合同的约定，安排船舶航线，组织货物运输。

（2）特别适合于大宗散货的整船运输，如粮食、化肥、石油、煤炭、矿砂、钢材、木材等。相对于昂贵的班轮运输而言，租船运输的运费或租金低，而且出租人可以根据承租人的需要，提供整船或部分舱位，并负责安排航线。

（3）船舶营运中的相关费用及其风险由谁负责或承担，根据租船合同的类别及合同条款而定。

（4）货物装船后，如果船长签发提单给承租人，则提单对于承租人和出租人来说，仅仅相当于货物收据；如果承租人通过背书把提单转让给第三者，此时提单还起着物权凭证的作用，并且当提单转让给承租人以外的第三人手中时，提单对于出租人和第三人而言，还起着海上货物运输合同证明的作用。

（5）出租人与承租人之间通过签订租船合同或运输合同来明确双方的权利和义务。

租船运输的种类有航次租船、定期租船和光船租赁三种。

第一种，航次租船

航次租船合同，是指船舶出租人向承租人提供船舶或者船舶的部分舱位，装运约定的货物，从一港运至另一港，由承租人支付约定运费的合同。

船舶出租人与承租人之间的法律关系以及他们各自的权利和义务都在航次租船合同中体现出来。

航次租船合同既可以是单航次合同，也可以是连续航次合同。订立航次租船合同，一般是为了运输大宗货物，或者是因为班轮航线无法满足货物的运输需要，承租人也可能是为了转租，如图6-24所示。

图6-24 航次租船运输示意图

目前，国际上常用的航次租船合同格式有：

（1）《统一杂货租船合同》（Uniform General Charter），租约代号"金康"（GENCON）；

（2）《威尔士煤炭租船合同》（Chamber of Shipping Walsh Coal Charter Party）；

（3）《巴尔的姆C式》[Baltime Berth Charter party Steamer（Form C）]，此格式被广泛应用于从北美地区整船谷物运输；

（4）《澳大利亚谷物租船合同》（Australian Grain Charter Party），租约代号

"AUSTRAL";

（5）《油船航次租船合同》（Tanker Voyage Chatter Party），租约代号"AS-BATANKVOY"。

我国《海商法》中关于航次租船合同一节的规定，主要是参照了"金康"合同制定的。

一是，出租人负责船舶营运并负担费用。船舶由出租人通过其雇佣的船长和船员占有和控制，承租人仅要求出租人将货物安全运至卸货港。除货物装卸费用和垫舱物料依双方约定外，船舶的其他营运费用，如燃料费、港口使费、船员工资与伙食费、船舶维修保养费、船舶保险与检验费等费用，均由船舶出租人负担。

二是，规定货物的名称或种类、数量及装卸港口。

三是，承租人可以租用船舶的全部舱位或部分舱位。运费在绝大多数情况下，按货物数量计算；少数情况下，约定承租人支付一定金额的运费，而不论承租人实际装运多少货物，称为整笔运费租船或包租。

四是，出租人除对船舶负责外，还应对货物负责。出租人不但应谨慎处理，使船舶适航，维持船舶的有效状态，通常还负有适当而谨慎地装载、积载、保管、照料、运送、卸载和交付货物的义务。

五是，需订明可用于装卸的时间、计算方法，并规定速遣费、滞期费的计算标准。

在航次租船运输情况下，出租人提供全部或部分舱位，将承租人的货物由一港运至另一港，而由承租人支付一定数额的运费作为报酬。因此在法律上，航次租船合同属于海上货物运输合同。

我国《海商法》第93条规定："航次租船合同的内容，主要包括出租人和承租人的名称、船名、船籍、载货重量、容积、货名、装货港和目的港、受载期限、运费、滞期费、速遣费以及其他有关事项。"航次租船合同一般订有下列条款：

船舶说明条款（Description of Vessel Clause）；

预备航次条款（Preliminary Voyage Clause）；

出租人责任条款（Owner's Responsibility Clause）；

运费的支付条款（Payment of Freight Clause）；

装卸条款（Loading/Discharging Clause）；

滞期费和速遣费条款（Demurrage/Dispatch Money Clause）；

合同的解除条款（Cancelling Clause）；

留置权条款（Lien Clause）或承租人责任终止条款（Cesser Clause）；

互有责任碰撞条款（Beth-to-Blame Collision Clause）；

新杰森条款（New Jason Clause）；

共同海损条款（General Average Clause）；

提单条款（Bill of Lading Clause）；

罢工条款（Strike Clause）；

冰冻条款（Ice Clause）；

战争条款（War Clause）；

仲裁条款（Arbitration Clause）；

佣金条款（Brokerage Commission Clause）等。

为了简化和加速签订航次租船合同的过程，洽谈合同的当事人通常都采用某种航次租船合同范本，根据自身的需要，对合同范本的某些条款进行修改、删减或补充，最后达成协议，签订双方确认的航次租船合同。

目前，国际上没有专门关于航次租船合同的国际公约，广泛采用的航次租船合同范本是"统一杂货租船合同"，简称"金康"（Gencon）合同。

第二种，定期租船

1. 何谓船舶租用合同（Charter Party, C/P)？

船舶租用合同是指船舶出租人向承租人提供约定的船舶，由承租人在约定的期间内按照约定的用途使用，并支付租金的合同。它包括定期租船合同和光船租赁合同两种形式。

船舶租用合同一般都以书面形式订立。根据我国《海商法》第128条的规定，不论是定期租船合同还是光船租赁合同，都应当书面订立。船舶租用合同通常是双方当事人在选定某一合同格式的基础上，对格式中所列条款，按双方意图进行修改、删减和补充而成的。

目前国际上还没有关于船舶租用合同的国际公约。英美国家的法律对此种合同不做规定，双方当事人依据"订约自由"原则商定合同的内容；大陆法系国家的法律一般也不对此种合同做出规定，或者不做强制性规定。

我国《海商法》第六章对船舶租用合同做出专门规定，为了同国际上的通行做法保持一致，其第127条明确规定："关于出租人和承租人之间权利、义务的规定，仅在船舶租用合同没有约定或者没有不同约定时适用。"在签订船舶期租合同时，双方当事人的地位和能力是均等的，换句话说，有关船舶租用合同双方当事人权利、义务的规定，完全可由双方当事人协商确定，并且可以约定不同于我国《海商法》规定的条款。

2. 定期租船合同的特点

定期租船合同（Time Charter Party），简称期租。我国《海商法》第129条将其定义为："船舶出租人向承租人提供约定的由出租人配备船员的船舶，由承租人在约定的期间内按照约定的用途使用，并支付租金的合同。"

定期租船合同具有如下特点：

一是，由船舶出租人负责配备船长、船员，并负担船员的工资、伙食费等；负责船舶安全航行和内部管理事务，并负担有关费用；

二是，承租人负责船舶调度和营运工作，除船舶修理费、物料费、润滑油费、折旧费、船舶保险费等由出租人负担外，其他有关营运费，如燃油费、港口使费等由承租人负担；

三是，租金按船舶的装载能力和租期长短计算；

四是，合同中常订有关于交、还船及停租的规定。

3. 定期租船合同格式

目前，国际上常用的标准定期租船合同格式有：

（1）《统一定期租船合同》（Uniform Time Charter），租约代码为"波尔的摩"（BALTIME），是由波罗的海国际航运公会于1909年制定的，后经过1912年、1920年、1939年、1950年、1974年多次修订，较维护出租人的利益。

（2）《定期租船合同》（Time Charter），租约代码为"土产格式"（Produce Form），是由美国纽约土产交易所（New York Produce Exchange——NYPE）于1913年制定的，因而航运界常称此格式为"NYPE"或"纽约格式"。该格式经美国政府批准使用，故又称"政府格式"。现在普遍使用的是1946年的格式，与BALTIME格式相比，较维护承租人的利益。

1993年在波罗的海国际航运公会（BIMCO）、英国全国船舶经纪人和代理人协会联合会（FONASBA）和美国船舶经纪人和代理人协会联合会（ASBA）的参与下，对NYPE格式进行修订，并命名为NYPE'93格式，较之1946年格式，有许多修改、删减和增加之处。1981年6月12日在ASBA的组织下对1946年的NYPE格式进行修改，租约代码改为ASBATIME，但没有起到预期效果。1982年FONASBA在吸收了BALTIME格式和1946年NYPE格式的特点的基础上，对NYPE格式进行修改，租约代码为FONASBATIME，并曾在1986年进行一次修订，但由于实践中采用得较少，故其影响力比较有限。

（3）《定期租船合同》（Time Charter Party），租约代码为"中租1980"（SINOTIME 1980），是由中国租船公司于1980年制定的，此格式较多地维护了承租人的利益。

4. 定期租船合同与航次租船合同的区别有哪些?

一是,在定期租船合同中,出租人收取的租金是按承租时间计算,航次租船合同中出租人收取的是运费,按所装货物的种类和数量计算。

二是,在定期租船合同中,出租人对维持船舶适航的义务较重,如船舶不能正常营运连续一定的时间,对因此损失的营运时间,承租人可以不付租金;而在航次租船合同中,如果出租人在开航前和开航时已尽适航义务,则在运输过程中因船舶故障或其他原因出现延迟,承租人一般没有拒付或者收回运费的权利。

三是,在定期租船合同中,承租人承担费用的项目较航次租船合同的项目多。除了按承租时间支付出租人的租金外,承租人还负责支付船舶的营运费用,如装卸费用、船舶燃油费、港口使费等费用。而在航次租船合同中,承租人一般仅按所载运货物的数量支付运费和按双方约定承担装卸费用。

四是,在定期租船合同中,承租人负责船舶的营运,并承担有关的费用,因而定期租船合同中订有船速与燃油消耗率条款,承租人承担了船舶航速及货物装卸的时间风险;由于承租人负责货物的装卸,所以无装卸时间条款。而航次租船合同中出租人负责船舶的营运并承担有关的费用,因而无燃油消耗率条款;同时双方约定装卸货的时间,因而航次租船合同中有装卸时间条款。

五是,在定期租船合同中,承租人有权获得一定比例的海难救助报酬。

5. 定期租船合同的主要内容有哪些?

我国《海商法》第130条规定:"定期租船合同的内容,主要包括出租人和承租人的名称、船名、船籍、船级、吨位、容积、船速;燃料消耗、航区、用途、租船期间、交船和还船的时间和地点以及条件、租金及其支付;以及其他有关事项。"

定期租船合同,通常订有如下条款:

船舶说明条款(Description of Vessel Clause);

交船条款(Delivery of Vessel Clause);

租期条款(Period of Hire Clause);

合法货物条款(Lawful Merchandise Clause);

航行区域条款(Trading Limits Clause);

出租人提供的事项条款(Owners to Provide Clause);

承租人提供的事项条款(Charterers to Provide Clause);

租金支付条款(Payment of Hire Clause);

还船条款(Redelivery of Vessel Clause);

停租条款（Off-hire Clause）；

出租人的责任与免责条款（Owners' Responsibilities and Exceptions Clause）；

使用与赔偿条款（Employment and Indemnity Clause）；

转租条款（Sub-let Clause）；

共同海损条款（General Average Clause）；

新杰森条款（New Jason Clause）；

互有责任碰撞条款（Both-to-Blame Collision Clause）；

战争条款（War Risk Clause）；

仲裁条款（Arbitration Clause）；

佣金条款（Brokerage Commission Clause）等。

简单说，定期租船的含义是船舶所有人将船舶租给人使用一定时期的租船方式。它以约定的某段期间为租期，在此租期内船东收取的是租金，租船人使用的是该船的运载能力。

第三种 光船租凭

我国海商法第一百四十四条明确了光船租赁合同的性质，它完全是财产租赁合同。光船租船合同下签发的提单的承运人就是承租人。

光船租船又称租船。船东在租期内将一艘空船出租给租船人使用，并将船舶的控制权和占有权也一并交给租船人。

这其实就是一种财产租赁方式，并不具有运输承揽的性质；租船人负责雇佣船员，负担船员工资和伙食费等；租船人负责船舶的调度和营运安排，并负担所有营运费用；租金率是根据船舶装载能力和租期等因素由双方商定的。光船租赁中，船舶的维护保养和使船舶保持适航都由承租人负责。

泛读

承租人有权对船舶行使留置权

海商法对光船承租人没有规定可以行使留置权，民法典四百四十条规定，企业间可以对没有任何法律关系的留置物行使留置权，但是一定要遵循物权法关于合法地占有留置物、留置物的所有权应当属于债务人以及债权已经到期的基本原则。

例如，在光船租赁期间，如果出租人违反海商法的规定，在未得到承租人同意的情况下，将已经出租的船舶设定了抵押权，而且这种抵押权的设定致使承租人遭受了损失，此时，承租人有权对船舶行使留置权。

2020年4月21日　晴

　　上午十一点，跟中远海运公司租船部总经理林船长通电话聊天，交流了一下租船的体会。现将林船长讲的内容体会概述如下。

租船程序

　　林火平船长讲租船的体会及其基本程序。他讲了他的一些体会，其中很重要的一点是，要想做好租船业务，必须熟悉航海的基本知识，懂得海商法的基本规定。

　　他认为，租船通常由以下几个基本步骤来完成：

　　步骤之一，充分了解租船市场的情况是基础。

　　租船是通过租船市场进行的。在租船市场上，船舶所有人是船舶的供给方，而承租人则是船舶的需求方。在当今通信技术十分发达的时代，双方当事人从事的租船业务，绝大多数是通过电话、电传、传真和互联网等现代通信手段洽谈的。

　　步骤之二，与租船经纪人合作很重要。

　　在国际租船市场上，租船交易通常都不是由船舶所有人和承租人亲自到场直接洽谈，而是通过租船经纪人代为办理并签约的。租船经纪人都非常熟悉租船市场行情，精通租船业务，并且他们都有丰富的租船知识和经验，在整个租期交易过程中起着纽带和中间人的作用，对顺利成交起着十分重要的作用。

　　步骤之三，启动租船询价前期准备工作。

　　询价又称询盘，通常是指承租人根据自己对货物运输的需要或对船舶的特殊要求，通过租船经纪人在租船市场上要求租用船舶。询价主要以电报或电传等书面形式提出。承租人所期望条件的内容一般应包括：需要承运的货物种类、数量、装货港和卸货港、装运期限、租船方式或期限、期望的运价（租金）水平以及所需用船舶的详细说明等内容。询价也可以由船舶所有人为承揽货载而首先通过租船经纪人向租船市场发出。由船舶所有人发出的询价内容应包括出租船舶的船名、国籍、船型、船舶的散装和包装容积、可供租用的时间、希望承揽的货物种类等。

步骤之四，做好租船报价有关事宜。

何为报价呢?报价又称发盘，当船舶所有人从船舶经纪人那里得到承租人的询价后，经过成本估算或者比较其他的询价条件，通过租船经纪人向承租人提出自己所能提供的船舶情况和运费率或租金率。报价的主要内容，除对询价的内容做出答复和提出要求外，最主要的是关于租金（运价）的水平和选定的租船合同范本及对范本条款的修改、补充条款。报价有"硬性报价"和"条件报价"之分。"硬性报价"是报价条件不可改变的报价。询价人必须在有限期内对报价人的报价做出接受订租的答复，超过有效期，这一报价即告失效。与此相反，"条件报价"是可以改变报价条件的报价。

步骤之五，启动租船还价程序。

那么何谓还价呢？所谓还价又称为还盘。在条件报价的情况下，承租人与船舶所有人之间对报价条件中不能接受的条件提出修改或增删的内容，或提出自己的条件，称为还价。还价意味着询价人对报价人报价的拒绝和新的报价开始。因此，船东对租船人的还价可能全部接受，也可能部分接受，对不同意的部分提出再还价或新报价。这种对还价条件做出答复或再次做出新的报价，称为反还价或称为反还盘。

步骤之六，研究租船报实盘问题。

在一笔租船交易中，经过多次还价与反还价，如果双方对租船合同条款的意见一致，一方可以以报实盘的方式要求对方做出是否成交的决定。报实盘时，要列举租船合同中的必要条款，将双方已经同意的条款和尚未最后确定的条款在实盘中加以确定。同时还要在实盘中规定有效期限，要求对方答复是否接受实盘，并在规定的有效期限内做出答复。若在有效期限内未做出答复，所报实盘即告失效。同样，在有效期内，报实盘的一方对报出的实盘是不能撤销或修改的，也不能同时向其他第三方报实盘。

步骤之七，原则上接受订租的事宜。

接受订租又称为受盘，是指一方当事人对实盘所列条件在有效期内明确表示承诺。至此，租船合同即告成立。原则上，接受订租是租船程序的最后阶段。接受订租后，一项租船洽商即告结束。

步骤之八，决定接受订租的确认书。

接受订租是租船程序的最后阶段，一项租船业务即告成交。通常的做法是，当事人之间还要签署一份"订租确认书"。"订租确认书"无统一格式，但其内容应详细列出船舶所有人和承租人在洽租过程中双方承诺的主要条款。订租确认书经当事人双方签署后，各保存一份备查。

步骤之九，双方签订租船合同要认真。

正式的租船合同实际是在合同已经成立后才开始编制的。双方签认的订租确认书实质就是一份供双方履行的简式的租船合同。签认订租确认书后，船东按照已达成协议的内容编制正式的租船合同，通过租船经纪人送交承租人审核。如果租船人对编制的合同没有什么异议，就可签字。

步骤之十，推敲标准租船合同范本的细节很重要。

船公司在经营不定期船时，每一笔交易均需和租方单独订立合同。为了各自的利益，在订立合同时，必然要对租船合同的条款逐项推敲。这样势必造成旷日持久的谈判，不利于迅速成交。为了简化签订租船合同的手续，加快签约的进程和节省为签订租船合同而发生的费用，也为了能通过在合同中列入一些对自己有利的条款，以维护自己一方的利益，在国际航运市场上，一些航运垄断集团、大的船公司或货主垄断组织，先后编制了供租船双方选用，作为洽商合同条款基础的租船合同范本。租船合同范本中罗列了事先拟就的主要条款。为了便于商定租船合同的双方通过函电对范本中所列条款进行删减、修改和补充，每一租船合同范本都为范本的名称规定了代码，为每一条款编了代号，并在每一行文字前（或后）编了行次的顺号。这样在洽订租船合同的过程中，只需在函电中列明所选用的范本的代码，并指明对第×款第×行的内容增、删、改的意见，就能较快地拟就双方所同意的条款。虽然采用租船合同范本可以极大地方便租船合同条款的拟订，但是由于这些范本多数是由船舶所有人一方或代表船舶所有人一方利益的某些航运垄断集团单方面制定的，许多条款都不会对承租人一方有利，这是在选用租船合同范本时不能不考虑的问题。租船合同范本的种类很多，标准航次租船合同代表范本有"金康"（GENCON），定期租船合同代表范本有"纽约土产"（NYPE），光船租船合同代表范本有"光租"（BARECON）等。

2020年4月22日　晴

今天与中远海运的孙同志通过微信交流，他的观点是，疫情将改变外贸运输的变化，以后主要围绕着智能、智慧物流发展。他提到对企业而言，守信很重要，并应更好地服务他人。他的理念或许与共同海损的立法理念相似。

为了"哥俩"的安全——共同海损

共同海损制定是海运中特有的一种制度，在其他运输领域没有与之相类似的制度。共同海损制度也是海商法中最早形成的一种法律制度，其历史源远流长。为了公平合理地处理海上货物运输安全所做出的人为牺牲的补偿问题，在海运界，很早就产生了一方做出牺牲，应有全体收益方共同予以补偿的共同海损制度。时至今日，共同海损这一制度不仅没有被废除，相反却日趋完善，并成为世界各国普遍实行的一种法律制度。

一、何谓共同海损呢？

要理清楚共同海损的概念，首先应了解海损的概念。

在海上运输中，因海上自然灾害、意外事故或其他特殊情况引起的船舶、货物或其他海上财产的损失和费用的支出，称为海损。按照状态，海损可分为物质损失和费用支出；按照程度，海损可分为全部损失和部分损失；按照性质，海损则可分为单纯海损和共同海损。

单独海损（P.A.）是指海上自然灾害、意外事故或其他特殊情况所直接造成的船舶、货物或其他海上财产的损失和费用的支出。

共同海损（G.A.）是指在同一海上航程中，船舶、货物和其他财产遭遇共同危险，为了共同安全，有意地、合理地采取措施所直接造成的特殊牺牲、支付的特殊费用。共同海损是一种海损分摊制度，由共同海损行为、共同海损损失、共同海损分摊方等组成。

单独海损与共同海损比较，两者不同之处在于：

（1）损失发生原因不同。单独海损完全是由海上自然灾害、意外事故或其他特殊情况等原因直接造成的；共同海损则是由于船舶、货物和其他财产在同一海上航程中遭遇共同危险之后，为了共同安全，有意、合理地采用某种措施而引起的特殊牺牲和额外费用；

（2）损失的承担方式不同。发生单独海损时，各方所受损失应由受损方自行承担。当然，有些情况下，受损方有权依法要求有关责任方赔偿其所遭遇的损失。共同海损的牺牲和费用由于是为了船货的共同利益而人为地、有意地做出的，所以共同海损应当由各收益方共同承担。

举例来说，某船水手长吃完晚饭，在甲板散步，发现有一集装箱冒烟，报告大副，大副带领几名水手灌水灭火，结果半个船舱被淹，68只集装箱被水泡了，货物受损。这是船方有意采取的合理措施所引起的，是为了船货的共同利益，因此属于共同海损，应由各收益方共同承担，如图6-25所示。

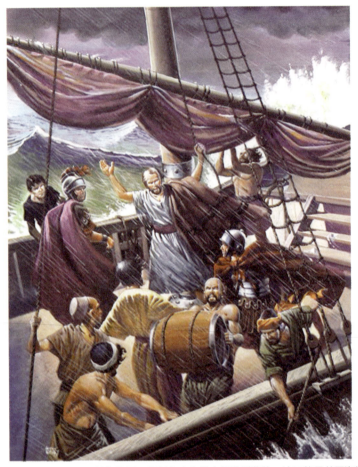

图6-25　暴风雨来了，为了不使船倾覆，船长命令先抛弃部分重货物，这可能是共同海损理念初期
（来源：网络）

二、共同海损的构成要件有哪些？

根据我国海商法对共同海损的定义，共同海损的成立应当具备如下要件：

1. 船舶和货物必须处在共同危险之中

共同海损成立的前提是在海上货物的运输中发生的危险应当危及船舶和货物等两个或两个以上的共同利害关系方。无论发生何种海难事故，如果受到损害危险的只有船舶或货物一方，无共同利害关系方，也就无共同危险可言，因此不能构成共同海损。

例如，载货船舶上发生火灾，如不采取灭火措施，船舶和货物都将遭受全损。另外，如果船上冷藏设备发生故障，仅仅危及冷藏货物的安全，也不产生共同海损。而处于空载状态的船舶，不可能发生共同海损。

共同危险的含义是什么？

一是，危险必须是真实和实际存在的，而不是臆测和推断的。

主观推断出的危险，不是真正的危险，基于错误判断而采取的措施，不属于共同海损行为。

例如，某船船长在航行中生病不能执行任务，由此，至新船长接任的整个期间内，该船舶一直在中途港停泊，船舶在此停留期间始终没有处在任何危险之中。显然，船长生病，由其他称职船代理职务，以及派新船长接任，都是船方在货物运输中应履行的义务，在此中途港额外停留期内的港口费用、船员工资、给养、燃物料消耗等为此支付的额外费用，应由船方负担，不能列为共同海损。

又如，第一次世界大战期间，一艘法国货船因担心遭敌军潜艇袭击，雇佣拖船进行全程护航。事后调查证明并无潜艇，法院判决拖船费不属于共同海损。某船装运棉花，途中舱内有白汽冒出，船长以为起火而下令灌水并封舱，实际上是舱内通往甲板的一根蒸汽管道破裂，冒出蒸汽，因此灌水造成的货物的湿损不构成共同海损。

实际存在的危险不一定是紧迫的危险（Immediate Danger）。也就是说，即使这种危险不会即刻发生，但只要危险是不可避免的，并且所采取的措施是合理的，亦属共同海损。例如，船舶在海面较为平静的情况下搁浅，海底底质为沙土，虽然之前当时危险并不紧迫，但如果船舶不能在涨潮时自行脱浅，即应当认为处于实际危险之中。

二是，危险是同一海上航程中的财产所共同面临的。

同一海上航程，是指当船舶、货物或其他财产结为一体的海上航行期间。因此，对于空载航行的船舶，航次租船下的预备航次的牺牲、单纯为了一方利益的牺牲、为了救助他船的牺牲都不能作为共同海损。

2. 采取的措施必须是有意而合理的

共同海损措施又称共同海损行为。所谓有意的措施，是指船方主观上明知采取某种措施会导致船舶或货物的损害，但为了避免船货招致共同危险所带来的更大的损害而不得已采取的措施。

例如，船舶因驾驶操纵事物而搁浅，船长为解除船货共同危险，采取超负荷倒车使船舶脱浅，因而使主机遭受损坏，如图6-26所示。由于这种损失是船方有意采取措施所造成的，可列入共同海损。

图6-26 船舶搁浅(图片来源：网络)

所谓合理的措施，是指一名具有良好船艺的船长或其他有权负责船舶驾驶和管理的人员在考虑了当时的客观条件和各种可能的应急措施的可行性和客观效果因素之后，选择能以最小的牺牲或费用获得共同安全的措施。

例如，当船舶搁浅时可以不抛货，就不应抛货；如需要抛货，应先抛弃重货、低价货，并注意抛货的数量。措施需根据具体情况确定。有时，采取的措施不一定都行之有效，但只要是经过慎重考虑而采取的，也应被认为是合理的。例如船舶搁浅，为了解除共同危险，采用先前进三，又后退三进行起浮，未获成功。但主机因过度使用受损，后经雇佣拖船脱浅。此项进、倒车措施，虽然未取得预期效果，也应视为是合理的措施，所导致的主机损失，也应列入共同海损。

3. 共同海损牺牲是特殊的，费用是额外的，且是共同海损行为的直接后果

共同海损牺牲是指共同海损措施所引起的特殊的船舶和货物的物质损失；共同海损费用是指由于共同海损措施所支出的额外费用。判断一项船舶或货物的物质损失是否是一种特殊的损失，必须对造成损失的原因进行分析。

例如，某船在甲板上装载了200辆轿车，横跨太平洋甲板上浪，轿车受损不属于共同海损；如果是由于救火而造成货物湿损，则是有意造成的特殊损失，因而属于共同海损。同样，共同海损费用在正常海上运输情况下不该发生，但为了救助船或所面临的共同危险而支付的正常航行所需费用以外的费用。

例如，船舶因主机故障在海上失去自航能力，用拖船拖至原定挂靠港修理，即使船舶不发生危险，船舶进出该港的港口费用仍会发生，因此属于正常营运费用，不构成共同海损。

但是，如果船舶因失去自航能力而请求拖船拖到避难港修理，因此支出的救助费用则属于额外的费用，构成共同海损。又如，船舶发生火灾时，为灭火而将船上的消防设备的泡沫或二氧化碳消耗掉，就不属于共同海损。因为其用途就是灭火，但当其被用完之后，由于火灾仍未扑灭，而再次向灭火器或钢瓶填充泡沫或二氧化碳，则属于特殊牺牲，即使船上有备用物品可以利用亦应如此，因为二次填充的行为已超过船方应尽的义务。

4. 共同海损措施必须有效果

所谓共同海损措施有效果，是指由于船方采取的措施，达到了全部或部分地保全船舶和货物的目的。如果措施没有效果，即船货全损，没有获救财产，从而失去了分摊海损的基础，共同海损就不能成立。强调共同海损措施有效果，并不是要求船舶和货物都获救，只要有部分财产获救，就可以以获救财产作为基础，参加共同海损分摊。

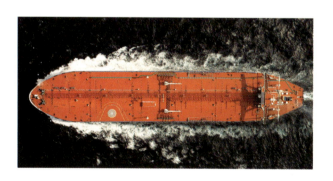

___月___日　星期___　　　　　　　　　　　　　　　　　　　　　天气___

第七讲

结束语——

高科技托起跨越时空的未来航海

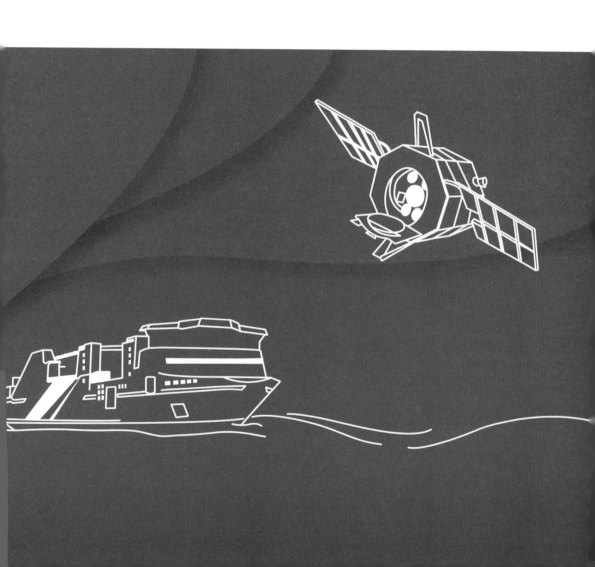

今天上午跟大连海事大学尹勇教授通电话，交流了一下关于船舶自动化的发展方向问题。写一段听起来很荒谬的未来航海，作为本书的结束内容。

我相信，我们迎着旭日东升的太阳，走在崭新的道路上。我们是优秀的中华儿女，谱写时代的新篇章。我们迎着风雨向前进，万众一心挽起臂膀，我们要把亲爱的祖国，变得更加美丽富强，国泰民安，人民更加幸福安康。

2020年4月29日　晴

　　今天是个大喜的日子！十三届全国人大常委会第十七次会议29日表决通过了关于十三届全国人大三次会议召开时间的决定。根据决定，十三届全国人大三次会议于2020年5月22日在北京召开。会议指出，在以习近平同志为核心的党中央坚强领导下，经过全国上下和广大人民群众艰苦努力，当前新冠肺炎疫情防控形势持续向好，经济社会生活逐步恢复正常。综合考虑各方面因素，召集十三届全国人大三次会议的条件已经具备。

　　航海技术的发展离不开科学技术的进步。航海由技艺逐步发展为科学技术。英国《大不列颠百科全书》认为："航海曾经被认为是一种技艺，现在已经成为一门科学和技术。"

图7-1　船舶的航迹，就像一条碧蓝的康庄大路，通向远方，一望无际——我们充满道路自信
（来源：大连海事大学官网）

　　大海无语，但充满美，如图7-1所示。它的美不分时间，每一时刻都散发着其独特的魅力。晴天或雨天，清晨或傍晚，又或者是在历史的沧桑中亘古不变。

古代航海：被认为是一种冒险行为

大海一直是人类想要征服的对象。众所周知，从前，航海被认为是一种冒险行为。极少有船主敢冒险出海到望不见陆地的洋面上去，因为他们认为，航海是可怕的，出海就意味着去送死。更没人敢穿洋直航，出海的少数人被称为冒险家。归根到底就是一个原因，造船技术和装备不够进步，没有精确的导航。因此，在远洋航行中，确定船舶的方位和位置是第一位的。最初航海者通过白天观察太阳的高度、夜间观察北极星的方位来判断所处的纬度，依靠天体定位，航海家使用一种很简单的仪器来测量天体角度，称为简易航海六分仪。

现代航海：体面的职业、有趣的工作

航海离不开水上运载工具——船舶。船舶的发展，从原始的"刳木为舟"到今天的几十万吨的超级轮船，从古代的木质结构到现在的钢铁身躯，从过去利用人力、自然动力到利用机器驱动力，走过了一个漫长的过程，但是船舶的长足发展是在现代。现代航海活动不再是冒险，而是成为一份体面的职业、有趣的工作。

现代航海技术有什么特点呢？

一是船舶大型化。随着科技技术的发展、造船材料的精益求精，船舶越造越大。在20世纪50年代，1万载重吨的船就可称为"万吨巨轮"，2000年末世界上拥有10万载重吨的超大型油船（VLCC）有数百艘。目前最大的散货船为60万载重吨。集装箱船近年来也越来越大，从6000TEU和8000TEU的集装箱船的使用，到10000TEU的集装箱船的营运，甚至达到25000TEU以上，如图7-2所示。

图7-2　一艘几十万吨的集装箱船——多像我们童年时玩的积木——充满好奇（一艘40万吨级船舶甲板
面积超过4个标准足球场）

二是船舶专业化。随着经济的发展、贸易的需要，人们对船舶的需求呈现多样化。过去的海洋运输船舶主要是客船、货船。近20年来，大型油船、超级集装箱船、豪华邮轮、各式各样的滚装船、安全可靠的液化气船（LNG、LPG）、半潜船、科学考察船等专业化特种船舶像雨后春笋般地迅速生长，让人眼花缭乱。

三是船舶驾驶自动化。进入第三次产业革命后，技术发明的商业化在加快，现代控制理论及其自适应控制、现代控制理论鲁棒控制等技术理论进入船舶制造业。20世纪80年代，微型计算机在船上广泛应用，从船舶自动舵、船舶机舱设置集中控制室到出现无人值班机舱和驾驶台对主机遥控遥测，船舶机舱自动化成为家常便饭。驾机合一的新时代当时被称为是"超自动化船"。船舶自动化使船舶定员大约减半，降低了营运成本。近10年来建造的新型船舶基本上都可称为自动化船舶，其中一部分自动化程度高的船舶被称为"高自动化船舶"。船舶自动化从机舱自动化走向了驾驶自动化时代。

四是船舶定位全球化。当年，经典的陆标定位、天文定位方法已成为特殊情况下的补充手段。全天候的全球卫星定位系统，已经进入高精度卫星导航定位新时代。美国开发的全球定位系统（GPS）可在全球范围内全天候为海上、陆上、空中和空间用户提供连续的、高精度的三维定位、速度和时间信息，使船舶、飞机和汽车等运载工具的导航与定位发生了划时代的变革。采取差分技术的DGPS技术可把定位精度提高3~5厘米。

如图7-3所示，毋庸置疑，精度高的GPS现已普遍装在船上，已经成为最主

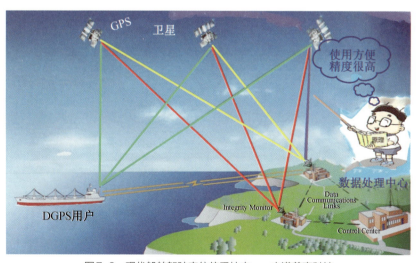

图7-3　现代船舶驾驶定位信手拈来——充满着高科技

要、很常用、极简单的船舶导航定位手段。全球卫星定位系统除了美国的GPS外，还有俄罗斯的GLONASS全球导航系统、中国的北斗卫星定位系统、欧盟的伽利略卫星导航定位系统。船舶定位不再是航海作业第一位了，已经成了驾驶员信手拈来的事。

五是船舶避碰智能化。过去，在雾天、大雪、大暴雨等能见度不良的天气，船舶驾驶员在能见度不良时，就如同高度近视，甚至是盲人开船，很容易酿成悲剧。船用雷达发挥了很大作用，而船用雷达最初用于海上避碰时，却因对雷达提供的信息处理和运用不当也时有造成船舶碰撞。

二十世纪八十年代，模糊控制理论被运用到雷达避碰中，操作人员的经验得以总结用在雷达设备上。通过对多数据传感器的深度学习，利用终极算法的现代电子信号处理技术进步，研制出的自动雷达标绘装置（APPA）很好地解决了这一问题。因而APPA和雷达的结合被称为自动避碰系统。该系统可自动采取和跟踪目标以及自动显示来船的位置、航向、航速、相对运动和碰撞危险等数据，并可用图像方式自动显示相遇船舶运动矢量线、可能碰撞点、预测危险区等信息，还可以进行避碰试操作。

如图7-4所示，数据和图像处理技术的发展，使得船舶自动识别系统（AIS）问世。AIS可连续与其他船舶交流船舶数据，如船名、船舶种类、船舶尺度，装载情况、航行状态和航行计划等。

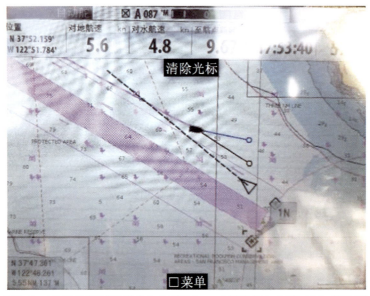

图7-4　AIS提供多种航海信息的电子海图——充满着美感（图片来源：董老师）

具有深度学习的高智慧的避碰雷达和船舶自动识别系统的应用，大大减少因船舶识别和避碰决策失误引起的船舶碰撞事故。所以有人称这些设备使得驾驶员，获得了从"近视眼"到"千里眼"的跨越进步。

六是海图的智慧化。传统的载明静态、固定航海资料的纸质印刷海图已不太适应船舶自动化和航海智能化的发展要求，电子海图显示与信息系统（ECDIS）在近十几年研发成功并不断完善。该系统不但能很好地提供纸质印刷海图的有用信息，而且取代了传统的手工海图作业，综合了GPS、APPA、AIS等各种现代化的导航设备所获得的信息，成为一种集成式的导航信息数据平台。ECDIS上具有海图显示、计划航线设计、船舶实时位置、航路监视、危险物报警、航行记录、海图自动改正等功能。

有人说这是海图方式的变化，但我认为这不是纸质海图到电子海图形式的变化，而是基于船位的网络数据大平台，是航海领域的一场技术革命。

七是通信系统智能的网络化。当船员越来越少，通信系统则变得越来越重要。轻便的设备不单单有说和听的功能，很多报警器能够被读懂和识别。通过系统能够让人们在岸上通过卫星了解船舶自动化的状态。

如图7-5所示，国际海事通信是基于地球同步卫星，位于距地面35700千米的高度，能够提供全球范围内的通信服务。美国的铱星和全球星等系统运行也投

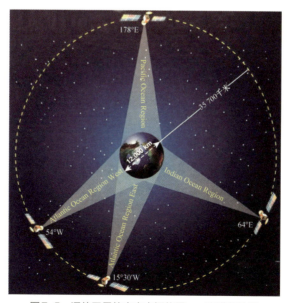

图7-5　通信卫星的宇宙空间位置——充满着神秘

入使用。它使船与船、船与岸台全方位和全天候即时沟通信息。一旦发生海上事故时，岸上搜救当局及遇难船或其附近船舶能够迅速地获得报警，他们则能以最短的时间延迟参与协调的搜救行动。目前卫星网络通信在船上的使用导致了驾驶与通信合一，传统的船舶报务员已经被淘汰。

　　总而言之，随着航海技术的进步，航海不再是冒险的行为，而是一份比较体面的职业、有趣的工作。正如很多远洋船长跟我说，我热爱航海。图7-6所示为严正平船长照片。

图7-6　因为热爱，所以坚守——中远海运集团严正平船长的30年航海——充满自信、自豪与航海情
(来源：中远网)

未来航海：科技与艺术碰撞产生的美

　　有人经常问，未来航海是什么样子？

　　未来航海是个啥样子，谁也说不清，但是正如一首歌所唱的那样，明天会更好，对于这一点，人们大约不会怀疑。

　　但是我们有理由相信，在第四次工业革命大背景下，科学技术的突飞猛进会给船舶的发展带来更大的生机。

　　新型造船材料、船舶动力及其新燃料、大数据、人工智能新型全球定位、基于卫星网络的物流网以及区块链与现代船舶的深度有机融合，使船舶发展迈上新台阶——高度智慧的自主化。一个崭新的智慧航海时代开始，传统定义的航海在很大程度上走向终结。

　　未来航海是一个崭新的事物。科技与艺术的碰撞所产生的美，集装箱装运的无人汽车、管理海事的专用无人飞机、无人驾驶的大型船舶、靠机器人管理的无人码头……被科技与艺术支撑起来的未来航海，会是一个美丽且适宜工作的世界。

　　驾驶一艘十几万吨巨轮，是坐在办公室里如同玩游戏一样开船，边喝着咖啡边开船。到那时，船员不再称为船员，而是船舶管理工程师。这不单单是职业，而是职业与娱乐的有机结合，如图7-7所示。

　　这是梦想吗？不！梦想一定能够成真！

　　让我们满怀激情去拥抱未来吧！

图7-7　未来航海的船舶管理工程师，坐在办公室里一边喝咖啡一边指挥万里以外的超级轮船——充满着梦想

参考文献

[1]李景森. 航海学. 北京: 人民交通出版社, 1959.

[2]焦晓菊. 船舶的演进. 北京: 现代出版社，2016.

[3]L TETLEY. Electronic aids to navigation. London

[4]G J SONNENBERG, FRIN. Radar and electronic Navigation. London: Butterworth & Co., 1999.

[5]蒋维清. 船舶原理. 大连: 大连海事大学出版社, 2006.

[6]爱德华. 比知识还多. 北京: 企业管理出版社, 2004.

[7]丁勇. 航海学. 大连: 大连海事大学出版社, 2001.

[8]吴兆麟, 赵月林. 船舶避碰与值班. 大连: 大连海事大学出版社, 2008.

[9]刘荣霖. 航海天文学. 北京: 人民交通出版社, 1959.

[10]陈家辉. 航海气象学与海洋学. 大连: 大连海事大学出版社, 2001.

[11]司玉琢. 海商法详论. 大连: 大连海事大学出版社, 1995.

[12]陈志良. 跨越时空，高科技与现代航海. 北京: 科技普及出版社, 1999.

[13]刘迈. GPS 用户指南. 大连: 大连海事大学出版社, 1995.

[14]高百敏. 船舶计程仪. 北京: 人民交通出版社, 1986.

[15]UNITED KINGDOM HYDRONGAPHIC OFFICE. Admiralty list of radio signal NP285 volume 5. London: HER MAJESTY S STATIONERY OFFICE, 2018.

[16]MINISTRY OF DEFENCE. Admiralty manual of navigation. London: HER MAJESTY S STATIONERY OFFICE, 1987.

[17]孟绂. 船舶的故事. 天津: 新蕾出版社, 1998.

[18]镇江船舶工业学校. 船舶概论. 北京: 国防工业出版社, 1978.

[19]吉田文二. 船舶知识. 北京: 海洋出版社, 1985.

[20]施鹤群. 我们看军舰. 吉林: 吉林人民出版社, 1982.

[21]G A A GRANT. The ships compass. London: Routledge, 1976.

[22]上海师范大学. 潮汐. 北京: 商务印书馆, 1972.

[23]上海海运局. 航海认星. 北京: 人民交通出版社, 1977.

[24]KLAAS VAN DOKKUM. 船舶知识. 哈尔滨: 哈尔滨工程大学出版社, 2015.

[25]中国人民解放军海军司令部航海保证部. 航海天文历, 2018.

[26]UNITED KINGDOM HYDRONGAPHIC OFFICE. Admiralty sailing directions. London: HER MAJESTY S STATIONERY OFFICE, 2018.

[27]马汉. 海权论. 北京: 中国言实出版社, 1998.

[28]KLAAS VAN DONKKUM. The cloregs guide. 6th deition. Haarlem: The Netherlands Publication, 2016.

后 记

2016年夏，大连海事大学的校领导到我办公室做客，谈起航海技术专业的发展问题。这激发了我写本航海科普书的念头。我跟朋友一讲，他马上说："你吃饱了撑的，你又不评职称，写它干吗？"

一瓢冷水浇来，立马没有动力了。

2018年夏，一家船舶基金管理中心邀请我去做一个关于创新驱动发展的讲座。演讲最后的交流环节竟然没有人交流有关创新驱动发展的问题，而是问了我几个航海的概念。这可能是与主持人介绍我曾在大连海事大学任教有关。

直到后来我才知道，这样有一百多人的从事与航海有关业务的企业，只有一位是从上海海事大学毕业的管理工程师。其实这些人是渴望知道一些航海领域知识的。主持人告诉他们，谈合同需要具备的一些航海方面知识都是网上下载的，但是也曾出过笑话。

这件事就又点燃了我写这本航海科普书的火苗。

我深知，写好这本书是有困难的，因为写一本可读性的科普书，至少具备多个条件：第一，对所写的航海知识，必须懂得较深，才能深入浅出；第二，对所写的内容，必须有丰富的材料，这样才能在行文上取舍自如，不会受到资料的约束；另外，还必须有较好的文字功底。

抱歉的是，我在写作过程中，想到哪儿就写到哪儿，以日记方式进行展开。显然，这不如其他书籍知识体系系统、完整。另外，对航海技术的有些术语和概念做了简化和"变通"。这是因为，我的宗旨不是教授读者去参加船员考证和驾驶船舶，而是希望引起读者的好奇心，引发对航海的讨论和思考。

当然，书写成这个样子，也不知道读者是否满意。要想了解更详尽深奥的航海知识，请读者阅读其他专家的著作。

最后，十分感谢大连海事大学出版社领导鼓励我出这本书以及编辑的努力工作。感谢我的小朋友给我的启发和动力。

在写这本书的过程中，我的脑海里浮现出在大连海事大学任教时老师和同学们熟悉的面孔。见书如见面，借此向你们表示真诚的感谢和敬意！